《1857—1858年经济学手稿》中的人学思想及其当代意义研究

元晋秋 著

1857—1858 nian Jingjixue Shougao Zhongde
Renxue Sixiang Jiqi Dangdai Yiyi Yanjiu

人民出版社

目　　录

第二篇　马克思人学思想在经济学中的升华

第三篇　《1857—1858 年经济学手稿》
人学思想的当代意义

绪论:经济学的人学基础与人学在经济学中的升华

在马克思诞辰 200 周年纪念大会上,习近平总书记指出:马克思"第一次创立了人民实现自身解放的思想体系",他"以科学的理论为最终建立一个没有压迫、没有剥削、人人平等、人人自由的理想社会指明了方向"①。若将马克思创立的这一思想体系概括为"关于现实的人及其历史发展的科学"②,那么,在反映和记录他创立这一科学理论过程的众多文本中,马克思于 1857 年 7 月到 1858 年 5 月期间写下的一系列手稿——包括《导言》、《巴师夏和凯里》、《政治经济学批判(1857—1858 年手稿)》等,后人通常将这些手稿统称为《1857—1858 年经济学手稿》——必须给予高度重视,原因有二:

其一,马克思的政治经济学研究对于马克思主义理论有着重要的意义。列宁指出:"自从《资本论》问世以来,唯物主义历史观已经不是假设,而是科学地证明了的原理。"③依据列宁的这一提示,马克思所进行的政治经济学研究的重要意义就在于:它使唯物主义历史观由理论假设升华为科学理论。同理,政治经济学研究也是使马克思所创立的"人民实现自身解放的思想体系"成为"关于现实的人及其历史发展的科学"的关键环节。《资本

---

① 习近平:《在纪念马克思诞辰 200 周年大会上的讲话》,《人民日报》2018 年 5 月 5 日。
② 《马克思恩格斯文集》第 4 卷,人民出版社 2009 年版,第 295 页。
③ 《列宁选集》第 1 卷,人民出版社 1995 年版,第 10 页。

论》是马克思系统研究政治经济学所取得的理论成果的集中体现,而
《1857—1858 年经济学手稿》被学界公认为《资本论》的第一稿。因此,在
探究马克思所创立的"人民实现自身解放的思想体系",特别是使之成为
"关于现实的人及其历史发展的科学"的过程中,必须给予《1857—1858 年
经济学手稿》高度重视。

其二,《1857—1858 年经济学手稿》不仅反映和记录了马克思"一生中
的黄金时代的研究成果"[①],而且具有非常独特的人学价值。若将马克思创
立的"人民实现自身解放的思想体系"表述为马克思的人学,那么,《1857—
1858 年经济学手稿》所具有的非常独特的人学价值就在于:它不仅较为完
整地保留了马克思在制定其经济学理论过程中所依据的人学思想的印记,
而且较为完整地记录了其人学思想如何通过经济学研究而成为"关于现实
的人及其历史发展的科学"。在此意义上,探究《1857—1858 年经济学手
稿》中的人学思想,实际上就是要探究两个问题:第一,马克思经济学说的
人学基础是什么? 第二,马克思的人学思想如何通过经济学而升华为"关
于现实的人及其历史发展的科学"。

一、研究背景

对《1857—1858 年经济学手稿》中人学思想的研究绝非纯粹的学术清
谈。实际上,任何一种有价值的学术研究,都是对其所处时代的时代课题的
回应,只不过回应的角度和方式不同。在此意义上,对《1857—1858 年经济
学手稿》中的人学思想进行研究,正是我们在试图回应时代课题时所选取
的角度和方式,而构成这一研究背景的则是我们所处的时代。

当今时代是一个马克思主义继续深度参与其中的时代。诞生于资本原
始积累时期的马克思主义,不仅深刻地改变了世界和中国,而且正在并继续
引领人类社会历史发展进程。审视今天这个"一球两制"的世界,我们看到,

---

① 《马克思恩格斯文集》第 10 卷,人民出版社 2009 年版,第 167 页。

资本主义制度下的社会所面临的种种矛盾正在继续深刻证明马克思主义经济学理论的真理性与强大生命力。由美国次贷危机而引发的席卷全球的金融危机、一些资本主义国家正在愈演愈烈的债务危机、国际资本主义体系内部已然激化的重重矛盾甚至武装冲突等,正使资本主义世界的各国政府处于无计可施的困难境地。各种基于西方经济学理论制定的政治经济政策日益捉襟见肘,而依靠发行货币的所谓"量化宽松政策"只是将危机和矛盾转嫁到他国或推延至未来,积累成为更大的冲突和危机。铁一般的事实昭示人们:马克思主义经济学关于资本主义市场经济的分析和论断,是资本主义经济运行体系不能回避的客观真理。无论奉行资本主义自由市场经济的信徒们对马克思主义经济学进行何种谩骂与诋毁,都无法遮蔽其理论的力量。

与此同时,社会主义中国的生动实践及其所取得的伟大发展成就,正使马克思主义在 21 世纪的今天焕发出勃勃生机。将马克思主义基本原理同中国实际相结合,中国共产党人带领人民在实践中成功地开辟出了中国特色社会主义道路。经过改革开放以来短短 40 多年的发展,中国社会不仅成功摆脱贫困,而且迅速跃升为世界第二大经济体。在马克思主义引领下,今天的中国人民正行进在全面建设社会主义现代化强国的康庄大道上,经济增长速度在世界主要国家中名列前茅;同时,经济结构不断优化,创新型国家建设成果丰硕,开放型经济新体制逐步健全,一个社会主义现代化经济强国正在引起世人的瞩目。

马克思主义是面向实践的、开放的和不断发展着的理论。作为马克思主义的忠诚信奉者和坚定践行者,中国共产党人在实践中始终重视对马克思主义政治经济学的学习、运用和研究,并在实践中形成了许多指导我国经济发展实践的理论成果,"不仅有力指导了我国经济发展实践,而且开拓了马克思主义政治经济学新境界"[①]。党的十八大以来,以习近平同志为核心

[①] 《习近平在中共中央政治局第二十八次集体学习时强调 立足我国国情和我国发展实践 发展当代中国马克思主义政治经济学》,《人民日报》2015 年 11 月 25 日。

的党中央,以高度的理论自觉和使命担当,发出了"立足我国国情和我国发展实践,发展当代中国马克思主义政治经济学"的号召。在此背景下,对《1857—1858 年经济学手稿》中的人学思想进行研究,就是要通过探究马克思经济学的人学基础,揭示其人学思想如何通过政治经济学而升华为"关于现实的人及其历史发展的科学",以此回应"发展当代中国马克思主义政治经济学"的号召,并为其发展提供学理支持。

二、文献综述

学界对马克思人学思想的研究成果可谓汗牛充栋,但聚焦于《1857—1858 年经济学手稿》所进行的人学探究仍有很大的提升空间。这里首先要说明的是,对《1857—1858 年经济学手稿》的研究有赖于这一文献的发现和编译。在组成《1857—1858 年经济学手稿》的诸多文本中,最先为世人所知的是《导言》《巴师夏和凯里》——考茨基(Karl Kautsky)于 1907 年将《导言》作为《政治经济学批判》的附录之一出版,而作为其中主体内容的部分(后在莫斯科以《政治经济学批判大纲》为题出版,简称《大纲》)却在长时期内不为人知,其德文重印本问世(1953 年)后才渐受关注。1962—1978 年间,《大纲》的第一个中译本(刘潇然译)由人民出版社以 5 个分册的形式先后出版。此后,国内外学者对这一手稿进行了多方面探究。就现有研究看,对其中人学思想的研究可概括如下。

(一)国外学者相关研究状况梳理

一是对《1857—1858 年经济学手稿》中人的异化问题的探讨。人的异化是马克思在《1844 年经济学哲学手稿》中讨论的重要内容。阿尔都塞(Louis Pierre Althusser)认为,成熟时期的马克思(其起点就是撰写"《资本论》初稿",也即《1857—1858 年经济学手稿》)从根本上否定了从人的本质、异化、需要等出发去解释社会发展的人道主义观点。而麦克莱伦(David Mclellan)、奥尔曼(Bertell Ollman)、卡弗(Terrell Carver)等人认为《1857—1858 年经济学手稿》中并未放弃异化思想。随着《1857—1858 年经济学手稿》的编译和出版,人们对成熟马克思是否放弃异化思想的论争开始转向对这样一部"能够将(青年马克思)对异化的分析与(成熟的马克思)对劳动、价值、资本、生产和交换的分析结合起来的著作的研究上"①。如卡弗提出:相比早期著作,《1857—1858 年经济学手稿》中关于异化内容的"详细说明更为复杂",它"正被淹没于马克思对源自政治经济学的日益复杂的一些概念的兴趣和娴熟掌握之中"②。

二是对《1857—1858 年经济学手稿》中人的解放思想的探究。伍德(Ellen Meiksins Wood)指出,相较于启蒙运动关于进步的观念,马克思在其人类解放观上"更多地与历史独特性相吻合"③。费切尔(Iring Fetscher)认为,《1857—1858 年经济学手稿》中阐述了一种不再受"必然性和外在目的"支配的劳动(在历史上一直是有特权的少数人的专利),"资本主义为社会的解放奠定了基础",由于资本主义生产方式的历史条件而产生的高度的劳动生产率,它对于获得解放的社会的所有成员来说,最终将会变成一种现实④,等等。

三是基于《1857—1858 年经济学手稿》所阐述的与人学相关的不同理论主题。具有代表性的研究著述主要有以下三个:1. 美国学者古尔德(Carol C.Gould)的《马克思的社会本体论:马克思社会实在理论中的个性和共同体》⑤。该书以马克思的《1857—1858 年经济学手稿》为据,系统阐述了社会关系中的个人是社会的基本实体、自由是人在劳动中的自我实现等

---

① J.E.Elliott, "Continuity and Change in the Evolution of Marx's Theory of Allienation:From the Manu-scripts through the Grundrisse to Capital", *History of Political Economy*, Fall 1979, Vol.11, Issue.3.

② 参见[英]特雷尔·卡弗:《马克思〈大纲〉中的异化概念》,《马克思主义与现实》2011 年第 1 期;[意]马塞罗·默斯托:《马克思的〈大纲〉——〈政治经济学批判大纲〉150 年》,闫月梅等译,中国人民大学出版社 2010 年版,第 102 页。

③ 参见[意]马塞罗·默斯托:《马克思的〈大纲〉——〈政治经济学批判大纲〉150 年》,闫月梅等译,中国人民大学出版社 2010 年版,第 134 页。

④ 参见[意]马塞罗·默斯托:《马克思的〈大纲〉——〈政治经济学批判大纲〉150 年》,闫月梅等译,中国人民大学出版社 2010 年版,第 151—162 页。

⑤ 参见[美]古尔德:《马克思的社会本体论:马克思社会实在理论中的个性和共同体》,王虎学译,北京师范大学出版社 2009 年版。

观点,并将马克思哲学批判性地重建为一种"社会本体论"。2. 意大利学者奈格里(Antonio Negri)的《〈大纲〉:超越马克思的马克思》①。作者在书中认为,一种革命主体的自我生产逻辑蕴含在《1857—1858 年经济学手稿》对资本矛盾运动过程的深刻揭示中,对人们在今天重新发现革命主体具有重要的启示。贯穿该书的主题是"重建革命主体"。3. 日本学者内田弘的《新版〈政治经济学批判大纲〉的研究》②。作者认为,《1857—1858 年经济学手稿》将"作为未来社会标识的自由时间概念"与"作为文明的资本概念"结合起来进行考察,展示出在资本发展中自觉的个体从文明总体中重获自由时间的成长过程。作者视"自由时间"为《1857—1858 年经济学手稿》的理论主题,并以其为线索,深入考察了这一文本中的时间观与历史唯物主义之间的关系,等等。

(二)国内学者相关研究状况梳理

一是对《1857—1858 年经济学手稿》中物化思想的探究。在回应西方马克思主义者对马克思物化理论的研究中,国内学者对《1857—1858 年经济学手稿》中的物化思想进行了深入解读。张一兵认为马克思物化理论的建构是在《1857—1858 年经济学手稿》中完成的③;唐正东等人指出,《1857—1858 年经济学手稿》中的物化概念有着双重含义,历史唯物主义的物化概念应该以揭示隐藏在物化现象背后的一定社会历史关系的本质为最终目的④,等等。

---

① 参见[意]奈格里:《〈大纲〉:超越马克思的马克思》,张梧等译,北京师范大学出版社 2011 年版。
② 参见[日]内田弘:《新版〈政治经济学批判大纲〉研究》,王青等译,北京师范大学出版社 2011 年版。
③ 张一兵教授在 1999 年发表的三篇文章(《马克思经济学语境中的历史现象学初探——〈1857—1858 年经济学手稿〉"货币章"解读》,《马克思主义与现实》1999 年第 2 期;《重新遭遇异化:马克思历史现象学的最后逻辑层面——〈1857—1858 年经济学手稿〉"资本章"的哲学研究》,《马克思主义与现实》1999 年第 5 期;《历史唯物主义、历史认识论与历史批判理论——马克思〈1857—1858 年经济学手稿〉的哲学定位》,《哲学研究》1999 年第 10 期)中对此进行了讨论。
④ 参见缪德阳、唐正东:《马克思物化概念的双重内涵及其哲学意义——纪念〈1857—1858 年经济学手稿〉写作 150 周年》,《南京社会科学》2008 年第 6 期。

二是整体概括《1857—1858 年经济学手稿》内容时对其中人学思想的阐释。如顾海良指出,《1857—1858 年经济学手稿》实现了从以对现存的经济学理论批判为主的研究向以经济学体系建构为主的理论叙述的转变,是向《资本论》进展的思想驿站;《1857—1858 年经济学手稿》提出的人的发展的三大形态,是以人为主体的社会发展观;此外,《1857—1858 年经济学手稿》中的异化理论建立在劳动价值论和剩余价值论基础上,是对早期异化理论的拓展;等等①。孙承叔认为人的发展的三大社会形态理论是贯穿《1857—1858 年经济学手稿》的思想主线,资本有其文明面,但不能最终解决人的全面发展问题②。张钟朴提出:"劳动二重性理论"是《1857—1858年经济学手稿》的主要理论成果,并概述了《1857—1858 年经济学手稿》中人的发展的三大形态理论以及人的全面发展的思想③。

三是对《1857—1858 年经济学手稿》中人的自由全面发展思想的探究。朱宝信认为《1857—1858 年经济学手稿》中确立了一个人的自由而全面发展的哲学主题④;刘荣军认为《1857—1858 年经济学手稿》中不仅探讨了历史的自行产生的需要和社会需要同人的全面发展的关系,而且提出了现阶段培育"社会的个人需要"的指导性建议⑤;李培超认为《1857—1858 年经济学手稿》中较为系统地分析了个人自由全面发展的实现条件,展示了个人自由全面发展的实现模式和基本目标⑥;姚顺良提出马克思在《1857—

---

① 参见顾海良:《通向〈资本论〉的思想驿站——读〈政治经济学批判(1857—1858 年手稿)〉》,《高校理论战线》2012 年第 3 期。
② 参见孙承叔:《资本与历史唯物主义——〈马克思恩格斯全集〉中文第二版第 30、31 卷的当代解读》,《西南大学学报(社会科学版)》2013 年第 1 期。
③ 参见张钟朴:《〈资本论〉第一部手稿(〈1857—1858 年经济学手稿〉)——〈资本论〉创作史研究之二》,《马克思主义与现实》2013 年第 5 期。
④ 参见朱宝信:《社会联系和人的全面发展——马克思〈1857—1858 年经济学手稿〉研究》,《西南师范大学学报》(人文社会科学版)2004 年第 4 期。
⑤ 参见刘荣军:《论人的需要与人的全面发展——对马克思〈1857—1858 年经济学手稿〉的一种解读》,《西南师范大学学报》(人文社会科学版)2005 年第 6 期。
⑥ 参见李培超:《个人自由全面发展的实现——论马克思〈1857—1858 年经济学手稿〉的伦理主题》,《湖南师范大学社会科学学报》2010 年第 6 期。

1858年经济学手稿》中形成了"自由活动既以物质生产为基础又在物质生产之外"的观点等①；陈芬、田梦非对《1857—1858年经济学手稿》中人的自由全面发展思想进行了伦理解读②；等等。

（三）研究评述及可深入的空间

上述研究从多个角度对《1857—1858年经济学手稿》中的人学思想进行了发掘，凸显了这一文献的人学价值，对拓展和深化马克思人学研究有重要意义。但作为《资本论》的第一稿，《1857—1858年经济学手稿》中的人学思想既是马克思制定其政治经济学理论的人学依据，又通过其政治经济学而得到升华。因此，《1857—1858年经济学手稿》中的人学思想研究可通过探究以下两个问题而得以深入：1. 马克思经济学说的人学基础是什么；2. 马克思的人学思想如何通过经济学而升华为"关于现实的人及其历史发展的科学"。

（四）本书研究的独到价值

结合前面所谈研究背景和已有研究，本书的独到价值可以简要归结为以下两点：

第一，不同的人学思想会引致不同的经济学理论。作为马克思主义政治经济学奠基之作的《资本论》，由于其特定研究对象的需要，导致《1857—1858年经济学手稿》中丰富的人学思想未能全部进入。深入探究《1857—1858年经济学手稿》中的人学思想，有助于在学理上明确马克思政治经济学说的人学基础及其根本立场，对坚持和创新马克思主义政治经济学具有重要的价值。

第二，"资本"是马克思经济学研究的聚焦点。通过深入探究资本运行规律，特别是通过揭示出资本运动过程中所生成的人的解放的物质条件和

---

① 参见姚顺良：《物质生产与自由活动——〈1857—1858年经济学手稿〉对〈德意志意识形态〉的一个重大发展》，《南京社会科学》2010年第9期。
② 参见陈芬、田梦非：《个人的自由全面发展——马克思〈1857—1858年经济学手稿〉的伦理解读》，《伦理学研究》2016年第2期。

主体条件,其人学思想最终升华为"关于现实的人及其历史发展的科学"。而当今时代依然是以资本运动为主轴所驱动的社会生产时代,"资本的历史使命"并未因社会主义制度的建立而终结。深入探究《1857—1858年经济学手稿》中的人学思想,有助于理解人的当代生存境遇,能够为当代实践中实现人的解放、促进人的自由全面发展提供重要启示。

三、研究思路

以"《1857—1858年经济学手稿》中的人学思想"为研究对象,决定了本书在很大程度上是一个对"文本的深度耕犁"过程。在此基础上,依据这一文本独特的理论价值,本书将遵循如下思路展开。

首先是探究马克思经济学说的人学基础。包括:1. 经济学研究的"出发点":"这些个人的一定社会性质的生产"。《导言》中指出:经济学研究的出发点"当然是"这些个人的一定社会性质的生产——作为斯密和李嘉图研究出发点的"单个的孤立的猎人和渔夫",不过是18世纪所常见和流行的一种"虚构";"这种个人"不是"历史的起点",而是"历史的结果"①。对人的本质的独特理解是马克思作出上述论断的重要依据。正如马克思对"生产一般"这个"抽象"②所作的分析一样,人的本质不是对个体共性的抽象(如"类"本质),而是在历史发展过程中生成的现实社会关系的总和。2. 个体和共同体的历史辩证法:分工与现实的人的二重性(个体性和社会性)。通过重思历史的前提以及对分工和生产方式的历史考察,马克思在《德意志意识形态》中初步阐述了一种关于个体和共同体的历史辩证法。在《导言》中,马克思指出,"我们越往前追溯历史",个人"就越表现为不独立,从属于一个较大的整体"③,并在《1857—1858年经济学手稿》中深入考

---

① 参见《马克思恩格斯全集》第30卷,人民出版社1995年版,第25页。
② 参见《马克思恩格斯全集》第30卷,人民出版社1995年版,第26页。
③ 参见《马克思恩格斯全集》第30卷,人民出版社1995年版,第25页。

察了资本主义以前的"各种形式"①,提出了人的发展的三阶段理论,深化和完善了上述思想。在此过程中凸显出人在社会中存在的二重性,为劳动二重性学说的创立奠定了人学基础。3. 人的发展及其价值追求:剩余劳动及其社会历史功能。《1844 年经济学哲学手稿》中提出的人"不受肉体需要的影响"也进行的生产即"真正的生产"、基于异化劳动学说形成的关于人的发展的逻辑构想等内容,在《1857—1858 年经济学手稿》中深化和具体化为对剩余劳动及其社会历史功能的分析。实际上,必要劳动是人类生存的基础,剩余劳动是人类发展的前提,它不仅与"自由时间"相关,而且其"量"与"质"②还是人自由全面发展的量度;在历史进程中,个体和共同体的分裂产生了人的发展悖论问题,归根到底是剩余劳动的生产与处置问题。以上三个方面,分别对应的是从人的本质、人的存在、人的发展的角度对马克思经济学学说的人学基础的讨论。

其次是探究马克思人学思想在经济学中的升华。包括:1. 马克思的劳动价值论:从人的二重性到劳动的二重性。《资本论》中指出:"商品中包含的劳动的这种二重性,是首先由我批判地证明的。这一点是理解政治经济学的枢纽。"③《1857—1858 年经济学手稿》正是劳动二重性学说的孕育地。简言之,商品的二重性来源于劳动的二重性,劳动的二重性则源于人在社会分工条件下的二重性(个体性和社会性)存在。在此基础上,马克思"严密地论证"并"彻底地发展"④了古典经济学的劳动价值论,创立了科学的劳动二重性学说。2. 从剩余劳动到剩余价值的生产:剩余价值理论的建构。剩余劳动同人的发展问题密切相关。基于劳动二重性学说,《1857—1858 年经济学手稿》中的马克思将这一问题的讨论置于对资本主义生产方式的分析。在这里,劳动者成为雇佣工人,其剩余劳动被用来生产剩余价值。通过

---

① 参见《马克思恩格斯全集》第 30 卷,人民出版社 1995 年版,第 465—511 页。
② 参见《马克思恩格斯全集》第 30 卷,人民出版社 1995 年版,第 388—389 页。
③ 《马克思恩格斯文集》第 5 卷,人民出版社 2009 年版,第 54—55 页。
④ 《列宁选集》第 2 卷,人民出版社 2012 年版,第 312 页。

揭示(1)剩余价值的来源及资本的生产过程;(2)剩余价值的实现及资本的流通过程;(3)剩余价值的再生产和资本积累等,马克思深刻地阐明了资本主义社会"物役迷局"的生成机制及其发展趋势,在此过程中创立了其科学的剩余价值理论。3."资本的历史使命"与人的解放条件的生成。"资本的历史使命"①这一议题在《1857—1858 年经济学手稿》中提出并展开,《资本论》可视为对这一议题所做的进一步讨论。正是在追问"资本的历史使命"的过程中,马克思揭示出了资本主义经济运行规律,在此基础上阐明了资本运动所生成的人的解放的物质条件(资本在无休止的积累过程中所生成的高度发达的、社会化的生产力发展水平以及由此而带来的物质生活资料的极大丰富)和主体条件(由资本积累及与之相适应的"贫困积累"所生成的"日益壮大的、由资本主义生产过程本身的机制所训练、联合和组织起来的工人阶级"及其反抗的不断增长),指出了实现人类解放以及促进人的自由全面发展的道路,由此使其人学思想在经济学研究中升华为了"关于现实的人及其历史发展的科学"②。

　　最后是对《1857—1858 年经济学手稿》人学思想当代意义的阐发。包括:1.资本的历史使命的当代追问与我国的社会主义市场经济。通过对"资本的历史使命"的追问,马克思在其政治经济学研究中阐明了资本运行过程中所生成的人的解放的物质条件和主体条件,并预言了剥夺剥夺者的社会革命的爆发。然而在现实历史进程中,这种革命并未在物质条件相对成熟的发达资本主义国家取得成功;相反,一些经济文化落后国家和地区却通过革命率先建立起社会主义制度,其原因是什么? 资本的历史使命完成了吗——如果说资本的历史使命并未因社会主义制度的建立而完成,那么在建设社会主义的过程中,能否以及如何才能让资本在社会主义条件下继续其历史使命? 在此过程中它应采取什么形式、承担什么样的使命,等等。

---

① 　参见《马克思恩格斯全集》第 30 卷,人民出版社 1995 年版,第 286 页。
② 　《马克思恩格斯文集》第 4 卷,人民出版社 2009 年版,第 295 页。

在此,我们试图通过对资本历史使命的这种当代追问来说明我国社会主义市场经济体制的生成与本质,在此过程中彰显这一思想的当代意义。2. "固定资本就是人本身"的理论价值及当代意义。马克思在《1857—1858 年经济学手稿》中对固定资本的社会历史内涵进行了集中阐述,并提出"固定资本就是人本身"①的观点。哈维(David Harvey)强调固定资本的空间"修复(fix)"功能,但由于对马克思上述观点的忽视,导致其找不到一个资本主义的替代性方案。空间修复内含着空间生产,而空间生产源于资本扩张的空间悖论,走出这一悖论,核心是通过"节约劳动时间"来生产作为"固定资本"的"人本身",即进行人的发展空间的生产,这既是马克思对新社会生产的内在规定,也是社会主义制度下进行空间生产的根本遵循。在此意义上,"以人民为中心的发展思想"和"五大发展理念"所规划的空间生产之路,正是马克思这一思想在当代中国的生动体现。3. 构建中国特色社会主义政治经济学的人学指引。作为详细记录马克思创立其政治经济学理论过程的重要文献,《1857—1858 年经济学手稿》中关于马克思政治经济学研究的出发点、研究内容、理论归宿等内容,不仅对构建中国特色社会主义政治经济学具有直接启示,更为重要的是,这些内容所表明的政治经济学的根本立场、展现的探究人的解放和实现人的自由全面发展的独特的问题域,能够为构建中国特色社会主义政治经济学提供一种科学的人学指引。

四、基本框架及主要内容

依据上述研究思路,本书分为三篇。第一篇题为"马克思经济学说的人学基础",包括三章内容:第一章"经济学研究'出发点'背后的人学基础";第二章"个体与共同体历史辩证法视域中的人的二重性";第三章"剩余劳动与人的发展的价值追求"。第二篇题为"马克思人学思想在经济学中的升华",也包括三章内容:第四章"马克思的劳动价值论与人的二重

① 《马克思恩格斯全集》第31卷,人民出版社1998年版,第108页。

性";第五章"剩余劳动与剩余价值理论的建构";第六章"资本的历史使命
与人的解放条件的生成"。第三篇题为"《1857—1858年经济学手稿》人学
思想的当代意义",也包含三章内容:第七章"资本历史使命的当代追问与
社会主义市场经济";第八章"'固定资本就是人本身'的理论价值及当代意
义";第九章"构建中国特色社会主义政治经济学的人学指引"。各章主要
内容如下:

第一章主要内容为:资产阶级政治经济学的人学基础是抽象人性论,其
哲学基础是以"市民社会"为"立脚点"的"旧唯物主义"世界观,其形成方
法是对特定时代个体共性的(抽取)抽象,理性经济人(假设)则是其在经济
学中的理论表达。在敏锐把握时代问题及其征兆的基础上,通过对古典政
治经济学及其发展趋势(特别是其庸俗化趋势)的批判性考察,马克思指出
了古典经济学家对历史的"起点"与"结果"的颠倒,基于对人类历史的现实
前提特别是现实的人的本质的理解,马克思在构建自己经济学理论的过程
中将这种颠倒的"起点"与"结果"再颠倒了过来,于是,经济学研究的出发
点不应该是"个人一般"所进行的"生产一般",而是"这些个人的一定社会
性质的生产"。因此,如果说抽象人性论构成资产阶级政治经济学的人学
基础,那么,马克思政治经济学的人学基础则是他对现实的人特别是其本质
的理解。具体而言,以社会关系总和为本质规定的现实的人的哲学基础是
"新唯物主义"即辩证唯物主义的世界观,其形成方法是对人身处其中的一
定社会关系的抽象,而"经济范畴的人格化"则是这种以"一切社会关系的
总和"为本质规定的现实的人在马克思政治经济学中的理论表达。

第二章主要内容为:如果说对现实的人的本质的理解直接构成马克思
政治经济学批判的人学基础,那么,在这一基础上所形成的人的二重性(个
体性和社会性)存在思想则为其政治经济学理论的建构提供了直接的思想
资源。虽然人的二重性存在思想在马克思那里并没有非常明确地提出来,
但它贯穿于马克思对人类历史发展过程进行思考的始终,并在其关于个体
与共同体的历史辩证法中特别地凸显出来。具体而言,它经历了从《1844

年经济学哲学手稿》中的逻辑构想到《德意志意识形态》中的现实生成，再到《1857—1858 年经济学手稿》中的完善和深化的发展三个阶段。从人的存在角度看，劳动分工条件下的社会生产塑造出了现实的人在社会中存在的二重性，即人的社会性和个体性。这是因为：劳动组织内部的分工必须以人们之间的相互协作为补充，通过人们之间的劳动分工与协作，人的社会性得以生成；而社会分工则必须以人们之间的产品的交换为补充，通过这种分工与产品的交换，人的个体性得以生成，并同时赋予人的社会性以更加丰富的内容。面对同样的资本主义社会生产过程及其经济现实，马克思并没有像资产阶级政治经济学家那样，从理性经济人（假设）所具有的理性和自利等抽象本性来构建自己的政治经济学说，而是基于现实的人所具有的个体性和社会性来具体地分析资本主义生产过程，并在此过程中发掘其经济运行规律，由此形成了不同于资产阶级政治经济学说的全新理论。

第三章主要内容为：在对人类劳动及其历史发展过程的具体分析中，马克思构建了一个关于描述人类劳动的丰富而复杂的概念体系。其中，关于必要劳动和剩余劳动的划分对于人的发展及其价值追求的讨论有着直接的意义：如果说必要劳动是人类生存的基础，那么剩余劳动则是人类发展的前提。一方面，剩余劳动可以作为理解唯物史观的一个基本线索，体现在：1. 剩余劳动与阶级社会的生成。具体而言，没有剩余劳动的出现，就不会有社会划分为不同的阶级；剩余劳动（及其产品）是阶级社会中各阶级进行争夺的焦点；阶级社会在历史进程中的扬弃需要通过剩余劳动来进行说明。2. 在历史进程中，这种社会关系结构主要有两种形式，一种是以封建社会为典型形式的传统的等级制社会结构，另一种是以资本主义社会为典型形式的现代的"去等级制"社会结构。在这两种社会关系结构中，剩余劳动发挥着不同的社会历史功能。在等级制社会中，剩余劳动主要的社会历史功能就是进行等级制社会关系的再生产，剩余劳动产品成为等级制社会关系符号，其所标示出的是人们在社会中的等级和身份——由于等级制社会中剩余劳动被统治阶级从社会物质生产系统中剥离了出来，由此使整个社会生产在总体上表现为一种简单再生产。而在资本主义社会,作为统治阶级的资产阶级以攫取劳动者剩余价值的方式来占有劳动者的剩余劳动,由此使这种攫取方式具有了隐蔽性、无限性、竞争性等特征,而由于资本家将这种剩余价值再投入生产过程进行资本积累以获取更多的剩余价值,由此使资本主义生产系统不断膨胀,在总体上表现为一个扩大再生产过程。另一方面,作为人类发展的前提,剩余劳动具有十分丰富且重要的人学意义:1.正是通过剩余劳动,人类开始真正地走出动物界而形成人类社会;2.剩余劳动不仅将人与动物区别开来,它自身还蕴含着人的自由全面发展的价值追求;3.人类社会历史进程中,剩余劳动的出现还形成了人的发展悖论问题,表现为一个"物役迷局",劳动者身陷其中。阐明这种"物役迷局"的生成机理并揭示历史进程中所生成的走出这一迷局的各种条件,成为马克思思考人的自由全面发展何以可能的关键环节。

第四章主要内容为:劳动价值学说产生于商品经济逐步形成的社会历史进程,在此过程中,人们对商品价值问题的关注经历了从"公平价格"到"市场价格"、再到"自然价格"的转换,这种转换反映出人们对商品交换过程中所遵循的原则的认识的逐步深化。在此基础上,亚当·斯密和大卫·李嘉图对这一问题进行了更为系统和深入的思考,这些思考一方面奠定了劳动价值学说的理论基础,另一方面为马克思严密地论证和彻底地扬弃这一学说提供了思想资源。通过对古典政治经济学特别是亚当·斯密和大卫·李嘉图劳动价值学说的批判继承,马克思创立了自己的劳动价值理论,这一理论的核心内容正如马克思本人所指出的:"把商品归结为'劳动'是不够的,必须把商品归结为具有二重形式的劳动:它一方面作为具体劳动表现在商品的使用价值中,另一方面作为社会必要劳动以交换价值的形式被计算。"①从马克思创立自己政治经济学理论的过程看,在《1857—1858 年经济学手稿》中,马克思开始制定他的价值学说,并试图对其进行系统表

———————

① 《马克思恩格斯全集》第 49 卷,人民出版社 1982 年版,第 51 页。

述,集中体现在"货币章"、"资本章"之后补加进来的"价值"篇中;在之后出版的《政治经济学批判。第一分册》中,劳动二重性得到了"批判地证明";在《资本论》第 1 卷中,马克思又对其进行了较为详细的说明。具体而言,劳动的二重性源于社会分工条件下进行劳动的人的存在的二重性,人的二重性存在导致了劳动的二重性,并最终通过产品(即商品)的二重性体现出来。

第五章主要内容为:第三章已经指出,剩余劳动是人类发展的前提——相对于作为人类生存基础的必要劳动来说,它不仅具有重要的社会历史功能,其自身还蕴含着人的发展价值追求;然而,自剩余劳动在人类历史进程中出现之后,劳动者就开始陷入一种"物役迷局"之中,即产生了所谓的人的发展悖论问题。在第四章所阐明的劳动价值理论基础上,《1857—1858年经济学手稿》中的马克思开始将这一问题的讨论置于对资本主义生产方式的分析——在这里,劳动者成为雇佣工人,其剩余劳动成为生产剩余价值的劳动。通过揭示 1. 剩余价值的来源及资本的生产过程——包括形成生产剩余价值的条件(货币同劳动力的交换,即劳动力成为商品的条件)、资本的不同构成部分在剩余价值生产中的作用、剩余价值如何生产(劳动生产力的提高在其中的作用)等问题;2. 剩余价值的实现及资本的流通过程——在此过程中,马克思对固定资本与流动资本范畴进行了科学规定,提出了"用时间消灭空间"是资本的内在趋势,并通过对机器大生产的分析来展望人类社会的未来,在此过程中提出了"节约劳动时间等于增加自由时间"、"节约劳动时间可以看作生产固定资本,这种固定资本就是人本身"等一系列重要观点;3. 剩余价值的再生产过程和资本积累(包括资本的原始积累),深刻地阐明了资本主义社会"物役迷局"的生成机制及其发展趋势,在此过程中创立了科学的剩余价值理论。

第六章主要内容为:"资本的历史使命"是马克思在《1857—1858年经济学手稿》中提出的重要议题,而马克思对这一议题的表述凸显出一种人学向度。理解这一议题,首先要明确何谓"资本"。就马克思的分析看,资本被他赋予如下三重规定:从本质上看,资本是一种生产关系,雇佣与被雇佣关系构成这种生产关系的内核;从结构上看,资本是一种负载于物之上的社会关系,作为负载物要能够被计量(货币化);从性质上看,资本在运动中以价值增殖为目标,增殖性是资本的本性。在此基础上,所谓"资本的历史使命",可以理解为资本在社会历史进程中从其产生到解体的存续期间对社会历史进程所发挥的作用和所产生的影响。实际上,资本对生产力发展的巨大推动作用与人的解放和发展密切相关,因为生产力是人的本质力量的客观表现,只不过在资本主义生产方式下,构成生产力基本要素的三大自然力(即人自身的自然力、社会劳动的自然力、自然界的自然力)被资本化了,因此,社会生产力的发展并不表现为人的本质力量的发展,而表现为统治人的物的力量的不断加剧。但正如马克思所说,"自我异化的扬弃同自我异化走的是一条道路"。在对资本主义生产方式及其历史发展趋势的分析中,马克思揭示出了在此过程中生成的人的解放的物质条件和主体条件。简言之,资本在无休止的积累过程中所生成的"高度发达的、社会化的生产力发展水平以及由此而带来的物质生活资料的极大丰富"构成人的解放的物质条件,它同时是社会主义社会得以生成的物质条件;资本积累及其与之相适应的贫困积累所生成的"日益壮大的、由资本主义生产过程本身的机制所训练、联合和组织起来的工人阶级"及其反抗的不断增长构成人的解放的主体条件,它同时也是推翻资本主义、建立新的社会制度的主体条件。正是基于资本主义社会所孕育出的并不断趋向于成熟的这两大条件,马克思作出了"资本主义积累的历史趋势"的科学论断,即当资本积累及其与之相适应的贫困积累发展到顶点,通过剥夺剥夺者的社会革命,生产资料为联合起来的生产者所占有。在这一状态下,生产力的高度发展使必要劳动时间极大缩短、剩余时间极大延长,剩余劳动成为和表现为活动本身的充分发展。马克思认为,一旦到了这样的时候,资本的历史使命也就完成了。简言之,通过对资本历史使命的追问,马克思在经济学研究中阐明了人的解放的物质条件和主体条件,指出了实现人的解放和促进人的自由全面发展的道路,由此使其人学思想升华为了"关于现实的人及其历史发展的科学"。

第七章主要内容为:由于发展的不平衡性,广大经济文化相对落后国家和地区的存在为发达资本主义国家资本积累的持续进行提供了广阔的空间;通过各种形式的资本输出活动,发达资本主义国家的资本积累得以持续进行,而与之相适应的贫困积累则被转移到了经济文化相对落后国家和地区的劳动者身上,由此塑造出了社会主义在现实历史进程中得以建立的一种特殊历史环境:在资本积累不足(物质条件相对贫乏)而贫困积累有余(主体的革命性率先成熟)的条件下,一些经济文化相对落后国家和地区的人民得以率先通过革命建立起社会主义制度,但社会主义制度的建立并不意味着资本历史使命的完成;在探索如何建设社会主义的过程中,中国共产党人带领中国人民启动了以市场为导向的经济体制改革,从而为资本在社会主义条件下继续其历史使命创造了条件。通过利用、驾驭和导控资本来在社会主义的框架下发展社会生产,是"资本的历史使命"所蕴含的思想在我国社会主义建设实践进程中的逻辑展开,由此而形成的社会主义市场经济体制,其本质可以理解为社会主义制度下通过利用、驾驭和导控资本来发展社会生产的一种经济运行体制。

第八章主要内容为:马克思在《1857—1858 年经济学手稿》中对固定资本的社会历史内涵进行了集中阐述,哈维对此进行了补充:固定资本特别是那种"建成环境"中的固定资本的生产,被其明确赋予"空间修复"的功能。从空间修复到空间生产,为我们审视资本主义经济运行过程提供了一个全新的视野。具体而言,资本主义经济运行过程表现为一个资本在时空中的扩张过程:一方面,它的运行依赖于既有的市场空间、生态空间和人的发展空间;另一方面,它在运行过程中又不断地吞噬着这三种空间,由此使空间生产(其核心是人的发展空间的生产)显示为资本自我保存的条件。马克思认为,消灭资本要通过资本自我保存的条件来进行,因此,社会生产应当走向通过"节约劳动时间"来生产作为"固定资本"的"人本身",这不仅是对资本主义生产的扬弃和超越,也是马克思对新社会生产的内在规定。以此来看当代中国的空间生产之路,可以发现:党的十八大以来,以习近平同志为核心的党中央通过"以人民为中心的发展思想"和"五大发展理念"所规划的空间生产之路,正是马克思这一思想在当代中国的生动体现。

第九章主要内容为:从详细记录马克思创立其政治经济学理论过程的重要文献《1857—1858年经济学手稿》来看,其政治经济学研究以"个人的一定社会性质的生产"为出发点,以资本主义社会的经济运动规律为研究内容,以人的解放和人的自由全面发展为理论归宿。这种出发点、研究内容和理论归宿不仅表明了马克思政治经济学的根本立场(以人民为中心的发展思想),而且展示了其在政治经济学中探究人的解放和实现人的自由全面发展的独特的问题域:资本主义制度下社会生产的发展是一种以资本为中心的发展。而与之相反,扭转以资本为中心并确立以人民为中心的发展,核心是通过剥夺剥夺者的社会革命来推翻资本主义制度。因此,通过剥夺剥夺者的社会革命推翻资本主义制度,可视为以人民为中心的发展思想在马克思的政治经济学研究中所获得的时代要义。而在当代中国坚持以人民为中心的发展思想,就是在社会主义建设过程中更好地实现对资本的利用、驾驭和导控。在此基础上看中国特色社会主义政治经济学特别是使之成为"系统化的经济学说",其研究的出发点即个人在社会主义初级阶段的生产,其逻辑主线即对资本的利用、驾驭和导控,其研究内容即社会主义初级阶段的经济运行规律,其理论归宿即共同富裕并最终实现每个人的自由全面发展。因此,《1857—1858年经济学手稿》不仅对构建中国特色社会主义政治经济学具有直接启示,整体上看,它还为中国特色社会主义政治经济学的构建提供了一种科学的人学指引。

第一篇　马克思经济学说的人学基础

200 多年前,英国经验主义哲学家大卫·休谟(David Hume,1711—1776)在其著作《人性论》"引论"中宣示了他的学术雄心和信念。休谟立志揭示人性原理、创立"关于人的科学",因为他坚信:"关于人的科学是其他科学的惟一牢固的基础","人性本身"犹如这些科学的"首都"和"心脏"①。此处,我们且不论休谟在《人性论》中所揭示的具体内容,就这一宣示本身看,休谟启示人们:对人的理解是一切理论学说(特别是与人密切相关的理论学说)的根基。在这里,我们将这种对人的理解称为"人学"。简单地说,人学即关于人的本质、人的存在和人的发展的学说。

马克思的思想发展进程表明,其经济学说的制定过程中始终伴随着他的人学探索,在此过程中形成的理论成果构成马克思经济学说的人学基础。《1857—1858 年经济学手稿》作为马克思政治经济学奠基之作《资本论》的第一稿,其间不仅较为完整地记录了马克思政治经济学核心理论的创立过程,而且较为完整地保留了马克思制定其政治经济学理论所依据的人学思想的印记,对我们理解马克思经济学说的人学基础,进而深入把握马克思的政治经济学理论具有重要的价值。

本篇试图揭示马克思经济学说的人学基础,重点聚焦马克思在《1857—1858 年经济学手稿》中制定其经济学理论的人学依据,主要包括三个方面的内容:其一,经济学研究的"出发点"为何是"这些个人的一定社会性质的生产"? 由此引出并指向马克思对人的本质的独特理解(第一章);其二,人的发展的三阶段论与劳动二重性学说的人学基础,由此引出并指向马克思对社会分工条件下现实的人的存在的二重性(即个体性和社会性)的理解(第二章);其三,剩余劳动的社会历史功能及人学意义,由此引出并指向马克思对人的发展及其价值追求的独特理解(第三章)。

---

① 参见[英]大卫·休谟:《人性论》,关文运译,商务印书馆 2016 年版,第 3—4 页。

第一章　经济学研究"出发点"
背后的人学基础

　　顾海良教授在其所著《马克思经济思想的当代视界》一书中指出:在马克思经济思想发展进程中,《1857—1858 年经济学手稿》最有意义的变化,就是"马克思的经济学理论开始由原来对现实的批判转变为理论体系的批判"[①],这一转变是从马克思"1857 年写作《〈政治经济学批判〉导言》开始"[②]的。在《〈政治经济学批判〉导言》(以下简称《导言》)中,马克思开篇便提出:经济学研究的出发点是"这些个人的一定社会性质的生产";而被资产阶级政治经济学家当作出发点的个人是"单个的独立的猎人和渔夫"(如斯密和李嘉图),这不过是 18 世纪"缺乏想象力的虚构"和"假象",是对即将走向的成熟的"市民社会"的预感[③]。《导言》中的叙述表明,马克思对资产阶级政治经济学理论体系的批判,首先从批判这一理论体系的"出发点"开始,而这种"出发点"直指其人学基础,即他们对人的理解。那么,构成资产阶级政治经济学说的人学基础是什么?马克思本人又是基于怎样的认识,进而将其经济学研究的"出发点"规定为"这些个人的一定社会性质的生产"的?

[①]　顾海良:《马克思经济思想的当代视界》,经济科学出版社 2005 年版,第 46 页。
[②]　顾海良:《马克思经济思想的当代视界》,经济科学出版社 2005 年版,第 47 页。
[③]　《马克思恩格斯全集》第 30 卷,人民出版社 1995 年版,第 22 页。

第一节　抽象人性论:资产阶级政治经济学说的人学基础

事实上,把"单个的孤立的猎人和渔夫"作为出发点来建构自己的理论体系,并非以斯密和李嘉图为代表的资产阶级政治经济学家们的专属,而是 17、18 世纪西方众多思想家们的普遍做法。面对传统封建社会的解体、资本主义生产方式逐步确立的社会现实,西方思想家们在自己的理论建构过程中,作为起点的"人"是其所直观到的摆脱了原有社会关系的束缚的"个人",这种"个人"经过理论上的抽象并使之绝对化,就形成了他们建构其理论体系的人学基础——"抽象人性论"。简单来说,所谓"抽象人性论",就是"脱离了人们在社会实践中所形成的各种社会关系、撇开人类社会历史发展客观进程,通过对每一个作为个体的人所具有的共性的把握而形成的对人的认识"①。具体来看,"抽象人性论"的形成有其特定的哲学基础和方法论根源——构成其哲学基础的是以"市民社会"为"立脚点"的"旧唯物主义"(相对于马克思的"新唯物主义"而言)②,其基本方法是对直观到的个体的共性的抽象。"理性经济人(假设)"则是这种"抽象人性论"在资产阶级政治经济学中的理论表达。

一、抽象人性论的哲学基础:旧唯物主义的世界观

以"市民社会"为"立脚点"的"旧唯物主义"世界观,是在西方不断壮大的市民阶级反抗中世纪神学世界观的过程中逐步确立的。西方中世纪占主导地位的世界观是神学世界观——借助于宗教神学,拥有封建领地的教会将建立在封建主义生产方式基础上的社会制度神圣化,进而使教会信条成为一切思想的基础和出发点。封建主义生产方式作为这种神学世界观

---

① 见拙文:《〈资本论〉人学思想及其对坚持以人民为中心的发展之启示》,《北方论丛》2018 年第 1 期。
② 《马克思恩格斯文集》第 1 卷,人民出版社 2009 年版,第 502 页。

所表现社会制度的现实基础,"本质上是狭小的范围内生产出来的产品的自身消费,即一部分由生产者自己消费,一部分由征收贡赋的封建主消费"①。随着在封建社会内部逐步发展起来的作为商品生产者和商人的"市民"及其阶级势力的不断壮大,以封建制度为尺度所剪裁出的神学世界观已经无法再适应新的市民阶级的生产和交换条件。在反抗天主教神学和经院哲学的过程中,西方思想家们基于本国的社会条件,利用各自的思想资料,提出了各具特色的哲学体系,其中最具代表性的是英国的经验唯物主义和法国的理性唯物主义。

英国的经验唯物主义世界观的形成深受培根"归纳法"对世界的理性化的影响。在这一理论体系中,个人的感性经验被当作理性知识的来源和检验标准,理论的建构过程首先是人们对其感性经验进行归纳以形成概念、进而得到对经验事实的理论判断的过程。在这一过程中,凡未进入到这一基于人们感性经验而形成的理论体系中的观念,都要被当作非科学的东西而被祛除。法国的理性唯物主义世界观的形成则受到笛卡尔"演绎法"对世界的理性化的影响。在这一理论体系中,理性被作为一切知识的来源和检验标准,理论的建构过程首先要将一切已有的观念作为被怀疑的对象而悬置,而后基于理性所不可怀疑的事实(如笛卡尔提出的"我思故我在")为起点进行逻辑演绎,最终形成一个包罗万象的反映世界整体的理论体系。在此过程中,那些未经过理性的检验的人类观念,也被当作非科学的东西而被排除在理论体系之外。因此,虽然这两种唯物主义对世界的理性化的方法不同,前者主要是经验归纳,后者主要是逻辑演绎,但都指向一个共同目标,即把未经理性检验的一切观念从人们的认识中切除,由此得到对人类生存于其中的世界的理性化认识。本质上,这是一个将客观世界"概念化"的过程,最终,整个世界被描述为由一个个具有明晰外延和确定内涵的概念所组成的逻辑体系,由此而形成的世界观便具有了如下特征或特性。

---

① 《马克思恩格斯全集》第 21 卷,人民出版社 1965 年版,第 545 页。

第一,"形而上学"的特征(或称"形而上学"性)。通过经验归纳或理性演绎将客观世界概念化,客观世界于是被描述为由一个个明晰概念所对应的众多"既成事物"形成的集合体。这些事物之所以是一个个"既成"的事物,是因为它们是人们通过经验或理性所"直观"到的客观存在,于是,每一存在物在理论上都表现为一个独立的"自我存在"之物,其本质和性质根源于自身而与他物无关。因此,要了解某一事物的本性,就应当把该事物从与之共存的其他事物中抽取出来,单独地深入到其内部来加以考察。与此同时,通过经验或理性所"直观"到的世界,必然是一个"此刻"的世界,世界就是这些同时并存(即在某一个"此刻"同时存在)的既成事物的集合体,于是,每一个事物在理论上都表现为一个"此刻"存在之物,即每一事物在每一个"此刻"都有一个确定的状态,事物的变化就是由一个确定的"此刻"状态到下一个确定的"此刻"状态。因此,静止被当作事物的本性,运动用静止来解释,即将事物的运动理解为从一个静止的点(即某一个确定的"此刻"状态)到下一个静止的点(即下一个确定的"此刻"状态)。这种撇开事物之间的复杂联系,对事物进行孤立的、静止的考察的方法,体现在哲学上,就是恩格斯所说的近代的"形而上学的思维方式"。因此,基于这种思维方式所形成的唯物主义,被人们称为"形而上学"的唯物主义或称"直观"唯物主义。

第二,"机械"性。由"此刻"同时并存的"既成事物"所形成的世界,其内部运行遵循的是力学原理——之所以如此,很大程度上是由于当时自然科学的发展及其成就的深刻影响。伴随资本主义生产方式的逐步确立及社会生产的发展,近代自然科学得以形成。17 世纪自然科学所取得的最大的成就之一,当属力学。近代力学的发展,从根本上说,源于资本主义迅速发展的社会生产过程的推动——航海事业推动天文学(天体力学)的研究,手工工场在生产过程中也遇到了许多与力学相关的问题。此后,机器的采用在时间上支持并刺激着当时的科学家们去研究和创立力学理论体系。从内容上看,力学首先是一门描述机械运动的科学。但是,牛顿力学所取得的巨大成就使当时的人们深信:一切客观存在物的存在和运动都遵循着力学的原理。由此,一切存在物都像机器一样,不仅钟表是机器,动物、人,甚至国家(如霍布斯)也不过是一部机器,因而皆可以用力学原理来加以解释。这一思想进入到哲学当中,使近代唯物主义哲学具有了鲜明的"机械"性,因此,近代唯物主义又被人们称为"机械唯物主义"。

第三,不彻底性。由"此刻"同时并存的"既成事物"所形成的世界,其中的每一事物都是人们所"直观"到的"此刻存在"之物,物的运动(主要被理解为机械运动)被视为从某一个确定的"此刻"状态到下一个确定的"此刻"状态,而物之所以发生运动(这里主要是空间上的位移),是因为受到了外力的作用,一旦外力的作用消失,物就会回归到其本来的存在状态,即静止。物的这种倾向于静止的性质被近代唯物主义哲学家阐释为物所具有的特性即"惰性",由此而引发的问题是:这个不断变动着的世界的最初动因来自于何处? 这也是牛顿所追问的"第一推动力"的问题。最终,这个最初的动因只能被归结为一个神秘的力量:神或者上帝。作为对神学世界观的反动,近代唯物主义意在将神或者上帝从世界中驱逐出去,但最终又不得不将他们请了回来,由此暴露出其不彻底性。此外,这种唯物主义最大的不彻底性还在于:在理解自然界时坚持唯物主义的观点,即将自然界看作是一个物质的世界,而人类社会则不具有这种客观物质性——以往的社会历史被看作是人类理性的"迷误"。因此,这是一种在自然观上坚持唯物主义、社会历史观上又抛弃唯物主义的哲学。所以,近代唯物主义又被后人视为"半截子的唯物主义",意在表明其不彻底性。

具有上述特征的唯物主义,"物"必然被理解为"原子"——这里的"原子"并非现代物理学中所理解的由质子和中子构成的物质微粒,而是"原子"即"atom"一词本身所表达的含义:"atom"由"a"即"without"或"not"加上"tomos"即"a cutting"组成,意指那种分到不能再分的物质微粒。之所以如此,是因为物质世界被理解为"既成事物"的集合体,每一存在物都是独立的"自我存在"之物,其本质和性质源于自身而与他物无关。因此,对其本性的探究就必然要深入到物的内部中去,即把事物"切开",直到切割至不能再切(即"atom")为止。这是一种将事物的性质还原为组成事物的部分所具有的性质的哲学思维。由此,"原子"即那种分到不能再分的物质微粒,成为这个物质世界的基本单位,它是宇宙的"终极之砖",具有"不可入性",即无法再进行分割。作为这种唯物主义世界观的乐观表达——"给我原子,我就能造出整个世界",诠释出了人们对这种世界观的坚定信念。

以"原子"为基本单位所构筑出的物质世界,其自然界中的所有客观存在物被还原为最基本的物质微粒"原子",其中的人类社会必然被还原为"个人"——这种"个人"是"原子"一般的人类个体,即"原子"般的"个人"。这种"原子"般的"个人"于是被当作组成人类社会的基本单位。为了洞察人类社会的种种现象,首先就要形成对人的本性即所谓的"人性"的深刻把握——在这种世界观的基础上,"人性"自然被理解为与他物无关的,因而是每一个体的人的与生俱来的、作为天赋的、内在的本性,由此而形成的关于"人性"的理论即"抽象人性论"。因此,抽象人性论是在以"市民社会"为"立脚点"的"旧唯物主义"世界观的基础上生长出来的理论,"旧唯物主义"世界观构成抽象人性论的哲学基础。

二、抽象人性论的形成方法:对个体共性的抽象

从以"市民社会"为"立脚点"的"旧唯物主义"世界观基础上生长出来的关于人性的理论,实质是上关于"原子"般的"个人"的理论。马克思在《导言》中首先揭示了产生这种"原子"般的"个人"的观念的现实基础,即"18 世纪的个人",他们是 16 世纪以来生产力的发展导致的封建社会解体的产物①。马克思还指出:这种"原子"般的"个人"在"18 世纪的预言家"们的眼里是"曾在过去存在的社会理想",他们不是"历史的结果,而是历史的

---

① 参见《马克思恩格斯全集》第 30 卷,人民出版社 1995 年版,第 25 页。

起点",这是每个新时代所具有的"错觉"[①]。应当说,正是基于这种"错觉",近代西方思想家们通过对这种"个体"的人的特殊的理论抽象,形成了他们关于人性的理论,即我们所说的"抽象人性论"。此处需指出的是,这种被我们称之为"抽象人性论"的西方近代以来流行的人性理论,其特征或者说局限性并不在于这一理论形成过程中进行了"抽象"(因为任何一种理论的形成,都离不开人的抽象力的运用),而在于其独特的抽象方法。从理论形成过程看,"抽象人性论"的形成主要经过了以下两重"抽象"。

第一重"抽象"是抽去人们在现实的社会实践活动中所形成的各种关系(包括以往历史过程中形成的各种关系以及正在进行的实践活动所构建出的各种关系),其最终的结果是形成"抽象个人"。这种抽象方法本质上是"旧唯物主义"的世界观所对应的思维方法,即"形而上学"的思维方法。通过这种抽象,物质世界被还原为"原子",人类社会被还原为"原子"般的个人。在此过程中,人们之间的各种关系被当作非科学的东西而被祛除或者说"抽去",因而其最终的结果是"抽象个人",即"原子"般的人类个体。秉承"旧唯物主义"的世界观,这种"原子"般的人类个体即"抽象个人"的集合体被近代西方思想家们视为"曾在过去存在的社会理想",反映在霍布斯(Thomas Hobbes,1588—1679)、洛克(John Locke,1632—1704)及卢梭(Jean-Jacques Rousseau,1712—1778)等人的理论中,就是他们所描述的人类历史的"自然状态",这种"自然状态"被他们视为人类历史的起点。

第二重"抽象"是对这些"原子"般的人类个体即"抽象个人"所具有的一般共性的抽象。如前所述,作为人类历史起点的"自然状态"本质上是由"原子"般的人类个体所形成的集合体,因此,这种"自然状态"怎么样,直接取决于构成这种集合体的"原子"般的人类个体怎么样。例如,霍布斯将作为人类历史起点的"自然状态"描述为"一切人反对一切人的战争"状态,因为在他看来,"自我保全"是人类活动的目标,为了达到这一目标,每个人

---

① 《马克思恩格斯全集》第30卷,人民出版社1995年版,第25页。

"都力图摧毁或征服对方","直到他看到没有其他力量足以危害他为止"。因此,霍布斯将"自负"、"贪婪"、"残暴"、"自利"、"理性"等看作人类的"天性"。霍布斯认为,人类之所以能够走出"自然状态",是因为人类可以借助于"理性"发现所谓的"自然律",在其指引之下,每个人都将自己的部分权力转让给一个特殊的机构——"利维坦"由此而创生①。与霍布斯不同,洛克将"自然状态"想象为一种"平等"而"完美的自由状态",因为在洛克看来,"自由"、"友爱"、"自利"以及"遵从理性"是每个人的本性,"理性"即"自然法",它教导人"不得侵犯他人的生命、健康、自由和财产"②。为约束每一个体都遵循自然法,人们就需要让渡出自己的一部分权力交由某一机构去行使,这样就形成了政府,人类也由此走出"自然状态"。从方法上看,这种"人性"理论的形成就是对"抽象个人"所具有的一般共性的提取,即对"原子"般的人类个体所具有的一般共性的抽象。

经过上述两重"抽象"而形成的"人性"理论,"人性"被视为一切历史时代的人的内在本性,由此而形成的"人性"理论即抽象人性论,其基本方法可以概括为"对个体共性的抽象",其中的人被理解为"个人一般"③,"物质生产"于是被理解为与"个人一般"相对应的"生产一般"。在《导言》中,马克思不仅从历史唯物主义角度出发阐明了这种"抽象个人"观念形成的现实基础,而且通过对"生产一般"的分析,指出了这种抽象方法的合理性及其局限。他说:"只要它真正把(生产的,笔者注)共同点提出来","它就是一个合理的抽象",这是因为"生产的一切时代有某些共同标志、共同规定"。但是,这种"一般"即共同点本身就分为许多"不同规定的东西",恰恰是这些"不同规定的东西",即"有别于这个一般和共同点的差别"构成了事物发展的原因。因此,抽出关于"生产一般"适用的各规定的意义还在于:

---

① 参见[英]霍布斯:《利维坦》,黎思复、黎廷弼译,商务印书馆 1985 年版,第 97—99 页。
② [英]洛克:《政府论》,杨思派译,中国社会科学出版社 2009 年版,第 148—150 页。
③ [日]内田弘:《新版〈政治经济学批判大纲〉的研究》,王青等译,北京师范大学出版社 2011 年版,第 30 页。

在此基础上来获得事物的"本质的差别"①。所以,在马克思看来,"对个体共性的抽象"有其合理性,但仅仅停留于这种一般共性,就会犯错误——因为那些有别于"一般"和"共同点"的东西才是事物的本质,才是事物自身发展的原因。马克思在此处对这种抽象方法的分析及其表达的观点,不仅体现在其政治经济学理论中,而且在他对人的理解中同样得到了贯彻,特别是后面要谈到的他对人的本质的规定。

三、抽象人性论的经济学表达:理性经济人(假设)

以抽象人性论为人学基础,近代西方社会产生的重要理论成果之一首先是以"社会契约论"为典型代表的社会政治学说。虽然各个思想家对这一学说阐释存在差异,但以"自然状态"中的人为理论出发点是其共有的基本特征。具体而言,在"自然状态"下,人所具有的权利被视为是天赋的;借助于理性,通过订立契约的方式将个人的某些权利转让给一个机构(国家或政府)来行使——并因此而获得某种保障,"自然状态"由此过渡到社会状态。虽然这种社会政治学说虚构了复杂的现实历史进程,但其简单化的特征更易于赢得群众,在社会历史进程中产生了重要的影响。

以抽象人性论为人学基础,近代西方社会出现的另一重要理论成果就是"古典政治经济学"(或称"古典经济学"、"资产阶级古典政治经济学")。在以"市民社会"为立脚点的"旧唯物主义"世界观的影响下,近代西方新兴的资产阶级思想家们基于抽象人性论,将社会活动特别是经济活动中人们之间的复杂关系归结为一种"功利"关系,即由个人的"利己"本性在经济活动中(追求利益最大化)而形成的一种关系。对此,马克思曾敏锐地指出:"把所有各式各样的人类的相互关系都归结为唯一的功利关系,看起来是很愚蠢的";"在霍布斯和洛克那里出现了这种理论。当然,这种理论早已

---

① 《马克思恩格斯全集》第30卷,人民出版社1995年版,第26页。

作为心照不宣的前提出现在经济学家的著作中了。"①这便是《导言》中谈到的被斯密和李嘉图当作出发点的单个的、孤立的"猎人"和"渔夫"的故事。

斯密是古典政治经济学理论体系的创立者和杰出代表。在其所著的《国民财富的性质和原因的研究》一书中,斯密提出:"互通有无,物物交换,互相交易"的倾向是人类所特有和共有的特征。动物"一达到壮年期,几乎全部都能够独立,自然状态下,不需要其他动物的援助",人则不同,他的大部分活动都需要且依赖于其他人的协助;然而,一个人"想要仅仅依赖他人的恩惠"是不行的,但是,如果他能够刺激他所依赖的人的"利己心",事情就会变得容易得多。斯密认为,实际上,人们在日常生活中获得的各种自身所需,并不是出自于提供者的"恩惠",而是源于他们"自利的打算"②。在此基础上,斯密提出了著名的"看不见的手"——虽然每个人都努力追求自身利益,但是他们被"一只看不见的手"所指引和支配着,致使他们"去尽力达到一个并非他本意想要达到的目的","他追求自己的利益,往往使他能比在真正处于本意的情况下更有效地促进社会的利益"③。基于这些表述,后人从中解读出斯密关于"经济人"的思想。"经济人"于是成为抽象人性论在资产阶级经济学理论中的具体表达。

在此后的历史进程中,斯密关于"经济人"的思想被资产阶级经济学家们进一步修正和发展,这一思想逐步演变为理性"经济人"(假设),并成为资产阶级(政治)经济学的"阿基米德点"。约翰·穆勒(John Stuart Mill,1806—1873)通常被认为是较早明确提出"经济人"概念之人。他认为,政治经济学研究的是渴望获得财富的个人,"经济人"就是对经济活动中的人的抽象,它主要有两大特征:一是其利己或自私性,即趋利避害是人们的行

---

① 《马克思恩格斯全集》第 3 卷,人民出版社 1960 年版,第 479 页。
② [英]亚当·斯密:《国民财富的性质和原因的研究》(上卷),郭大力,王亚南译,商务印书馆 1972 年版,第 13—14 页。
③ [英]亚当·斯密:《国民财富的性质和原因的研究》(下卷),郭大力,王亚南译,商务印书馆 1974 年版,第 30 页。

为动机;二是理性,即每个人都能够通过成本与收益的计算来对其所面临的目标及实现手段进行优化选择。在此基础上,穆勒指出,只有从这种理性"经济人"假定出发,政治经济学才能够成为一门"科学"。因此,"做出这样的假定是事出有因的",如不这样的话,他们就难以或无法"得出普遍的准则"①。约翰·穆勒把理性"经济人"(假设)运用于资本主义经济运行规律的分析,对之后资产阶级(政治)经济学发展产生了重要影响。

19世纪后半叶,在西方兴起的实证主义思潮的影响下,经济学出现数学化的趋势,杰文斯(William Stanley Jevons,1835—1882)、门格尔(Carl Menger,1840—1921)、瓦尔拉斯(Walras,1834—1910)等人发动了经济学上的"边际革命",经济学被当作一门与物理学相似的数学科学。如杰文斯曾直言:"经济学既为讨论量的科学,自亦须在事实上——即令不在名词上——成为数学的科学"②。在此过程中,理性"经济人"(假设)也被数学化而成为一个符号和会计算的工具,其价值目标则通过瓦尔拉斯等人创立的"基数效用论(Cardinal Utility Theory)"、帕累托和希克斯等人创立的"序数效用论(Theory Of Ordinal Utility)"得以数量化。"经济人"在《新帕尔格雷夫经济学大辞典》中被表述为具有"完全的充分有序的偏好(在其可行的行为结果的范围内)、完备的信息和无懈可击的计算能力"的人——即在其深思熟虑后,"他会选择那些能够比其他行为能更好地满足自己的偏好(或至少不比现在更坏)的行为"③。在这里,"经济人"事实上被解构为下列几个要素:1.完全的充分的有序偏好;2.完备的信息;3.无懈可击的计算能力;4.寻求利益最大化的目标。在这里,"经济人"成为了一个理论逻辑起点的符号,经济学在此基础上可以构建出一系列的函数,以求得不同条件下的极值——经济学由此终成为一门所谓的"严密的科学"。

至此,抽象人性论获得了其在资产阶级(政治)经济学中的最完备表

① [英]约翰·穆勒:《论政治经济学的若干未定问题》,张涵译,商务印书馆2012年版,第113页。
② [英]斯坦利·杰文斯:《政治经济学理论》,郭大力译,商务印书馆1984年版,第2页。
③ 《新帕尔格雷夫经济学大辞典》(第二卷),经济学科学出版社1996年版,第57页。

33

达:理性"经济人"(假设)——此后出现的信息经济学、制度经济学、博弈论等与其说是对"经济人"(假设)的反动,不如说是对其进行的修正和补充。由于抛弃了一切历史条件和各种复杂的社会因素,这种经济学开始在发展过程中变得越来越脱离现实,因此,这种基于"经济人"(假设)、运用数学进行长链条演绎而建构起来的、看似科学的、严格的理论体系,被许多有识之士斥为"黑板经济学"。

在政治经济学研究过程中,马克思走上了一条不同于资产阶级政治经济学家所行进的道路,创立了不同于资产阶级经济学说的政治经济学理论。究其原因,是因为马克思在深刻洞察资本主义社会现实的基础上,通过对当时的资产阶级政治经济学说的批判,明确了自己政治经济学研究的"出发点",即《导言》中所指出的"这些个人的一定社会性质的生产"。这一出发点的确立是多重原因共同作用的结果。其中,马克思对人类历史的深刻认识,特别是对人的本质的科学把握是其关键。

第二节　起点与结果的再颠倒:历史的现实前提与现实的人

马克思在《导言》中认为,以斯密和李嘉图为代表的古典政治经济学家在建构自己理论的过程中,被他们当作出发点的个人("单个的孤立的猎人和渔夫")有其现实蓝本,即"18 世纪的个人",他们是 16 世纪以来新兴的社会生产力的发展的产物,是封建社会形式解体的结果。然而,在当时的"预言家"们看来,这种个人就是"历史的起点",而不是"历史的结果"①,而斯密和李嘉图还完全以这些"预言家"们的看法为依据。换言之,在马克思看来,这里出现了历史的"起点"与"结果"的颠倒,在构建自己的政治经济学理论体系的过程中,他所要做的工作就是要将这种颠倒的"起点"与"结果"再颠倒过来。促使马克思进行这一工作的原因,根本上说,源于他对人

---

① 《马克思恩格斯全集》第 30 卷,人民出版社 1995 年版,第 25 页。

类历史进程及其发展规律的洞察,直接的原因则是他在敏锐把握时代问题及其征兆的基础上对当时的政治经济学理论的批判性考察。

一、隐而不见的社会关系与经济学的庸俗化

马克思在《导言》中言简意赅地表述了如下观点:人是一种只有在社会中才能独立的动物;在人类历史进程中,越向前进行追溯,进行生产的个人越表现为不独立;只有在个人已经作为商品生产者和商人的18世纪的"市民社会"中,个人才表现为一个个独立个体,社会联系的各种形式对他来说才成为一种外在的东西。换言之,那种看似独立的"18世纪的个人",实际上并不是人的本来存在状态(历史的起点),他们之间具有迄今为止最为发达的社会关系,但这是一种在理论中隐而不见的社会关系。因为这种社会关系的特殊性以及其作为新出现的社会关系还未被人们深入理解,导致18世纪的人们形成了关于人类历史的"荒诞无稽的看法"。在此基础上,马克思在这里进一步指出:"巴师夏、凯里和蒲鲁东等人又把这种看法郑重其事地引进最新的经济学中",并用一种"编造神话"(蒲鲁东)的办法对当时的"经济关系的起源作历史哲学的说明",这是一种"想入非非的"、"枯燥乏味的"陈词滥调①。此处,马克思将话题重新转回到政治经济学领域,特别是其当时所涉猎的最新的政治经济学著作(如巴师夏的《经济的和谐》)的探讨中。

1857年7月,针对法国经济学家巴师夏1851年出版的《经济的和谐》一书,马克思写下了一个未完成的书评——他在后来的"我自己的笔记本的提要"中将其概括为"巴师夏和凯里(1—4)。巴师夏论工资(5—7)"②。在这一书评开篇的"前言"中,马克思首先概述了他所处时代的资产阶级政治经济学发展状况。他认为,现代政治经济学的历史从17世纪末英国的威

① 《马克思恩格斯全集》第30卷,人民出版社1995年版,第26页。
② 《马克思恩格斯全集》第30卷,人民出版社1995年版,第627页。

廉·配第和法国的布阿尔吉尔贝尔的著作开始,到 19 世纪前 30 年李嘉图和西斯蒙第的著作结束,此后的政治经济学著作或是"折衷主义的、混合主义的纲要"(例如约翰·斯图亚特·穆勒),或是"对个别领域的较为深入的分析"(如图克的《价格史》),或是"重复过去经济学上的争论",又或是"有倾向性地把古典学派发挥到极端"①,这些从根本上说都是古典政治经济学理论的模仿者。但是,美国人凯里和法国人巴师夏的著作似乎是一个例外,他们不是古典政治经济学理论模仿者,而是批判者,但这种批判被马克思视为一种"反动的"批判——因为巴师夏和凯里视"资产阶级社会在现代经济学中历史地取得的理论表现"为"谬误"②,并试图在古典经济学家描述资本主义生产关系对抗的地方证明这种生产关系的和谐。具体而言,在巴师夏和凯里看来,处于资本主义生产关系下的各阶级之间的经济利益从根本上来说是和谐的。他们的区别在于:前者认为法国的经济关系之所以出现不和谐,是因为当时的法国没有贯彻经济自由主义思想,没有实行贸易自由政策,其主要对立面是法国的社会主义者;后者认为美国国内之所以出现经济不和谐的状况,是因为美国没有实行贸易保护制度,"竭力追求工业垄断的英国"③破坏了世界市场秩序,进而影响了美国国内的经济和谐,其主要对立面是以李嘉图为主要代表的英国古典政治经济学家。虽然前者和后者的指向及提出的诉求不同,但他们都从抽象的经济和谐原则出发来构建自己的理论。在他们的理论学说中,那种隐而不见的资本主义生产关系被当作人类社会永恒的社会关系,具有天然的合法性。这种社会关系在资本主义发展过程中愈发表现出来的对抗和紧张,只是因为这种资本主义生产关系的纯粹的"自然关系"发育不足或受到了外部(如国家)的侵犯和干涉等。换言之,他们的理论具有同一个实质,即为资本主义生产关系的天然合理性做辩护。

---

① 《马克思恩格斯全集》第 30 卷,人民出版社 1995 年版,第 3 页。
② 《马克思恩格斯全集》第 30 卷,人民出版社 1995 年版,第 4 页。
③ 《马克思恩格斯全集》第 30 卷,人民出版社 1995 年版,第 8 页。

实际上,关于资产阶级政治经济学的发展状况,在《哲学的贫困》中马克思就作出过详细评述。在他看来,资本主义本身包含着对抗的性质,资本主义生产方式越是继续发展,对抗就表现得越明显。在此情况下,"经济学家们,这些资产阶级生产的学术代表就越和他们自己的理论发生分歧,于是在他们中间形成了各种学派":其一是"宿命论的经济学家"学派。他们对资本主义生产"有害方面"、对无产阶级的"疾苦"采取一种漠不关心的态度①。在马克思看来,这一学派又可划分为两种,一种是以斯密和李嘉图为代表的"古典派",他们所代表的是"一个还在同封建社会的残余进行斗争",并致力于"提高生产力、使工商业获得新的发展"的新阶级(也即资产阶级)。他们认为,无产阶级在这一过程中所经受的苦难是暂时的和偶然的,无产阶级的"贫困只不过是每一次分娩时的阵痛"②。另一种是后来的以"饱食的宿命论者的姿态出现"的经济学家,他们故意无视这一社会中的"贫困"的大量生产,并从内心"蔑视那些用劳动创造财富的活人机器"③。其二是经济学的"人道学派",他们对无产阶级遭受的苦难表示同情和"真诚的痛心",为此,他们建议资产者"节制"自己的生产热情,同时奉劝工人要"安分守己"④,等等。这种"人道学派"的完善形式被马克思称为"博爱派",他们试图否认资本主义生产关系中存在的对抗的必然性,他们"愿意把一切人都变成资产者"。其三是当时作为"社会主义者和共产主义者"的无产阶级理论家学派。他们"为了满足被压迫阶级的需要,想出各种各样的体系"⑤,但由于时代和条件的局限,其理论更多地停留于空想。上述关于古典政治经济学及其之后的发展趋势的思想,在马克思1857年7月写下的这一未完成的书评中得到了进一步深化,其中最重要的进展就是他在这里指出了古典政治经济学在此后发展过程中的一个重要趋势,即经济学的

① 参见《马克思恩格斯文集》第1卷,人民出版社2009年版,第614—615页。
② 《马克思恩格斯文集》第1卷,人民出版社2009年版,第615页。
③ 《马克思恩格斯文集》第1卷,人民出版社2009年版,第615页。
④ 《马克思恩格斯文集》第1卷,人民出版社2009年版,第615页。
⑤ 《马克思恩格斯文集》第1卷,人民出版社2009年版,第616页。

庸俗化。一般认为,马克思在这一未完成的书评中"第一次明确地把资产阶级古典经济学和资产阶级庸俗经济学区别开来"[①]。根据他在这里的描述,这种被称为"庸俗经济学"的理论包括以下三点:1. 在李嘉图著作的基础上展开自己的理论;2. 贬斥李嘉图是为了反对社会主义者的经济思想;3. 试图在前人已经描述出的资本主义生产关系对抗的地方证明这种生产关系的和谐。

在《资本论》第 1 卷"第二版跋"中,马克思对古典政治经济学及其之后出现的庸俗化趋势又进行了概括[②],并认为,李嘉图之后出现的经济学的庸俗化趋势,其代表人物可以分为两派:一派以巴师夏为代表,他们是"精明的、贪利的实践家";另一派以约·斯·穆勒为代表,他们是一帮"以经济学教授资望自负的人"。前者试图为资本主义生产关系进行辩护,后者企图调和不可能调和的东西。从马克思对经济学庸俗化的多次描述看,这种经济学的庸俗化趋势实际上内在地包含在古典政治经济学当中。因为在古典政治经济学家们看来,"当时的历史规定的关系中从事工业和贸易"的人,也即"当时正在向资产者转变的中等市民",他们所表现出的本性是人的一般本性,在此基础上形成的政治经济学不只是"他们那个时代的关系和需要的表现,而是永恒的理性的表现";政治经济学所描述的各种规律,"不是这些活动的历史规定的形式的规律,而是永恒的自然规律",因为这些规律皆是从"人的本性中引伸出来的"[③]。换言之,在他们理论中隐而不见的资本主义生产关系被他们当作了人类社会的永恒关系,从这一前提出发,资本主义社会自然被视为"社会生产的绝对的最后的形式",而不是"历史上过渡的发展阶段"[④]。因此,在面对这一社会愈发表现出来的阶级对抗和紧张时,为其提供辩护并试图证明这种生产关系的"和谐",就自然成为了这一

---

① 《马克思恩格斯全集》第 30 卷,人民出版社 1995 年版,前言第 2 页。
② 参见《马克思恩格斯文集》第 5 卷,人民出版社 2009 年版,第 16—17 页。
③ 《马克思恩格斯全集》第 20 卷,人民出版社 1971 年版,第 165 页。
④ 《马克思恩格斯文集》第 5 卷,人民出版社 2009 年版,第 16 页。

理论的后继者的任务。

二、时代的征兆与历史的现实前提

正如马克思在《哲学的贫困》中评述所谓的无产阶级理论家学派时所指出的那样:科学的理论"不需要在自己的头脑中"去寻找,科学的理论的建立首先要做的是"注意眼前发生的事情"[①],因为"眼前发生的事情"预示着这个时代的走向,蕴含着时代的征兆。而把这些事情合理地表达出来的理论,就是在历史的运动中形成的科学的理论。

马克思在此处所说的"眼前发生的事情",即资本主义制度确立之后的发展过程中所出现的一系列状况,突出地表现在以下方面:一是在财富增加的同时贫困也在增加。在资本主义发展过程中,科技的进步和机器在生产中的应用大大提高了资本主义社会的生产力,社会物质财富不断增加。但是,机器的应用和资本主义机器大工业的发展并没有改善工人的劳动条件和生活条件,大量的工人被机器从生产过程中排挤出来(造成工人的失业),留下的工人则沦为机器的附庸。资本家在生产过程中通过延长工作时间、提高劳动强度、压低工人工资等方法压榨工人的血汗,广大劳动者陷入极端困苦的境地。二是生产的发展却引起周期性的经济危机。工业革命开始之后,英国曾多次出现局部性的经济危机。1825 年,英国爆发了一次席卷全国的经济危机,此后,周期性的经济危机频频发生,并且波及欧洲的各主要资本主义国家,造成了社会生产的极大破坏。三是无产阶级反抗斗争的日益明显。特别是 19 世纪 40 年代前后,欧洲各主要资本主义国家相继爆发了大规模的工人阶级反对资本主义制度的斗争运动。这些"眼前发生的事情"已经构成对资产阶级庸俗经济学的有力回击,它同时表明,资本主义社会中隐藏着巨大的矛盾,资本主义生产方式并不是"社会生产的绝对的最后的形式",如马克思所说,这些事情甚至已经让这个社会的统治阶

---

① 《马克思恩格斯文集》第 1 卷,人民出版社 2009 年版,第 616 页。

级中间形成了"一种模糊的感觉",即"现在的社会(即资本主义社会,笔者注)不是坚实的结晶体,而是一个能够变化并且经常处于变化过程中的有机体"①。

然而,秉承18世纪的"预言家"们的认识,作为历史结果的"18世纪的个人"被古典政治经济学家们当作出发点——这是一种"起点"与"结果"的颠倒。之所以要将这种被颠倒的"起点"与"结果"再颠倒过来,直接来看,它源于马克思对资产阶级政治经济学发展趋势的批判性考察,源于马克思从"眼前发生的事情"中所把握到的时代的征兆——但贯穿于其中的根本思想,则是马克思对人类社会及其历史发展规律的深刻理解。

1845年春,马克思和恩格斯决定合写一部著作,以阐明他们与当时的"德国哲学的意识形态的见解的对立",并"清算一下"他们之前的"哲学信仰"②。次年5月,他们共同撰写的《德意志意识形态》一书完成。在这部著作中,马克思和恩格斯指责费尔巴哈、布·鲍威尔和施蒂纳等人是一些"没有任何前提的德国人"③,在他们看来,人类历史有其"现实前提",而构成这一现实前提的是:"一些现实的个人"以及"他们的活动和他们的物质生活条件",这是"可以用纯粹经验的方法来确认"的事实④。具体而言,这一现实前提包括三个方面的内容:第一,人们生产他们所必需的物质生活资料的生产活动。人们要生活,首先需要吃喝住穿等物质生活资料,因此,马克思和恩格斯将生产这些物质生活资料的活动称为"第一个历史活动"⑤;第二,人们的"新的需要产生的"活动,即"已经得到满足的第一个需要本身、满足需要的活动和已经获得的为满足需要而用的工具又引起新的需要",它同样也被马克思和恩格斯看作是"第一个历史活动"⑥;第三,人们之间的物质

---

① 《马克思恩格斯文集》第5卷,人民出版社2009年版,第10—13页。
② 《马克思恩格斯文集》第2卷,人民出版社2009年版,第593页。
③ 《马克思恩格斯文集》第1卷,人民出版社2009年版,第531页。
④ 《马克思恩格斯文集》第1卷,人民出版社2009年版,第519页。
⑤ 《马克思恩格斯文集》第1卷,人民出版社2009年版,第531页。
⑥ 《马克思恩格斯文集》第1卷,人民出版社2009年版,第531—532页。

联系——马克思和恩格斯认为,这些生产的个人之间"一开始就有一种物质的联系",它由人们的"需要和生产方式"所决定,并随"需要和生产方式"的发展而"不断采取新的形式"①。

从这一"现实前提"出发,马克思和恩格斯在《德意志意识形态》中初步阐述了他们对人类社会及其历史发展规律的看法。首先,在人类社会及其历史发展中起决定性作用的是人们的物质生产方式,其中,生产力是形成和推动物质生产方式的决定性力量;其次,生产力是推动社会历史发展的根本原因,其与"交往形式"的矛盾运动规律是构成人类历史发展的一般规律;最后,依据这一规律,资本主义社会必将为一种新的社会形式所取代,但它的创建要以生产力的巨大增长和高度发展为前提。在日后的《〈政治经济学批判〉序言》中,"交往形式"被马克思进一步明确为"生产关系",上述思想则被进一步地阐述为:生产力同与之"一定发展阶段相适合的生产关系"②共同构成这个社会的一定的生产方式;生产方式决定并制约着这一社会的政治和精神生活过程;"生产力发展到一定阶段,便会同它们一直在其中运动的现存生产关系"发生矛盾,这时,"社会革命的时代就到来了"③;资本主义生产方式包含着"对抗"的性质,那种"在资产阶级社会的胎胞里发展的生产力,同时又创造着解决这种对抗的物质条件"④,由此决定了这种生产方式和社会制度的暂时性,因为这种"物质条件"同时是新的社会制度和生产方式得以生成的物质条件。

从马克思揭示的人类历史的"现实前提"及其发展规律看,其视域中的"人"绝非以"18世纪的个人"为现实蓝本,通过对个体共性的抽象而得到的"抽象个人",而那种基于"抽象个人"将人类社会形成之前的状态解释为"自然状态"的理论,不过是人们头脑当中天真的想象。在他看来,在历史

---

① 《马克思恩格斯文集》第1卷,人民出版社2009年版,第533页。
② 《马克思恩格斯文集》第2卷,人民出版社2009年版,第591页。
③ 《马克思恩格斯文集》第2卷,人民出版社2009年版,第597页。
④ 《马克思恩格斯文集》第2卷,人民出版社2009年版,第592页。

发展过程中,这些个人之间一开始就存在着联系,并且不以人们的意志为转移。为了同这种"抽象个人"相区别,马克思在自己的著述中用"现实的人"来标明他对"人"的独特理解。实际上,马克思对"人"的这种独特理解直接影响着他的理论旨趣,并塑造出了他特有的理论风格——例如,在资产阶级政治经济学理论中的那种隐而不见的社会关系,即被他称为"迄今为止最发达的社会关系"的东西,恰恰是马克思在政治经济学研究中所聚焦并致力阐明的内容。

三、走向现实的人的思想探索历程

此处应指出的是,"现实的人"并非马克思在其理论探索过程中一开始就具有的理论自觉。在马克思的理论探索过程中,走向"现实的人"经过了一个艰辛的探索过程,这一过程同时表现为一个"探索者道路的探索"过程。依据马克思在不同时期所表现出来的不同理论旨趣,可以将这一过程划分为三个阶段。

第一个阶段是宗教神学批判阶段[①]。马克思的博士论文可视为这一理论探索的起点和代表。1841 年 4 月,马克思通过向耶拿大学提交论文而拿到哲学博士学位。在这篇论文中,他详细地阐述了原子论在德谟克利特和伊壁鸠鲁描述中的差别,并持一种赞许的态度来评价伊壁鸠鲁关于原子脱离直线作偏斜运动的学说。在他看来,原子的偏斜运动蕴含着事物自我运动的可贵思想,是人的个性、意志和自我意识的自由的体现。总体上看,马克思在这篇论文中所表现出的一个重要的理论旨趣,就是对宗教神学的批判,这与其当时所处的时代和思想环境有着直接的关联:首先,近代西方唯物主义的兴起直接针对的就是当时的宗教神学,而"法国和英国的唯物主义始终同德谟克利特和伊壁鸠鲁保持着紧密的联系"[②],在这里,马克思以

---

① 参见拙作:《〈资本论〉人学思想及其中国化研究》,人民出版社 2018 年版,第 30—32 页。
② 《马克思恩格斯全集》第 2 卷,人民出版社 1957 年版,第 161 页。

二者的原子论为研究对象,以理论的方式参与到对这个时代的讨论中;其次,之所以马克思首先走上的是宗教神学批判道路,应当说,与其所身处其中的德国思想界状况有莫大关联:19世纪40年代前后的德国,对宗教神学的批判构成思想界的主流,如施特劳斯于1835年出版的《耶稣传》、费尔巴哈于1841年出版的《基督教的本质》等。基于这样一种理论旨趣,马克思在博士论文中对哲学和宗教神学的关系进行了审查。他在文中写道:"我痛恨所有的神","就是哲学自己的自白";"对神的存在的证明不外是对人的本质的自我意识存在的证明"[1];等等。这些论述表明,在进行宗教神学批判的过程中,马克思的出发点或立足点是自我意识和人的自由,人的本质甚至被等同于这种自我意识。换言之,在宗教神学批判阶段,人的自我意识以及这种自我意识的自由是马克思理论探索的出发点。

第二个阶段是对政治和法的批判[2]。取得博士学位之后不久,由于从事报纸相关工作,马克思参与到了对当时社会现实问题的讨论中,并写下了一系列讨论当时政治和法律的文章[3]。从这些文章可以看出,人的自我意识的自由仍然是马克思在此时进行理论批判的一个重要立足点。但是,这种状况在1843年初有所改观,如他在《摩泽尔记者的辩护》中写道:"人们在研究国家状况时很容易走入歧途,即忽视各种关系的客观本性",这些关系决定着人们(也包括个别行政当局)的行动,且"像呼吸的方式一样不以他们为转移"[4]。如果说以人的自我意识的自由为立足点的批判尚带有浓厚的青年黑格尔派思想印痕的话,那么,通过深入社会事务,明确指出容易被忽视的各种关系及其客观本性,预示着马克思在这一阶段将要发生的思想跃迁——无疑,这种思想跃迁首先体现为他对黑格尔哲学特别是黑格尔

---

[1] 《马克思恩格斯全集》第1卷,人民出版社1995年版,第101页。
[2] 参见拙作:《〈资本论〉人学思想及其中国化研究》,人民出版社2018年版,第32—34页。
[3] 主要包括《评普鲁士最近的书报检查令》(1842年2月)、《关于新闻出版自由和公布省等级会议辩论情况的辩论》(1842年3—4月)、《关于林木盗窃法的辩论》(1842年10月)、《摩泽尔记者的辩护》(1842年12月—1843年1月),等等。
[4] 《马克思恩格斯全集》第1卷,人民出版社1995年版,第363页。

法哲学所做的清理与反思。1843 年,马克思对黑格尔法哲学进行了系统研究,在同年 12 月完成的《〈黑格尔法哲学批判〉导言》中,他提出"确立此岸世界的真理"①的任务要求,由此,对政治和法的批判成为了马克思在此时为自己确立的理论探索道路。在这一过程中,围绕对人的理解,马克思表达了如下思想:1. 要从尘世的社会生活中去理解人,"人就是人的世界,就是国家,社会"②;2. "人的根本就是人本身"③;3. "只有当人认识到自身'固有的力量'是社会力量,并把这种力量组织起来"④的时候,人才能够解放自身。总之,在这一阶段,马克思已经改变了他此前从抽象的人的自我意识及其自由出发去进行理论批判的做法,而开始将人同自身所处的社会生活联系起来,并以此为出发点来进行理论探索,从而为他最终走向"现实的人"和创立关于"现实的人"的学说奠定了基础。

第三个阶段是政治经济学批判的开启阶段。如前所述,马克思在 1843 年对黑格尔的法哲学进行了研究,虽然形成的只是一部未完成的书稿,但根据他在《〈政治经济学批判〉序言》中的回顾,这一研究得出了一个重要的结论,即法的关系、国家形式根源于市民社会,"而对市民社会的解剖应该到政治经济学中去寻求"⑤——这就非常明确地表明了他在此时的理论旨趣和探索道路的改变:由对政治和法的批判转向政治经济学批判。《1844 年经济学哲学手稿》则是记录和印证这一转变的重要文献。在这部手稿性质的文献中,马克思理论阐述中涉及的对人的理解呈现为一个复杂的态势:一方面,受到费尔巴哈的影响,马克思将人看作是"类存在物",将"自由的有意识的活动"看作人的"类特性"⑥;另一方面,马克思在这一文献中明确反对黑格尔视人为一种"非对象的、唯灵论的存在物"的做法,但高度重视其

---

① 《马克思恩格斯全集》第 3 卷,人民出版社 2002 年版,第 200 页。
② 《马克思恩格斯全集》第 3 卷,人民出版社 2002 年版,第 199 页。
③ 《马克思恩格斯全集》第 3 卷,人民出版社 2002 年版,第 207 页。
④ 《马克思恩格斯全集》第 3 卷,人民出版社 2002 年版,第 189 页。
⑤ 《马克思恩格斯文集》第 2 卷,人民出版社 2009 年版,第 591 页。
⑥ 《马克思恩格斯全集》第 3 卷,人民出版社 2002 年版,第 273 页。

所赋予的劳动之于人的意义。在此基础上,他开始从对象化劳动来理解人,即人是对象性存在之人,人是在这种对象化劳动中生成的。若将马克思在这里对人的理解的两个方面看作两种趋势的话,其之后的思想发展进程将表明,马克思对人的理解是沿着后一种趋势而展开的——实际上,这里的对象性存在之人即是他后来称之为的"现实的人"。当然,这一过程是通过对费尔巴哈学说的反思与批判而逐步实现的。

第三节　现实的人的本质:社会关系的总和

受到费尔巴哈的影响,《1844 年经济学哲学手稿》中的马克思一度将人表述为"类存在物",但与此同时,他发出如此疑问:这种"类"概念,"如果不是社会这一概念,那是什么呢?"①通过对费尔巴哈学说的反思与批判,马克思最终走向了"现实的人"。根据《关于费尔巴哈的提纲》和《德意志意识形态》当中的相关提示,"现实的人"即是以"社会关系的总和"②为本质规定的人。与建立在"旧唯物主义"哲学基础上的"抽象人性论"相区别,构成以"社会关系的总和"为本质规定的"现实的人"的哲学基础是"新唯物主义"③(即"辩证唯物主义")的世界观,其形成方法是对人所处于其中的一定的社会关系的抽象,而"经济范畴的人格化"④正是这种以"社会关系的总和"为本质规定的"现实的人"在经济学中的理论表达。

一、现实的人的哲学基础:辩证唯物主义的世界观

作为"现实的人"的哲学基础的"新唯物主义"世界观,它绝非黑格尔的辩证法同费尔巴哈的唯物主义的简单相加,而是在以市民社会为立脚点的

---

① 《马克思恩格斯全集》第 47 卷,人民出版社 2004 年版,第 74 页。
② 《马克思恩格斯文集》第 1 卷,人民出版社 2009 年版,第 501 页。
③ 《马克思恩格斯文集》第 1 卷,人民出版社 2009 年版,第 502 页。
④ 《马克思恩格斯文集》第 5 卷,人民出版社 2009 年版,第 10 页。

旧唯物主义基础上,通过消解这种旧唯物主义自身的一系列内在悖论而形成的全新的世界观。众所周知,在《关于费尔巴哈的提纲》中,马克思将自己的哲学明确标名为"新唯物主义"——既然是新"唯物主义",则表明了马克思在哲学基本问题上的明确立场,然而,既为"新"唯物主义,则必然与以往的唯物主义有所不同。依据经典作家对哲学史上的唯物主义的考察,物质范畴的不同规定产生了不同的唯物主义哲学思想形态,因此,问题的关键就在于:马克思所说的"新唯物主义"的"物"究竟何指? 显然,当我们做这一种追问时,我们所追问的并非随便什么种类的某物,而是追问"物之为物"的规定性——正如海德格尔所指出的:"'物是什么?'我们以这种方式来追问,我们所探寻的是那种使物成为物,而不是成为石头或木头那样的东西,探寻那种形成(be-dingt)物的东西,我们追问的不是随便什么种类的某物,而是追问物之物性。"①那么,马克思对其新唯物主义之"物"做出了怎样的"物性"之规定呢?

马克思在《1844 年经济学哲学手稿》中写道:"非对象性的存在物是非存在物","是思想上的即只是想像出来的存在物"②。由此可知,在马克思看来,现实的、感性的存在物的存在必然是一种"对象性存在"。而这种"对象性"便是马克思赋予"物之为物"的规定性,具体而言,它包括三个方面的内容③。

一是对象性关系,即事物之间的内在联系。如前所述,1844 年时期的马克思深受费尔巴哈的影响。在《基督教的本质》一书中,费尔巴哈曾表达出如此思想:"主体必然与其发生本质关系的那个对象,不外是这个主体固有而又客观的本质"。他以行星和太阳为例对此进行了详细说明——太阳是众多行星的共同客体,但是每个行星都各有它们自己的太阳,"照亮这和

---

① [德]海德格尔:《物的追问》,赵卫国译,上海译文出版社 2010 年版,第 8 页。
② 《马克思恩格斯全集》第 3 卷,人民出版社 2002 年版,第 325 页。
③ 此部分内容笔者已经以论文的形式发表。详细阐述参见拙文:《"对象性存在"的三重规定性及其意义》,《武汉理工大学学报》(社会科学版)2016 年第 3 期。

温暖着天王星的那个太阳,对地球来说没有任何意义,只具有天文学的、科学的意义。天王星上的太阳跟地球上的太阳,不仅看起来似乎是不同的,而且,实际上确是不同的。所以,地球对太阳的关系,同时是地球对自身的关系,或者说,是地球对自己的本质的关系;因为太阳作为地球的对象时,其大小和光线强弱的量度,就是那决定着地球特有的本性的距离的量度。所以,每个行星都在它自己的太阳中映射出它自己的本质"①。由此在费尔巴哈看来,存在物的本质是由外在于它并作为其对象的另一存在物所规定的,犹如太阳之于地球:地球在自身之外的太阳中映射出了自己的本质——作为其对象的太阳的大小和光线强弱的量度"就是那决定着地球特有的本性的距离的量度"。费尔巴哈的这一思想被马克思吸收并加以改造,他在《1844年经济学哲学手稿》中说:"一个存在物如果在自身之外没有对象,就不是对象性的存在物";"没有对象性的关系,它的存在就不是对象性的存在"②。换言之,对象性存在具有的规定性之一,即存在物所具有的"对象性关系","自己的对象性关系",即"自己同对象的关系"③。

作为"对象性存在"的存在物的对象性关系表明,存在物的本质及其性质并非其自身所固有的东西,而是在其对象性关系中生成的,因此,"对象性存在"的存在物之间是一种深层的内在联系。在以往的旧唯物主义哲学观念中,存在物的存在通常被视为一种"自我存在":每一存在物的存在都是一种与他物无关的存在,即每一存在物都具有自在性和独立性。在这种哲学观的指导下将出现的是人们在揭示某一存在物之性质时的逻辑悖论——"还原论悖论":作为某一整体的存在物由一个个作为部分的存在物集合而成,从而整体的性质也必然来源于其每一组成部分所具有的性质,于是,对整体的性质的揭示只能还原至组成整体的存在物的本质与性质。然而,正如构成人体的每一种元素在自然界中都可以找到,但却无法用这些自

---

① [德]费尔巴哈:《基督教的本质》,荣震华译,商务印书馆1997年版,第33页。
② 《马克思恩格斯全集》第3卷,人民出版社2002年版,第325页。
③ 《马克思恩格斯全集》第3卷,人民出版社2002年版,第303页。

然界中存在的元素的性质相加得到人自身所具有的属性一样,即整体的本质与属性无法用组成整体的每一存在物的本质与属性来说明。因此,存在物的存在并非一种"自我存在",而是一种"对象性存在";存在物与存在物之间并非一种外在的关系,而是一种对象性关系;存在物的本质与性质并非是既成的、自在的,而是在存在物的对象性关系——存在物彼此之间深层的内在联系——中生成的。此成为马克思的哲学同旧唯物主义的根本区别之一。

二是对象性活动,即事物之间的内在相互作用。对象性关系作为对象性存在的规定性之一,其所表明的是存在物之间深层的内在联系,而这种深层的内在联系必然要通过存在物之间的内在相互作用表现出来,这种存在物之间的内在相互作用即对象性活动。马克思在《1844年经济学哲学手稿》中说:"对象性的存在物进行对象性活动。"①由此,对象性活动可视为马克思对"对象性存在"的规定性之二。在这里,马克思用太阳和植物之间的内在相互作用为例来阐述这种对象性活动及其意义——"太阳是植物的对象,是植物所不可缺少的、确证它的生命的对象,正像植物是太阳的对象,是太阳的唤醒生命的力量的表现,是太阳的对象性的本质力量的表现一样"②。因此,存在物的对象性活动被看作是存在物自身本质力量的表达:如植物对自己生命的确证,又如太阳表现其自身的力量。在这种存在物相互表达自身本质力量的过程中,每一存在物既是这种表达活动的主体,同时又是这种表达活动的对象,所以,存在物的对象性活动首先表明的是存在物的主体性或能动性:存在物积极地向其对象表达着它自身的本质力量;其次,它还表明了存在物的受动性:存在物所依赖、所需要的对象是存在于它自身之外的,从而受到它的对象的制约和限制。总之,"对象性存在"的存在物的性质是通过其对象性活动表现出来的,存在物的本质与性质就表现

---

① 《马克思恩格斯全集》第3卷,人民出版社2002年版,第324页。
② 《马克思恩格斯全集》第3卷,人民出版社2002年版,第325页。

为存在物的对象性活动。由此,人们对某一对象性存在物的理解与揭示,也就是对这一存在物的对象性活动的理解与揭示。

在以往的旧唯物主义哲学观念中,存在物的存在通常被视为一种"自我存在",人们对存在物(作为认识对象的客体)的认识就是如实地揭示出其本质与性质,而要将某一作为认识客体的存在物的本质与性质尽可能真实客观地揭示出来,就需要人们尽可能地摒弃对这一客体的干扰,以使其保持自身的原有状况。因此,人们对作为认识客体的存在物的认识往往采取直观的形式,并最大限度地从作为认识客体的存在物自身出发来获取对其的理解。认识于是成为使认识的主体(人)所直观到的内容(认识对象的"镜像")与作为认识对象的客体(所要认识的"原像")相符合,由此将导致逻辑上的悖论——"认识论悖论":既然认识的主体(人)只能得到对认识对象(原像)直观而来的镜像,那么,对于人们所获得的这种认识对象的镜像是否符合其原像的验证势必要求主体跳出镜像的范围,站在镜像之外以比较两者是否一致。然而,认识的主体被规定为只能获得对认识对象(原像)直观而来的镜像,逻辑上的悖论由此产生。消解这一悖论的正是马克思。他指出:不能只是从"客体的或者直观的形式去理解"事物,而要"把它们当做感性的人的活动,当做实践去理解"[①]。这里,"感性的人的活动"、"实践"就是主体与认识对象之间的对象性活动。在这种对象性活动中,作为认识对象的存在物怎样表达自己,它就是怎样的存在物,因此,作为认识对象的存在物就是它在对象性活动中的各种表现之总和。当我们能够预测其在一定条件下的一系列可能性表现的概率时,也就获得了对这一存在物的认识;而当"我们自己能够制造出某一自然过程,按照它的条件把它生产出来,并使它为我们的目的服务"[②]时,就能够证明我们对这一存在物的认识是正确的——此成为马克思的哲学同旧唯物主义的根本区别之二。

---

① 《马克思恩格斯文集》第1卷,人民出版社2009年版,第499页。
② 《马克思恩格斯文集》第4卷,人民出版社2009年版,第279页。

　　三是对象性活动过程,即事物之间的内在相互作用过程。某一存在物与其对象之间的对象性活动不仅改变了存在物与其对象的原有形态,还形成了新的对象性关系,在新的对象性关系中,改变了原有形态的存在物又与其新的对象进行对象性活动,于是又形成自身和对象的新的对象性关系……如此往复不断。于是"对象性存在"的存在物同时意味着存在物的对象性活动过程:在这一过程中,存在物的"对象性存在"就体现为存在物的对象性活动过程。由此,对象性活动过程可视为马克思对"对象性存在"的规定性之三。马克思在《1844 年经济学哲学手稿》中说:"整个所谓世界历史不外是人通过人的劳动而诞生的过程,是自然界对人来说的生成过程"①——这里的劳动即"对象性存在"的人的对象性活动。如果说"对象性存在"的规定性之一揭示出了一切存在物的本质及其性质的来源,"对象性存在"的规定性之二使得人们认识某一存在物成为可能,那么,"对象性存在"的对象性活动过程之规定则揭示出了存在物的存在状态:一切存在物都是在其对象性活动中不断生成着的存在物,一切存在物都是其对象性活动过程——正如恩格斯所说:"世界不是既成事物的集合体,而是过程的集合体。"②换言之,马克思所理解的世界不是一个一成不变的世界,而是一个不断生成着的过程的世界。

　　在以往的旧唯物主义哲学观念中,世界是人们在某一个"此刻"所"直观"到的现实世界,于是,现实世界被理解为某一个"此刻"同时并存的既成事物的集合体。其中,每一存在物的运动都被看作是从一个"此刻"的确定状态过渡到另一个"此刻"的确定状态——这实际上是用存在物的静止状态来解释其运动状态,由此将导致逻辑上的悖论——"此刻世界悖论":如"芝诺悖论"之一的"飞矢不动"。所谓"飞矢不动",意思很简单,即飞矢在一段时间里要通过一段路程,而这一段时间是可以被分成无数个"此刻"

---

① 《马克思恩格斯全集》第 3 卷,人民出版社 2002 年版,第 310 页。
② 《马克思恩格斯文集》第 4 卷,人民出版社 2009 年版,第 298 页。

的,在每一个"此刻",飞矢都居于一个确定的位置,也就是说,在每一个"此刻",飞矢都是静止不动的。这就意味着,飞矢停驻在这段路程的各个不同位置之上,而不是从一个位置飞至另一个为止,由此得出"飞矢不动"的荒谬结论。法国哲学家柏格森(Henri Bergson,1859—1941)也指出,依照这种哲学观念,"宇宙从这一刻开始消失、后来又重新出现了",从而这个世界"是一个每时每刻都在死去而又再生的世界"①。然而,一旦将存在物作为对象性存在过程来看,上述"此刻世界悖论"就可以被消解:存在物的"对象性存在"即存在物的对象性活动过程,所谓存在物的静止状态,只不过是存在物的某一个相对稳定的过程。因此,静止并不是事物的本来存在状态,存在物的运动是绝对的,静止是相对的,存在物的静止状态仅是存在物的一种特殊的运动状态——此成为马克思的哲学同旧唯物主义的根本区别之三。

以上三个方面的规定性表明,马克思的"新唯物主义"同以往的旧唯物主义有着本质的区别,它是在以市民社会为立脚点的旧唯物主义基础上,通过消解这种旧唯物主义自身的一系列内在悖论而形成的全新的哲学世界观,这种新唯物主义哲学向人们描绘出一种全新的世界图景,概括为一句话,即世界是在事物的内在相互作用过程中不断生成着的现实世界。它同时表明,作为马克思"新唯物主义"哲学的辩证唯物主义,并非黑格尔的辩证法同费尔巴哈的唯物主义的简单相加,而是物自身同其辩证性质的有机融合。这种辩证唯物主义的世界观为马克思在理论上对人及其本质的理解提供了坚实的哲学基础。

二、现实的人的本质的探寻方法:对社会关系的抽象

既然新唯物主义之"物"是"对象性存在"之物,那么,新唯物主义之"人"同样是"对象性存在"之人。"对象性存在"的三重规定性使马克思理论视域中的"人"与旧唯物主义哲学当中的"人"区别开来:首先,马克思学

_____

① [法]柏格森:《创造进化论》,肖聿译,华夏出版社1999年版,第25页。

说当中的"人"不是旧唯物主义哲学观念当中通过对个体共性的抽象而得到的"抽象个人",而是处在与其所生活于其中的自然界、人类社会的内在联系即对象性关系之中的"现实的人";其次,处于对象性关系中的人进行对象性活动,这种对象性活动不同于旧唯物主义哲学观念中所抽象出来的人的一般活动(如"生产一般"),而是处于一定社会关系中的"现实的人"的本质力量的对象化活动,即人的实践活动;最后,人类历史并非人的观念或基于理性所构造的历史,而是"对象性存在"的人的对象性活动过程即"现实的人"的实践活动所形成的历史。

正像新唯物主义之"物"不是以往旧唯物主义中与他物无关的"自我存在"之物,而是一种处于对象性关系之中、在与其对象的内在相互作用过程中不断生成着自身的本质与性质的"对象性存在"之物一样,"现实的人"的本质与性质也并非其自身所固有的,而是通过人的活动而构建出的各种社会关系所赋予的,正是在此意义上,马克思将"现实的人"的本质概括为"一切社会关系的总和"①。因此,不同于旧唯物主义哲学基础上对人的本质与性质的把握——即对个体共性的抽象(如费尔巴哈的"类"),对"现实的人"的本质的把握就是对其所处于其中的各种社会关系的抽象。具体而言,这种抽象主要包含如下环节:

一是从特定历史阶段的社会关系总体中提取出具有决定性的关系。一切社会关系都是在人类的实践活动中形成的,并随着人类实践活动(特别是物质生产实践)的改变而不断变化。但是,在某一特定历史阶段的社会关系总体中,总会有一种具有决定性的生产关系,它不仅赋予这一特定历史阶段的社会关系总体以特殊性——从而将这一特定历史阶段与其他历史阶段区别开来,而且还决定着其他一切关系在这一阶段的社会关系总体中的"地位和影响"②,因而,这一生产关系对于特定历史阶段的社会关系总体具

---

① 《马克思恩格斯文集》第 1 卷,人民出版社 2009 年版,第 501 页。
② 《马克思恩格斯全集》第 30 卷,人民出版社 1995 年版,第 48 页。

有本质规定的意义。对这种生产关系的提取和抽象,不同于提取个体共性的抽象,而是对整体的特殊性的提取、对整体的"本质抽象"①。

二是对这种具有决定性的生产关系所形成的经济结构中的人的具体分析。在特定历史阶段的社会中,具有决定性的生产关系下的人们的生产活动塑造出了特定的社会经济结构,其中,在这一社会经济结构中处于不同的位置的人会表现出不同的利益诉求,这一点突出地体现在阶级社会中。由于人们在一定的社会经济结构中所处地位不同,体现为阶级地位和阶级利益不同,因此,要对处于这一特定社会经济结构不同位置的人作具体分析,就是要运用阶级分析法,分析其所承载的阶级关系和阶级利益,因为在这里,"现实的人"表现为"一定的阶级关系和利益的承担者"②。

经过上述过程,以"一切社会关系的总和"为本质规定的"现实的人"当然也必然是历史的、具体的人——表现在理论中,他所承担的社会关系决定了他的利益诉求,塑造了他的独特的、鲜活的本性,他所承担的社会关系使他成为奴隶或奴隶主、地主、资本家或雇佣工人,等等。因此,在辩证唯物主义世界观基础上,从以"一切社会关系的总和"为本质规定的"现实的人"出发所形成的理论,才是对人类历史进程的客观描述。

三、现实的人的经济学表达:经济范畴的人格化

马克思在《资本论》第一版序言中表达得非常清楚,他说:"这里涉及的人,只是经济范畴的人格化,是一定的阶级关系和利益的承担者。"③因此,如果说理性经济人(假设)是抽象人性论在资产阶级经济学中的理论表达,那么,"现实的人"在马克思政治经济学中的理论表达则是"经济范畴的人格化"。

理解"经济范畴的人格化",首先要准确把握"经济范畴"。在马克思那

---

① 参见拙作:《〈资本论〉人学思想及其中国化研究》,人民出版社 2018 年版,第 63 页。
② 《马克思恩格斯文集》第 5 卷,人民出版社 2009 年版,第 10 页。
③ 《马克思恩格斯文集》第 5 卷,人民出版社 2009 年版,第 10 页。

里,经济范畴所表现的是经济关系或生产关系,是生产关系在理论中的表现——对此,他曾说:"经济范畴只不过是生产方面社会关系的理论表现,即其抽象。"①也就是说,"经济范畴"是通过对一定社会的生产关系进行抽象而得到的理论形式。值得注意的是,这种"抽象"同样不是对个体共性的抽象,而是对整体的特殊性的提取、对整体的"本质抽象",正像资产阶级经济学视"资本"为物,马克思则将资本的本质视为物之上所承载的、具有特殊性质的生产关系一样。与此同时,马克思还认为,这种在理论上表现为"经济范畴"的各种生产关系是不断变化的,原因是随着生产力的发展和生产方式的改变,"人们也就会改变自己的一切社会关系"②。如果说"经济范畴"是一定社会的生产关系在理论中的表现,那么在理论中,作为这种生产关系的承担者的人,就表现为这一范畴的人格化——例如,资本的人格化就是资本家,资本家则是人格化的资本;"劳动力"的人格化就是作为雇佣工人的劳动者。在此意义上,所谓"经济范畴的人格化",正是以"一切社会关系的总和"为本质规定的"现实的人"在马克思政治经济学中的理论表达。而马克思在这里之所以要将人规定为"经济范畴的人格化",从根本上说,源于他对"现实的人"的本质的理解;直接来看——如他自己所说,则是"为了避免可能产生的误解"③。

总之,通过"经济范畴的人格化",以"一切社会关系的总和"为本质规定的"现实的人"不仅在经济学理论中得到了合理表达,马克思经济分析当中的人的独特性也被明确地标注了出来。遗憾的是,由于马克思这一表述的特殊性,特别是形成"经济范畴的人格化"这一表述过程中所运用的抽象

---

① 《马克思恩格斯全集》第 4 卷,人民出版社 1958 年版,第 143 页。
② 《马克思恩格斯全集》第 4 卷,人民出版社 1958 年版,第 144 页。
③ 《马克思恩格斯文集》第 5 卷,人民出版社 2009 年版,第 10 页。这种误解至少包括三个方面:其一,将人的主观意愿或道德品质误解为社会经济形式的根源;其二,将人误解为孤立的、单个的"抽象个人"而使人变成物;其三,将人的现实关系误解为原理和范畴的化身而使人变成观念。详细的分析见拙作:《〈资本论〉人学思想及其中国化研究》,人民出版社 2018 年版,第 58—61 页。

方法未被很好地理解,由此出现了对马克思经济分析当中的人应当如何理解的许多争论——在此过程中,一些马克思主义学者甚至试图通过修正资产阶级经济学中的理性经济人(假设)来重建马克思经济分析当中的人,在笔者看来,这种做法走上的可能是一条错误的道路[①]。当然,对于马克思经济分析当中的人应当如何理解,特别是在构建中国特色社会主义政治经济学的过程中如何准确地表述经济分析中的人,仍然是一个需要我们进一步深入研究的重要课题,但可以肯定的是,马克思对经济分析当中的人的这一表述即"经济范畴的人格化",无疑是一个最重要和最基本的参照。

最后,回到本章所提出的问题。在由对现实的批判转变为理论体系的批判的过程中(这被认为是《1857—1858年经济学手稿》的最有意义的变化),马克思对资产阶级政治经济学理论体系的批判首先从批判其"出发点"开始,而这种"出发点"直指其人学基础,即资产阶级政治经济学家对人的理解。这里的问题是:(一)构成资产阶级政治经济学的人学基础是什么?(二)马克思本人又是基于怎样的认识,进而将其经济学研究的"出发点"规定为"这些个人的一定社会性质的生产"的?我们的回答是:构成资产阶级政治经济学的人学基础是抽象人性论,其哲学基础是以"市民社会"为"立脚点"的"旧唯物主义"世界观,其形成方法是对个体共性的提取也即所谓的共性抽象,理性经济人(假设)则是其在经济学中的理论表达。在敏锐把握时代问题及其征兆的基础上,通过对古典政治经济学及其发展趋势(特别是其庸俗化趋势)的批判性考察,马克思指出了古典经济学家对历史的"起点"与"结果"的颠倒,基于对人类历史的现实前提特别是现实的人的本质的理解,马克思在构建自己经济学理论的过程中将这种颠倒的"起点"与"结果"再颠倒了过来,于是,经济学研究的出发点不应该是"个人一般"所进行的"生产一般",而是"这些个人的一定社会性质的生产"。因此,如

---

① 详细的分析和阐述参见拙作:《〈资本论〉人学思想及其中国化研究》,人民出版社2018年版,第51—57页。

果说抽象人性论构成资产阶级政治经济学的人学基础,那么,构成马克思政治经济学人学基础的则是他对现实的人特别是其本质的理解——进行这种理解的哲学基础是"新唯物主义"即辩证唯物主义的世界观,其方法是对人所处于其中的一定的社会关系的抽象,"经济范畴的人格化"则是这种理解在马克思政治经济学中的理论表达。

第二章 个体与共同体历史辩证法 视域中的人的二重性

如果说马克思对人的本质的理解构成其政治经济学批判的人学基础，那么，在这一基础上所形成的人的二重性（个体性和社会性）存在思想则为其政治经济学理论的建构提供了直接的思想资源——因为人的二重性通过劳动就表现为劳动的二重性，并最终通过劳动产品（商品）的二重性得以显现。虽然人的二重性存在思想在马克思那里并没有非常明确地提出来并加以详细阐述，但是它贯穿于马克思对人类历史发展过程进行思考的始终，并在其关于个体与共同体的历史辩证法中特别地凸显出来。

第一节 从逻辑构想到现实生成：个体与 共同体的历史辩证法

马克思在《导言》中表达出如此观点：在人类历史进程中，越向前进行追溯，进行生产的个人越是不独立、越是依赖于某种形式的共同体；那种产生孤立个人的观点的时代恰恰是迄今的社会关系最发达的时代。马克思对人类历史发展过程的这一思考蕴含着其关于个体与共同体历史辩证法的深刻思想。具体而言，这一思想经历了从"逻辑构想"到"现实生成"、再到《1857—1858 年经济学手稿》中的"完善和深化"的发展三个阶段。重新梳理马克思的这一思想，是我们深入理解其在《1857—1858 年经济学手稿》中提出的"人的发展三阶段论"(或称"社会三形态论")的重要基础,也是我们探寻马克思关于人在社会中的二重性存在思想的关键。

一、个体与共同体历史辩证关系的逻辑构想

在马克思的思想演进历程中,其个体与共同体的历史辩证法思想最初表述于《1844 年经济学哲学手稿》。进入这一文献的具体语境,我们首先看到的是马克思对当时的国民经济学的批判性考察——针对国民经济学只是"把私有财产在现实中所经历的物质过程,放进一般的、抽象的公式,然后把这些公式当做规律"[①]的做法,马克思提出:"我们且从当前的国民经济的事实出发"[②]——从当前的国民经济的事实出发,我们看到,马克思首先描述了资本主义生产方式下劳动产品、劳动过程同工人相对立的事实(马克思将此视为"异化劳动"的两个规定),进而试图从"异化劳动的两个规定推出它的第三个规定"[③],在此过程中,他向我们展示了其个体与共同体历史辩证法思想的雏形。

首先,人是"类存在物"[④],其"类特性"是"自由的有意识的活动"[⑤]。在当时的马克思看来,人之所以是"类存在物",原因有两个方面:其一,无论在"实践"上还是在"理论"上,人都把"类"当作对象;其二,"人把自身当做现有的、有生命的类来对待"[⑥]。从人是"类存在物"出发,马克思提出了自然界是"人的无机的身体"、"人的精神的无机界"等观点。在此基础上,马克思进一步分析了作为"类存在物"的人的"类特性"——这种"类特性"是在人同其他动物的比较中显现出来的。马克思认为,人和其他动物一样,都要靠自然界生活,但"动物和自己的生命活动是直接同一的","人则使自己

① 《马克思恩格斯文集》第 1 卷,人民出版社 2009 年版,第 155 页。
② 《马克思恩格斯文集》第 1 卷,人民出版社 2009 年版,第 156 页。
③ 《马克思恩格斯文集》第 1 卷,人民出版社 2009 年版,第 160 页。
④ 《马克思恩格斯文集》第 1 卷,人民出版社 2009 年版,第 161 页。
⑤ 《马克思恩格斯文集》第 1 卷,人民出版社 2009 年版,第 162 页。
⑥ 《马克思恩格斯文集》第 1 卷,人民出版社 2009 年版,第 161 页。

的生命活动本身变成自己意志的和自己意识的对象",因此,将人同动物区别开来的东西是人的"有意识的生命活动"①。在进一步的比较中,马克思揭示出了人的这种"有意识的生命活动"所蕴含的"自由"②特征。由此,这种"自由的有意识的活动"成为作为"类存在物"的人的"类特性"。

其次,异化劳动使"个体"与"类"相对立。如前所述,"自由的有意识的活动"是作为"类存在物"的人的"类特性"。然而,"当前的国民经济的事实"是:其一,工人的劳动产品是一种对他来说的异己的存在物,并与之相对立;其二,劳动表现为一种否定自身的活动,劳动过程也与之相对立。马克思将具有上述规定性的工人劳动称为"异化劳动",并进一步指出:由于上述两点,"异化劳动也就使类同人相异化"③——此即"异化劳动"的第三个规定:"人的类本质同人相异化"。在马克思看来,"人的类本质同人相异化"包含两个方面的内容:一是"一个人同他人相异化";二是"每个人都同人的本质相异化"④。换言之,异化劳动不仅使"个体"与"类"相对立,而且使每一个体都同他人相对立。

最后,共产主义是"个体和类之间的斗争的真正解决"⑤。国民经济学从私有财产的事实出发但并没有说明这个事实,马克思则通过对"当前的国民经济的事实"的考察指出:"尽管私有财产表现为外化劳动的根据和原因,但确切地说,它是外化劳动的后果","后来,这种关系就变成相互作用的关系"⑥。换言之,在马克思看来,被国民经济学家当做理论出发点的私有财产并不是既成的天然事实,而是历史的产物,是劳动的结果,而"异化劳动"是构成这种私有财产的"直接原因"⑦。在此基础上,马克思讨论了社

① 《马克思恩格斯文集》第1卷,人民出版社2009年版,第162页。
② 《马克思恩格斯文集》第1卷,人民出版社2009年版,第162—163页。
③ 《马克思恩格斯文集》第1卷,人民出版社2009年版,第161页。
④ 《马克思恩格斯文集》第1卷,人民出版社2009年版,第164页。
⑤ 《马克思恩格斯文集》第1卷,人民出版社2009年版,第185页。
⑥ 《马克思恩格斯文集》第1卷,人民出版社2009年版,第166页。
⑦ 《马克思恩格斯文集》第1卷,人民出版社2009年版,第167页。

会从私有财产中解放出来的可能性,在他看来,"自我异化的扬弃同自我异化走的是同一条道路"①,而"历史的全部运动"就是"共产主义的现实的产生活动"②。由此,他提出共产主义是对私有财产的积极扬弃,是"人向社会的即合乎人性的人的复归",同时也是"个体和类之间的斗争的真正解决"③。

综上,通过对当时国民经济学的批判性考察,马克思在这里阐述了一种关于个体与共同体历史辩证法思想的雏形:其起点是作为"类存在物"的人的"类特性",即"自由的有意识的活动";其过程是导致"个体"与"类"相对立的异化劳动的发展;其走向是人的自我异化的积极扬弃、个体和类之间的斗争的真正解决的共产主义。在这里,作为"类存在物"的人的"类特性"源于同其他动物的比较,作为历史过程的异化劳动源于当前国民经济的事实,作为历史走向的共产主义则源于"异化—复归"的抽象逻辑。在此过程中,个体与共同体的辩证关系被表述为"个体"与"类"的辩证关系,至于"类"是什么,马克思并没有进一步阐释(实际上,当时的马克思曾致信费尔巴哈,其间问道:这里的"类"概念,"如果不是社会这一概念,那是什么呢?"④);而导致"个体"与"类"相对立的异化劳动的发生机制和扬弃过程,马克思在这里也并没有详细说明。由此,在这种由"异化"到"复归"的抽象逻辑中所呈现出的"个体"与"类"的关系,更多是一种关于个体与共同体辩证关系的"逻辑构想"。在马克思之后的思想探索过程中,我们将看到这一逻辑过程的具体化。

二、个体与共同体历史辩证关系的现实生成

《1844 年经济学哲学手稿》中的马克思深受费尔巴哈思想的影响(其所

① 《马克思恩格斯文集》第 1 卷,人民出版社 2009 年版,第 182 页。
② 《马克思恩格斯文集》第 1 卷,人民出版社 2009 年版,第 186 页。
③ 《马克思恩格斯文集》第 1 卷,人民出版社 2009 年版,第 185 页。
④ 《马克思恩格斯全集》第 47 卷,人民出版社 2004 年版,第 74 页。

使用的"类"概念就直接来源于费尔巴哈)。通过此后对费尔巴哈人本学的研究和反思,马克思认识到:费尔巴哈的"类"是一种"内在的、无声的、把许多个人自然地联系起来的普遍性",并在此基础上明确地提出了自己的见解——"人的本质不是单个人所固有的抽象物,在其现实性上,它是一切社会关系的总和"[①]。基于这种独特理解,马克思在《德意志意识形态》中深入现实社会历史进程,并在此过程中展开对个体与共同体辩证关系的具体分析。这种分析首先从确定人类历史的"现实前提"开始。

何谓人类历史的"现实前提"? 马克思在《德意志意识形态》中认为,构成人类历史"现实前提"的是"一些现实的个人",以及他们的"活动"和"物质生活条件"[②],具体包括如下三个方面的内容:1. 人们生产他们所必需的物质生活资料的生产活动;2. 人们的"新的需要的产生"活动;3. 人们之间的物质联系,它随着"需要和生产方式"的发展而不断采取新的形式,由此表现为"历史"[③]。这一分析表明,马克思对人类历史的考察并非基于人类"个体",而是由"个体"基于一定的物质联系(它由人们的"需要和生产方式"所决定,并随着"需要和生产方式"的发展而"不断采取新的形式")所形成的"共同体"。正是在这种考察过程中,他向人们描述了"共同体"在历史发展过程中的三种形式:

第一种形式是人类"个体"基于"家庭关系"所形成的"共同体"。马克思认为,"家庭关系"是一开始就进入人类历史发展进程的人们之间的物质联系,它指的是"每日都在重新生产自己生命的人们开始生产另外一些人",由此而形成的是夫妻之间以及父母和子女、兄弟姐妹之间的"家庭关系";并且,这种"家庭关系"起初是唯一的生产关系,但随着生产的发展,"当需要的增长产生了新的社会关系而人口的增多又产生了新的需要的时

---

①　《马克思恩格斯文集》第 1 卷,人民出版社 2009 年版,第 501 页。
②　《马克思恩格斯文集》第 1 卷,人民出版社 2009 年版,第 519 页。
③　《马克思恩格斯文集》第 1 卷,人民出版社 2009 年版,第 533 页。

候,这种家庭便成为从属的关系了"①。这种"共同体"被马克思视为"自然
形成的共同体"②,包括家庭以及扩大为氏族的大家庭、部落以及由氏族之
间的冲突及融合而产生的各种形式的公社。在这样一种"共同体"之中,每
一个"个体"作为"共同体"的某一肢体、作为"共同体"的成员而存在,人们
之间的分工仅限于家庭中现有的自然分工以及这种分工的进一步扩大,
"个体"通过这种"家庭关系"或扩大了的"家庭关系"而结合在一起。在此
过程中,"个体"与"共同体"之间还没有出现利益的分化,"他们劳动的目的
是为了维持各个所有者及其家庭以及整个共同体的生存"③。换言之,在
"自然形成的共同体"中,"个体"与"共同体"之间是一种直接同一的关系。

第二种形式是人类"个体"基于分工、所有制和财产关系所形成的"共
同体"。马克思认为,在人类历史进程中,分工最初或起初是"自发地或'自
然地'形成的分工"④;随着物质劳动和精神劳动的分离的产生,代替这种自
发或自然的分工的新形式(马克思称其为"真正的分工")才开始出现,这种
分工,一方面使"精神活动和物质活动、享受和劳动、生产和消费"⑤由不同
的"个体"来承担成为可能;另一方面,它还带来了劳动产品的不平等分配,
进而产生了所有制特别是私有制,由此出现了"单个人的利益或单个家庭
的利益与所有互相交往的个人的共同利益之间的矛盾"——这种"共同利
益"不仅是存在于人们观念中的"普遍的东西",它"首先是作为彼此有了分
工的个人之间的相互依存关系存在于现实之中"⑥。在这种情况下,由于每
个"个体"所追求的仅仅是自己的特殊利益,所以这种"共同利益"对他们来
说是一种"异己的"和"虚幻的"东西。在历史发展过程中,基于这种分工所
形成的利益联系,特别是在由这种分工所形成的阶级关系的基础上,"共同

① 《马克思恩格斯文集》第1卷,人民出版社2009年版,第532页。
② 《马克思恩格斯文集》第8卷,人民出版社2009年版,第141页。
③ 《马克思恩格斯文集》第8卷,人民出版社2009年版,第123页。
④ 《马克思恩格斯文集》第1卷,人民出版社2009年版,第534页。
⑤ 《马克思恩格斯文集》第1卷,人民出版社2009年版,第535页。
⑥ 《马克思恩格斯文集》第1卷,人民出版社2009年版,第536页。

利益"开始以国家的形式出现——马克思将这种形式的"共同体"称为"虚幻的"、"虚假的"或者"冒充的"共同体。在这种"共同体"中,直接生产的"个体"与"共同体"之间的对立开始生成。

第三种形式是人类"个体"基于个人的自由联合所形成的"共同体"。现实历史进程表明,生产力的发展与分工的发展相伴而行。而在一定的社会分工条件下,每一个"个体"都被限定在一个特殊的范围内活动,与之相伴的是这些"个体"的共同活动所形成的一种社会力量,即"成倍增长的生产力"①,这是推动历史发展的主要因素。但是,这种力量对这些个人来说却是一种异己的和不受他们支配的力量,以至于成为一种限制其自由的力量。马克思说,这种状况"用哲学家易懂的话来说"就是"异化",而这种"异化"的消除需要具备两个实际的前提:前提之一是,要使这种"异化"成为革命的对象,需"让它把人类的大多数变成完成'没有财产的'人;前提之二是,使这些"个人"同"现存的有钱有教养的世界相对立"②。在此过程中,马克思特别强调这两个前提的生成条件,即"生产力的巨大增长和高度发展",这是因为只有在这一条件的基础上,"争夺必需品的斗争"、"全部陈腐污浊的东西"才不会死灰复燃,"人们的普遍交往"才能建立起来③。随着这种生产力的高度发展和人们的普遍交往的形成,社会中产生了这样一个阶级:它承担着这个社会的"一切重负"而"被排斥于社会之外",因而"从这个阶级中产生出必须实行彻底革命的意识,即共产主义的意识"④。在历史发展过程中,"随着现存社会制度被共产主义革命所推翻(下面还要谈到这一点)以及与这一革命具有同等意义的私有制的消灭"⑤,这种由个人力量通过分工而转化为物的力量的东西将被自由联合起来的个人自觉地控制和驾

---

①　《马克思恩格斯文集》第1卷,人民出版社2009年版,第538页。
②　《马克思恩格斯文集》第1卷,人民出版社2009年版,第538页。
③　《马克思恩格斯文集》第1卷,人民出版社2009年版,第538页。
④　《马克思恩格斯文集》第1卷,人民出版社2009年版,第542页。
⑤　《马克思恩格斯文集》第1卷,人民出版社2009年版,第541页。

驭。在此,马克思将"真正的共同体"①视为这种基于个人的自由联合所形成的"共同体",并对此进行了描述——他说,在这样一种"真正的共同体"中,"各个人都是作为个人参加的","它是各个人的这样一种联合……这种联合把个人的自由发展和运动的条件置于他们的控制之下"②,并在"这种联合获得自己的自由"③。换言之,在这种"共同体"中,"个体"与"共同体"达到了一种新的同一关系。

由此,从人类历史的"现实前提"出发,马克思不再强调"自由的有意识的活动"这种作为"类存在物"的人的"类特性",而是在"个体"与"共同体"的历史辩证法中来考察人的存在和发展状况。他一方面指出:"只有在共同体中,个人才能获得全面发展其才能的手段";另一方面,他又看到,"个人自由只是对那些在统治阶级范围内发展的个人来说是存在的"④。更为重要的是,基于对生产方式历史变迁的考察,马克思在这里提出并初步分析了未来"真正的共同体"的生成条件及其特征,为其后《共产党宣言》的创作提供了直接的思想资源——其中关于未来社会特征的描述,正是这一思想最直接的体现。

三、个体与共同体历史辩证关系的完善和深化

如前所述,马克思关于个体与共同体历史辩证关系的思考始于《1844年经济学哲学手稿》中对当时的国民经济学的批判性考察。经过《德意志意识形态》中的变革(即从历史的现实前提出发来具体地分析个体与共同体的历史辩证关系),后又返回到其政治经济学研究中。在《1857—1858 年经济学手稿》中,马克思的这一思想被运用于政治经济学的批判与建构,并在此过程中得到了完善和深化,最直接地反映在以下两个方面。

---

① 《马克思恩格斯文集》第 1 卷,人民出版社 2009 年版,第 571 页。
② 《马克思恩格斯文集》第 1 卷,人民出版社 2009 年版,第 573 页。
③ 《马克思恩格斯文集》第 1 卷,人民出版社 2009 年版,第 571 页。
④ 《马克思恩格斯文集》第 1 卷,人民出版社 2009 年版,第 571 页。

　　一是对个体与共同体历史辩证关系的丰富和完善,最直接的体现就是对"资本主义生产以前的各种形式"①的分析。在《1857—1858 年经济学手稿》中,马克思分别对资本主义生产以前的三种所有制形式进行了考察。在他看来,"亚细亚的所有制形式"可视为第一种类型的所有制形式。在这一形式中,人们使自身对象化的活动的客观条件以及人们占有再生产自身的"第一个前提",是"自然形成的部落共同体"。基于此,只有其中的每一个个体把自己视为共同体的"一个肢体"或"成员",他才能把自己视为并当作是"所有者或占有者"②,人们的"剩余劳动"及其产品属于共同体,既表现在贡赋等形式上,也表现在颂扬统一体而共同完成的工程上③。"古代的所有制形式"是第二种类型的所有制形式,同样,它也以共同体为"第一个前提"④。在这种形式中,单个人的财产是同公社财产分开的个人财产,但个人仍然是共同体的成员,公社(作为国家)是这些个人"对抗外界的联合"和对他们来说的一种"保障"⑤,人们的剩余劳动时间属于公社、属于战争等事业。"日耳曼的所有制形式"是第三种类型的所有制形式。在这种形式中,公社本身作为语言、血缘等共同体仍然是个人所有者存在的前提,它只存在于"为着共同目的而举行的实际集会中",因而表现为"一种联合而不是联合体"⑥。在这种形式中,每一单个家庭本身单独构成一个独立的生产中心,共同体内部开始出现阶级分裂的征兆。马克思认为,在上述三种所有制形式中,"单个人对公社"的关系的再生产始终是它们存在和发展的基础与前提⑦。

　　二是对个体与共同体历史辩证关系的深化,最直接的反映就是马克思

---

① 《马克思恩格斯文集》第 8 卷,人民出版社 2009 年版,第 122 页。
② 《马克思恩格斯文集》第 8 卷,人民出版社 2009 年版,第 124 页。
③ 参见《马克思恩格斯文集》第 8 卷,人民出版社 2009 年版,第 125 页。
④ 《马克思恩格斯文集》第 8 卷,人民出版社 2009 年版,第 126 页。
⑤ 《马克思恩格斯文集》第 8 卷,人民出版社 2009 年版,第 127 页。
⑥ 《马克思恩格斯文集》第 8 卷,人民出版社 2009 年版,第 131 页。
⑦ 《马克思恩格斯文集》第 8 卷,人民出版社 2009 年版,第 136 页。

在《1857—1858 年经济学手稿》中提出的"货币本身就是共同体"①、"货币同时直接是现实的共同体"②。如果说马克思在这里对"资本主义生产以前的各种形式"所做的分析完善和丰富了他此前关于共同体的第一种形式的理解,那么,通过对货币的产生和本质的分析,马克思在这里揭示了共同体的第一种形式如何走向解体,以及由此而形成的新的共同体即货币共同体的内在矛盾及其可能的趋势。

首先,在马克思看来,货币是在商品交换过程中产生的物化的交换价值。当产品成为商品时,商品的普遍交换使其交换价值取得了一个在物质上同商品相分离的存在,即货币。货币作为一种物化的交换价值,其本质是作为商品生产者的个人同社会的联系,这种联系表现在交换价值即货币上。在商品交换过程中,货币不仅表现为商品交换的尺度和手段,而且成为同其他一切特殊商品并存的一般商品,成为"财富的普遍物质代表"③。作为"财富的普遍物质代表",它不仅成为人们致富欲望的对象,而且成为其唯一对象,这种"货币欲或致富欲望必然导致古代共同体的没落"④,因为货币的普遍化意味着生产中的人的(历史的)一切固定的依赖关系的解体,而生产的个人之间的全面的依赖关系就体现在物化的交换价值即货币上,由此而形成的新的共同体形式即"货币共同体"。

其次,货币共同体作为新的共同体,其中隐藏着巨大的矛盾。对此,马克思在《1857—1858 年经济学手稿》中从四个方面进行了分析:其一,当产品成为商品时,商品的这种二重性存在——一方面作为潜在地包含着自身交换价值的自然产品的存在,另一方面作为表现出来的交换价值即货币的存在——必然发展为差别,而这种差别必然发展为对立和矛盾,表现为"商品的这两个分离的存在形式不能互相转化的可能性",因为一旦货币成为

---

① 《马克思恩格斯全集》第 30 卷,人民出版社 1995 年版,第 175 页。
② 《马克思恩格斯全集》第 30 卷,人民出版社 1995 年版,第 178 页。
③ 《马克思恩格斯全集》第 30 卷,人民出版社 1995 年版,第 170 页。
④ 《马克思恩格斯全集》第 30 卷,人民出版社 1995 年版,第 174—175 页。

同商品并存的外在物,它们之间的可交换性"马上就和可能出现或可能不出现的外部条件联系在一起",即这种可交换性要"受外部条件的支配"①。其二,商品交换价值的二重性存在(作为一定的商品和作为货币的存在)使交换行为分裂为两个独立的行为,即"买"和"卖"分别获得了一种在空间上和时间上彼此分离的存在形式,由此使它们之间原来的直接同一性被破坏和终止。在此条件下,它们之间就可能出现不适应、不一致和不协调。其三,随着买和卖的分离出现了一种新的关系,即"为交换而交换"的商人阶层的兴起,其活动的直接目的是谋取交换价值即货币,他们在交换中只受买和卖之间的差额的支配,而消费者则要最终补偿他所购买的商品的交换价值。尽管商人阶层内部的交换同商人阶层最终和消费者之间的交换是彼此制约的,但他们受到的是完全不同的"动机"和"规律"的制约,由此产生了一种新的不协调。马克思认为,这种新的不协调"可能发生最大的矛盾",它"包含了商业危机的可能性"②。其四,作为物化的交换价值,货币代表着与一般商品特殊的交换能力相对立的一般交换能力,它使一般商品特殊的交换能力消失,但商品同货币之间又应当始终是可以相互转化的,由此产生了不一致;并且,货币本身就是一种特殊的商品,因而它同其他商品的交换中又受到"特殊交换条件"的支配,而这种"特殊交换条件"又是同"它的绝对的一般可交换性相矛盾的"③。

最后,通过对货币这一物化的交换价值及其内在矛盾的分析,马克思指出了这种"货币共同体"自身所包含着的可能的趋势。马克思认为,个人的产品或活动必须转化为物化的交换价值这一形式无非表明:"(1)个人还只能为社会和在社会中进行生产;(2)他们的生产不是直接的社会的生产,不是本身实行分工的联合体的产物。"④从社会财富和生产力发展角度看,在

---

① 《马克思恩格斯全集》第 30 卷,人民出版社 1995 年版,第 97 页。
② 《马克思恩格斯全集》第 30 卷,人民出版社 1995 年版,第 98 页。
③ 《马克思恩格斯全集》第 30 卷,人民出版社 1995 年版,第 100 页。
④ 《马克思恩格斯全集》第 30 卷,人民出版社 1995 年版,第 108 页。

这种"货币共同体"中,由于货币成为"财富的普遍物质代表",对货币的占有欲望或致富欲望于是成为了社会生产的内在动机,而作为目的本身的货币在这里则成为了"普遍勤劳的手段"①,由此促进了社会财富的增加和社会生产力的发展。从社会联系或交往关系发展的角度看,在这种"货币共同体"中,整个社会联系和交往关系对个人来说表现为异己的东西,"生产和消费的普遍联系和全面依赖随着消费者和生产者的互相独立和漠不关心而一同增长",由此导致了种种矛盾与危机。在这种"异化"本身不断发展的过程中,人们也试图通过一些活动来消除它们,于是,通过"行情表、汇率、商业经营者间的通信和电报联系等等",每一个单个的人都力图"获知其他一切人的活动情况,并力求使本身的活动与之相适应"②。对此,马克思指出:"虽然这一切在现有基地上并不会消除异己性,但会带来一些关系和联系,这些关系和联系本身包含着消除旧基地的可能性。"③

由此,通过返回到政治经济学研究,马克思对个体与共同体历史辩证关系的认识得到了进一步完善和深化,特别是其中对于"货币共同体"的分析,为他提出人的发展三阶段论提供了直接的思想资源。

第二节　个体与共同体历史辩证法中人的发展三阶段论

人的发展三阶段论(或称"三大社会形态"理论)是马克思在《1857—1858 年经济学手稿》中首次提出的理论。顾海良教授曾撰文指出,《1857—1858 年经济学手稿》中提出的"人的发展的三大形式",是马克思"以人为主体的社会发展观",是他"关于经济的社会形态演进理论的重要内容"④;孙承叔教授则将基于人的发展三阶段论而形成的"三大社会形态"理论看

① 《马克思恩格斯全集》第 30 卷,人民出版社 1995 年版,第 176 页。
② 《马克思恩格斯全集》第 30 卷,人民出版社 1995 年版,第 111 页。
③ 《马克思恩格斯全集》第 30 卷,人民出版社 1995 年版,第 111 页。
④ 顾海良:《通向〈资本论〉的思想驿站——读〈政治经济学批判(1857—1858 年手稿)〉》,《高校理论战线》2012 年第 3 期。

作是"贯穿于《1857—1858 年经济学手稿》的思想主线"①,由此可见这一理论的重要性。回到其具体语境可知,对人的发展三阶段论的阐述,源于他对货币这一物化的交换价值的分析,其核心要义是:伴随货币这种物化的交换价值的出现,人与人之间的社会关系被物与物的关系所统摄,于是,人的能力相应地转化为了物的能力。马克思认为,在历史发展过程中,货币这种物化的交换价值所拥有的社会力量越小,"把个人互相联结起来的共同体的力量就必定越大"。在这里,那种在"货币共同体"形成之前的"把个人互相联结起来的共同体"被马克思概括为"人的依赖关系",并将其视为"最初的社会形式"。随着交换的发展,人们之间的社会关系逐步转化为物的关系,在这种物的关系的基础上形成了人的独立性——"以物的依赖性为基础的人的独立性",由此产生了共同体的"第二种形式",表现为"货币共同体"。在此时的马克思看来,只有在这一阶段并通过这一阶段的充分发展,人们的"全面的关系、多方面的需要以及全面的能力的体系"才能建立起来,在此基础上,共同体才发展为第三种形式,即"自由个性"②阶段。就此而言,马克思关于人的发展三阶段论是在其个体与共同体的历史辩证法中得到具体阐述的,人的发展三阶段论所表明的是个体与共同体在历史发展过程中的不同关系。

一、人的依赖阶段:个体与共同体的直接同一

在《1857—1858 年经济学手稿》中,马克思将"人的依赖阶段"的社会形式的成因表述为"狭小的范围内和孤立的地点上发展着"的"人的生产能力"③,基于这样的生产能力,人们只能在自然形成的血缘关系及地缘关系的基础上进行生产,由此而形成的"人的依赖关系",实际上是个人对他们

---

① 孙承叔:《资本与历史唯物主义——〈马克思恩格斯全集〉中文第二版第 30、31 卷的当代解读》,《西南大学学报》(社会科学版)2013 年第 1 期。
② 《马克思恩格斯全集》第 30 卷,人民出版社 1995 年版,第 107—108 页。
③ 《马克思恩格斯全集》第 30 卷,人民出版社 1995 年版,第 107 页。

基于血缘关系和地缘关系而形成的共同体的直接依赖。

人们之间的血缘关系本来只是一种生物学意义上的自然联系,但在这种自然联系基础上进行的物质生产活动,逐步使这种自然联系越来越具有社会性,并最终转化为了人们之间最初的社会关系,即"家庭"①关系,包括夫妻之间、父母与子女之间,也包括兄弟姐妹之间的关系。家庭关系作为一开始就进入人类历史进程的人们之间的物质联系,以人们之间的自然血缘关系为基础,在此基础上形成的社会关系及其制度,"一方面受劳动的发展阶段的制约,另一方面受家庭的发展阶段的制约"②。对于这种社会关系的演变和发展,马克思在《1857—1858 年经济学手稿》中沿用当时流行的"历史科学"的观点,认为"家庭"是最初的关系形式,之后演变为"氏族"(它是家庭的扩大和发展);后来,通过吸收美国民族学家摩尔根《古代社会》、瑞士历史学家巴霍芬《母权论》中的相关思想,马克思修正了他此前关于"家庭的发展阶段"的看法。具体而言,"氏族"被视为以血缘关系为基础的人类社会的最初形式,氏族解体之后,才形成了各种形式的"家庭"。对此,恩格斯在《家庭、私有制和国家的起源》一书中作了全面阐述。按照马克思和恩格斯的这一观点,基于人们之间的自然血缘关系而形成的共同体形式首先是"氏族",在地域上相邻的"氏族"之间的冲突与融合形成了各种形式的"公社"、"部落"或"部落联盟"(它们已然是一种"地区团体"③了),由此形成了血缘关系之外的另一种关系,即地缘关系,它同血缘关系一同构成"自然形成的共同体"④中将个人连接起来的纽带。

在以血缘关系为纽带而形成的共同体中,个体和共同体之间表现为直接同一的关系。首先,这种共同体以"个人尚未成熟,尚未脱掉同其他人的自然血缘联系的脐带为基础,或者以直接的统治和服从的关系为基础"⑤。

---

① 《马克思恩格斯文集》第 1 卷,人民出版社 2009 年版,第 532 页。
② 《马克思恩格斯文集》第 4 卷,人民出版社 2009 年版,第 16 页。
③ 《马克思恩格斯文集》第 4 卷,人民出版社 2009 年版,第 16 页。
④ 《马克思恩格斯全集》第 30 卷,人民出版社 1995 年版,第 483 页。
⑤ 《马克思恩格斯文集》第 5 卷,人民出版社 2009 年版,第 97 页。

基于这种血缘关系和地缘关系,人们在物质生产中以共同体的肢体或成员的面目出现,不仅自己看待自己是这样,看待他人也同样如此。在生产过程中,每一个体直接地服从于共同体的需求,个人对生产条件的使用及生产成果的占有都以共同体的面目出现,也只有这样,他"才能把自己看成所有者或占有者"①。其次,这种共同体中的或者说以共同体方式而进行的生产的目的,直接服务于"维持各个所有者及其家庭以及整个共同体的生存"②。由于单个人的力量太小,所以个人基于一定的联系在生产中以共同体的面目出现,由此,在这种生产过程中所体现出的力量,表现为共同体的力量而非各个个人的力量。具体到劳动过程,个人的活动或直接受共同体的代表(如家长、氏族首领)的支配,或直接受到其所依附的主人(如奴隶主、封建领主)的支配,因而他们的活动不是自身的独立的活动,而是作为共同体的一个肢体或作为依附于自己的主人的人的活动。因此,这里的个体活动和共同体之间表现为直接同一的关系,共同体是一个"其中个人意识尚待开发的人类共同体","每个个人只有在他属于他的共同体的一员时才是主人"③。

　　个体和共同体的直接同一关系直观地表现为个体与共同体之间尚未出现利益的明显对立。之所以没有出现明显的利益对立,与剩余劳动产品及其归属直接相关。首先,受到生产的能力和水平的限制,人们从事剩余劳动的时间及剩余劳动产品的数量还太少,因此,关于剩余劳动及其产品的新的处置方式的建立尚未成为迫切问题,表现为共同体内部的分化特别是基于财产不平等享有的阶级对立尚未尖锐化。其次,即使已经出现了剩余劳动产品,但它在形式上仍然归属于共同体,所以直接生产的个体与共同体之间的对立还只是一种潜在的对立。正因为这种共同体和组成这一共同体的每

---

①　《马克思恩格斯全集》第 30 卷,人民出版社 1995 年版,第 466 页。
②　《马克思恩格斯全集》第 30 卷,人民出版社 1995 年版,第 466 页。
③　[德]伊林·费切尔:《社会的解放与人的解放:马克思在〈大纲〉中对后资本主义社会的概述》,转引自[意]马赛罗·默斯托主编:《马克思的〈大纲〉——〈政治经济学批判大纲〉150 年》,闫月梅等译,中国人民大学出版社 2010 年版,第 159 页。

一个体是直接同一的关系,所以作为其成员的单个人还"显得比较全面"。然而正如马克思所说,这种"全面"只不过是一种"原始的丰富",即在人类尚未在历史进程中创造出多种多样的关系(包括人与自然、人与社会以及人与人之间的关系)以前的丰富性,或称"没有自由发展的全面性"①,因此,对这一状态的"留恋"以及"相信必须停留"于这一状态"是可笑的"②。

二、物的依赖阶段:直接生产的个体与共同体的对立

在不断发展的生产力以及交往范围日益扩大的推动下,商品生产和交换活动逐步发展起来,并最终在经济生活中占据主导地位。在此情况下,以货币为媒介的交换活动一方面冲击并瓦解着原有的社会关系,另一方面也在重构着新的社会关系,并使之日益呈现出压倒之势。这种社会关系的全面形成,标志着人的发展进入第二大阶段。在《1857—1858 年经济学手稿》中,马克思将这一阶段概括为"以物的依赖性为基础的人的独立性"阶段,简称物的依赖阶段。在这一阶段,共同体与直接生产的个体之间表现为一种对立的关系。

在《1844 年经济学哲学手稿》中,马克思曾用作为"异化劳动"表现形式之一的个人与"类"的异化来描述这种对立。在《德意志意识形态》中,马克思和恩格斯从历史的"现实前提"出发阐述了"异化劳动"的发生机制。在他们看来,随着物质生产过程的发展,分工也一同发展起来,由此导致了劳动及其产品的不平等的分配,进而产生了私有制这种所有制形式——其本质上是对他人劳动的支配权力,在此意义上,分工和私有制成为"相等的表达方式"③。在分工和社会生产力不断发展的推动下,社会生产效率不断提升,使得社会中的剩余劳动产品日益增多,对剩余劳动产品的不平等占有

---

① 闫晓勇等:《马克思关于社会形态与人的发展理论释读》,甘肃人民出版社 2011 年版,第 188 页。
② 《马克思恩格斯全集》第 30 卷,人民出版社 1995 年版,第 112 页。
③ 《马克思恩格斯文集》第 1 卷,人民出版社 2009 年版,第 536 页。

开始出现并愈演愈烈,由此导致并日益加剧着个体(单个人或单个家庭)利益同所交往的人们的共同利益(它既作为分工条件下的个人之间的相互关系存在于现实中,同时也作为一种"普遍的东西"存在于人们的观念当中)的对立。随着这种对立和矛盾的激化,共同利益开始采取国家这一"虚幻的共同体"形式。对于直接生产的个体来说,因为他们所追求的仅是自身的特殊利益,所以,共同利益在他们的意识当中是一种"不依赖于"他们,对他们来说的一种"异己"的东西。但是,他们必须在这种不一致的状况下进行活动,由此导致了"异化劳动"的发生。具体而言,在分工条件下的社会生产过程中,各个人的力量是彼此分散和对立的,因此,他们共同活动的力量即生产力在这里表现为一种同他们相分离的东西——对于直接生产的个人来说,这种共同活动的力量不是他们自身的力量,而是一种物的力量,表现为"私有制的力量"。而对于那些丧失了自己的生活资料的大多数人来说,在此种情况下,他们的劳动"已经失去了任何自主活动的假象,而且只能用摧残生命的方式来维持他们的生命"[1]。于是,作为他们唯一可能的自主活动形式的劳动,在这里采取了自主活动的否定形式,"异化劳动"由此发生。在此过程中,马克思和恩格斯还提出:资本主义形成之前的历史进程中,"所有者对非所有者的统治可以依靠个人关系,依靠这种或那种形式的共同体",而在资本主义社会中,所有者对非所有者的统治"必须采取物的形式",即通过"货币"[2]来进行。

在《1857—1858年经济学手稿》中,直接生产的个体与共同体之间的对立被马克思进一步表述为个人"受抽象统治"。马克思认为,商品交换的发展以及在此过程中形成的物化的交换价值(即货币)改变了个人此前受他人直接限制的那种规定性(如作为封建主和陪臣,或作为种姓成员,或作为地主和农奴,等等),个人现在不再受到他人的直接限制,因而表现为一个

---

① 《马克思恩格斯文集》第1卷,人民出版社2009年版,第580页。
② 《马克思恩格斯文集》第1卷,人民出版社2009年版,第556页。

个独立的个体,但他并未排除"依赖关系",而只是使这些关系变成普遍的形式,即对物化的交换价值即货币的依赖。具体而言,在货币关系中,人的依赖纽带、血统和教养差别等都被打破和粉碎了,因此,各个人看起来似乎是独立的,他们自由地交换、自由地相互接触,但这仅仅是不考虑个人互相接触和自由交换条件的人看来才是那样。实际上,这种联系是历史的产物,是各个人在这种狭隘的生产关系内的自发的联系,它属于个人发展的一定阶段——因为这种个人的独立性是建立在他们的社会关系作为外在的对象、作为货币这一与之相对立的物化的交换价值的基础上的,这就表明,"个人还处于创造自己的社会生活条件的过程中"①。

直接生产的个体同货币共同体的对立突出地表现在资产阶级社会中,因为劳动直接生产交换价值、生产货币以及货币直接购买劳动(力)是资产阶级社会的基本前提。在这种社会形态下,直接生产的个体的劳动成为雇佣劳动,货币超越其单纯作为货币的规定而转化为资本,这时,"一方的雇佣劳动和另一方的资本,都只不过是发达的交换价值和作为交换价值化身的货币的另一些形式"——在此情况下,货币既是一切人赖以生存的"一般实体",表现为"作为孤立的单个人的个人满足需要的手段",同时又是人们活动的"共同产物",因而它"同时直接是现实的共同体"。然而,对于直接生产的个体来说,"货币上的共同体只是抽象",是一种"外在的、偶然的东西"②。换言之,直接生产的个体与共同体的对立,在资本阶级社会中就表现为雇佣劳动同资本的对立,个人"受抽象统治"在资本阶级社会中就表现为劳动者受资本的统治。

三、人的自由阶段:共同体与个体的新的同一

人的自由发展阶段以人的"自由个性"③为特征,拥有"自由个性"的人

---

① 《马克思恩格斯全集》第30卷,人民出版社1995年版,第112页。
② 《马克思恩格斯全集》第30卷,人民出版社1995年版,第178页。
③ 《马克思恩格斯全集》第30卷,人民出版社1995年版,第108页。

也即全面发展的个人。马克思认为,要使这种"自由个性"的形成成为可能,"能力的发展就要达到一定的程度和全面性",因此,它离不开以交换价值为基础的社会生产的充分发展,离不开在物的依赖阶段所生成的物质条件和主体条件,特别是在此过程中生成的"个人关系和个人能力的普遍性和全面性"①。换言之,在马克思看来,物的依赖阶段为人的自由阶段的形成创造条件,一方面促进人的能力的提升,另一方面促进新的社会关系的形成——这种新的社会关系既不是人身依附关系,也不是外在于个人的、以货币为载体的物化的社会关系,而是人们之间直接的共同关系,这种共同关系由他们自己来共同控制。因此,在这一阶段,个体与共同体之间所要达到的是一种新的同一关系。在这种新的同一关系中,全面发展的个人的活动成为展示其自由个性的活动。

马克思在《1844 年经济学哲学手稿》中曾用"完成了的自然主义"、"完成了的人道主义"②来描述这种个体与共同体的新的同一关系:前者即所谓的"完成了的自然主义"强调的是实现了自然界同人的一致;后者意味着个体同"类"的同一。但是,由于此时的马克思尚未真正从劳动过程的历史发展来对个体与共同体的关系进行分析,因而在很大程度上呈现出的是一种"异化—复归"的抽象逻辑。此后,通过明确历史的现实前提并从这一现实前提出发,马克思在《德意志意识形态》中初步阐述了走向这一阶段的条件。简而言之,资本主义这一"虚幻的共同体"的发展在不断制造出支配人的"物"的力量的同时,也培育出了能够驾驭这种物的力量的主体即现代的无产者③——当现代无产者的自由联合取代资本主义这一"虚幻的共同体"之后,"真正的共同体"开始形成。这里所谓的"真正的共同体",也即同个体实现了新的同一的共同体。

在《共产党宣言》中,个体与共同体之间达到的新的同一关系被表述为

---

① 《马克思恩格斯全集》第 30 卷,人民出版社 1995 年版,第 112 页。
② 《马克思恩格斯全集》第 3 卷,人民出版社 2002 年版,第 297 页。
③ 《马克思恩格斯文集》第 1 卷,人民出版社 2009 年版,第 571 页。

"每个人的自由发展是一切人的自由发展的条件"①,共同体则被表述为自由人的"联合体"。在这里,个体与共同体之间达到的这一新的同一关系的生成被马克思和恩格斯置于对资本主义社会发展趋势的具体分析:现代资产阶级社会从封建社会的灭亡中产生,"从中世纪的农奴中产生了初期城市的城关市民;从这个市民等级中发展出最初的资产阶级分子"②。随着工业和商业的发展,资产阶级也在同一程度上发展起来。在此过程中,(1)人们之间原有的各种社会关系被斩断,劳动者成为雇佣劳动者,人的尊严变成交换价值,人们之间的关系成为纯粹的金钱关系;(2)伴随资产阶级在其统治过程中创出的巨大的社会生产力和社会财富的是周期性的经济危机;(3)"随着资产阶级即资本的发展,无产阶级即现代工人阶级也在同一程度上得到发展"③,一方面是人数的增加和联合的扩大带来的力量的增长,另一方面是其生存条件的不断恶化以及由此而产生的对现存制度的反抗的增长。在此基础之上,无产阶级"通过革命使自己成为统治阶级,并以统治阶级的资格用暴力消灭旧的生产关系",同时消灭"阶级对立的存在条件"④,最终在自由人的自由联合中实现个体同共同体的同一。

在《1857—1858 年经济学手稿》中,马克思开始通过政治经济学研究来阐明个体与共同体新的同一关系的生成条件——这些生成条件的形成被他概括为"资本的历史使命"⑤。首先是物质条件,即高度发达的生产力及其所带来的物质财富,它是在以资本增殖运动为核心的社会生产过程中被资本"不自觉"⑥地创造出来的。具体而言:1. 由资本增殖运动所推动的社会生产力的高度发展直接带来物质生活资料的极大丰富;2. 机器的使用使"人不再从事那种可以让物来替人从事的劳动",劳动者可以从繁重的体力

① 《马克思恩格斯文集》第2卷,人民出版社 2009 年版,第53页。
② 《马克思恩格斯文集》第2卷,人民出版社 2009 年版,第32页。
③ 《马克思恩格斯文集》第2卷,人民出版社 2009 年版,第38页。
④ 《马克思恩格斯文集》第2卷,人民出版社 2009 年版,第53页。
⑤ 《马克思恩格斯全集》第30卷,人民出版社 1995 年版,第286页。
⑥ 《马克思恩格斯文集》第7卷,人民出版社 2009 年版,第288页。

劳动中解放出来;3.社会生产的发展使人们的剩余劳动时间逐步增多;4.资本主义生产的发展塑造出了一个生产和需要的日益丰富和不断扩大的体系,为人的丰富"个性"的形成创造了条件,等等。其次是主体条件。现代资本主义生产的发展不仅塑造出了以工人阶级为代表的现代无产阶级的革命性——使他们成为变革资本主义制度的主体力量,而且还塑造出了工人阶级的先进性,包括高度的组织纪律性、普遍的勤劳、先进的社会生产力的代表等。因此,在通过"剥夺剥夺者"的社会革命实现生产资料所有权变更之后,联合起来的、共同占有生产资料的生产者能够"合理地调节他们和自然界之间的物质变化",科学地对待自己的不断发展着的再生产过程。在这种生产过程中,生产力的高度发展使劳动者的必要劳动时间(工作日)极大地缩短从而剩余劳动时间(在这里称为自由时间)延长,剩余劳动在这里"不再表现为劳动,而表现为活动本身的充分发展"①和"作为目的本身的人类能力的发挥"②,个体与共同体之间新的同一关系形成,每个人的自由发展成为一切人自由发展的条件。在此意义上,马克思的政治经济学可视为阐明每个人的自由发展何以可能的政治经济学。

第三节 劳动分工与现实的人的二重性的生成

在马克思关于个体与共同体的历史辩证法中,劳动分工具有重要的意义,它直接构成推动个体与共同体辩证关系历史演进的动力。从人的存在角度看,劳动分工条件下的社会生产还塑造出了现实的人在社会中的存在的二重性,即人的社会性和个体性。具体而言,在物质生产过程中,劳动组织内部的分工必须以人们之间的相互协作为补充,通过人们之间的劳动分工与协作,人的社会性得以生成;而社会生活中的分工则必须以人们之间的

---

① 《马克思恩格斯全集》第30卷,人民出版社1995年版,第286页。
② 《马克思恩格斯文集》第7卷,人民出版社2009年版,第929页。

产品的交换为补充,通过劳动分工与产品的交换,人的个体性得以生成。

一、劳动分工与现实的人的社会性的生成

在人类历史进程中,劳动组织内部的分工起初是一种自然形成的分工。正如马克思和恩格斯在《德意志意识形态》中所指出的,"分工起初只是性行为方面的分工,后来是由于天赋(例如体力)、需要、偶然性等等才自发地或'自然地'形成的分工。分工只是从物质劳动和精神劳动分离的时候起才真正成为分工"①。无论人们在劳动组织中的分工是自然形成的分工还是真正的分工,都需要以劳动者彼此之间的"协作"作为补充。对于"协作",马克思说:"许多人在同一生产过程中,或在不同的但互相联系的生产过程中,有计划地一起协同劳动,这种劳动形式叫做协作。"②建立在劳动组织内部分工基础上的协作在劳动过程中塑造出了人的社会性,直观地体现为他们的对象化劳动成果的社会性,即这种对象化劳动成果不是作为个人的产品,而是他们共同的产品或者说社会的产品。

在人类文明的早期,人们在劳动过程中的分工与协作建立在两个基础之上:一是生产条件的公有制,二是"个人尚未脱离氏族或公社的脐带"③。随着分工所推动的劳动过程的发展,生产力水平逐步得到提高,因为即使是自然形成的分工,其对生产效率的提高也有积极意义——例如,单就劳动的熟练程度而言,专事一种生产无疑能够使劳动者的技能和经验得到优化和积累,从而提高生产的效率。生产力水平的提高必然导致剩余劳动产品的出现。在历史进程中,这些剩余的劳动产品(部分作为消费品、部分作为生产资料)逐渐为少数人所支配,阶级分化开始出现,以血缘关系为纽带的原始共同体逐步走向解体,转而为具有政治形式或宗教形式的社会组织所代替。在这一时期,通过劳动过程中的协作而形成的人的社会性由历史上所

---

① 《马克思恩格斯文集》第 1 卷,人民出版社 2009 年版,第 534 页。
② 《马克思恩格斯文集》第 5 卷,人民出版社 2009 年版,第 378 页。
③ 《马克思恩格斯文集》第 5 卷,人民出版社 2009 年版,第 388 页。

遗留下来的许多庞大建筑物体现出来。可以想象到的场景是,众多劳动者在君权或神权(教会权力)的指挥下进行协作劳动,于是,一座座巨大的建筑物拔地而起。在这种协作劳动中,个人的力量渺小到可以忽略不计,而他们共同的产品是当时的君权或神权的象征。在这里,君权或神权是将他们联系起来的纽带,人们的社会性就体现在他们的这种社会联系中。

商品交换的发展特别是货币的出现逐步消解了人们之间的传统联系。在资本主义生产方式形成之后,劳动组织内部的分工与协作发生了质的飞跃,这一质的飞跃形成于资本主义工场手工业时期。资本主义工场手工业这一劳动组织在形式上表现为原有的独立手工业在空间上的聚集,但在这种聚集及其发展过程中,生产过程内部发生了深刻的变革。具体而言,通过在生产过程中引进分工并进一步发展分工(使之范围不断扩大并更加精细化),不但生产的效率得到了极大提升,劳动产品的社会化程度也得到了空前发展——之前由某一独立手工业者独自完成的产品,现在由许多人通过分工与协作来共同完成,因而表现为一种社会化的产品。在其背后,是进行生产的劳动者个体以"局部工人"的面目出现,由此而形成的生产组织是"一个以人为器官的生产机构"[1]——马克思在《资本论》中将其称为"总体工人"。因此,在资本主义工场手工业这一劳动组织形式中,劳动组织内部的分工与协作所发生的质的飞跃,就体现在此时的分工开始建立在专业化的基础之上:协作是专业化分工基础上的协作,通过这种协作而形成的是"以人为器官的生产机构",在这一机构当中,个人表现为"局部工人",产品表现为"总体工人"的产品,而在生产过程中,总机体的联系迫使每一个生产的个人以机器部件的规则进行活动并发挥作用。不仅如此,通过对资本主义生产过程的历史考察,马克思还在《资本论》中提出了"社会人"[2]的概念,并倡议人们重视对"社会人的生产器官的形成史"[3]的研究。所谓"社会

---

[1]　《马克思恩格斯文集》第5卷,人民出版社2009年版,第392页。
[2]　《马克思恩格斯文集》第5卷,人民出版社2009年版,第429页。
[3]　《马克思恩格斯文集》第5卷,人民出版社2009年版,第429页。

人"，即在一定物质基础上人们通过分工与协作所形成的劳动组织，它表明的正是人们在劳动过程中通过分工与协作所塑造出的人的社会性。而之所以要重视对"社会人的生产器官的形成史"的研究，是因为人的社会性的生成建立在一定社会组织的物质基础之上，而这种物质基础充当的正是人们在一定历史时期进行生产的生产器官，其形成的历史即社会组织的物质基础的形成史。在此意义上，研究"社会人的生产器官的形成史"，也就是考察人的社会性的生成的历史。

由劳动组织内部的分工与协作所塑造出的人的社会性表明，人的劳动一开始就不是孤立的个人的劳动，而是在一定物质基础上形成的劳动组织即"社会人"的劳动。正如马克思所说，"孤立的一个人在社会之外进行生产"好比"许多个人不在一起生活和彼此交谈而竟有语言发展一样"，是"罕见的"和"不可思议的"事情①。在人类历史进程中，劳动组织内部的分工与协作越发展，人的劳动及其产品就越具有社会性质。

二、劳动分工与现实的人的个体性的生成

由劳动分工所推动的社会生产的发展不仅生成了人的社会性，还生成了人在社会中的个体性。不同于劳动组织内部的分工必须以劳动者之间的协作为补充，人们在社会生活中的分工则必须以彼此之间的产品的交换为补充——正是在产品交换及其发展的过程中，人在社会中的个体性得以生成。

在原始共同体中，个体与共同体之间尚未出现利益的明显对立，人的个体性完全被淹没于共同体之中。随着分工所推动的生产的发展和交往活动的范围的扩大：一方面，共同体内部开始出现少量的剩余劳动产品；另一方面，不同的但相邻的共同体彼此之间开始有了互相接触，由此为交换创造了条件。马克思认为，产品交换最初发生在某一共同体与别的共同体或其成

---

① 《马克思恩格斯全集》第30卷，人民出版社1995年版，第25页。

员相接触的地方。而要使产品交换成为可能，"人们只须默默地彼此当做那些可以让渡的物的私有者，从而彼此当做独立的人相对立就行了"①。这是因为，产品的交换从本质上看是不同产品之间的所有权的交换，即人们彼此让渡自己对产品的所有权。但是，这种彼此将对方当作产品的所有者、当作外人看待的关系，在原始共同体内部的成员之间是不存在的。然而，一当共同体之间的这种劳动产品作为商品让渡成为可能，"由于反作用，它们在共同体内部生活中也成为商品"②。劳动产品在共同体内部成为商品意味着个人对劳动产品的私人占有，随着这种趋势的发展，之前被淹没在共同体中的人的个体性开始发育，个人开始以产品的所有者的面目出现，单个人或单个家庭的利益开始同共同体所代表的共同利益发生分化，原始共同体开始逐步解体。

伴随原始共同体的解体，"以家庭中自然形成的分工和以社会分裂为单个的、互相对立的家庭"为基础的社会分工逐步形成，"与这种分工同时出现的还有分配，而且是劳动及其产品的不平等的分配（无论在数量上或质量上）；因而产生了所有制"③。在历史发展过程中，所有制在这种社会分工的各个不同发展阶段采取了各种不同的形式（如奴隶主所有制、封建地主所有制、资本主义所有制），在这些所有制基础上，单个人或单个家庭的特殊利益同所有交往的个人的"共同利益"出现矛盾，于是，"共同利益"采取了国家这一与单个人利益相脱离的独立形式——马克思将此称之为"虚幻的共同体"，它建立在"每一个家庭集团或部落集团中现有的骨肉联系、语言联系、较大规模的分工联系以及其他利益的联系的现实基础"之上，特别是建立在"已经由分工决定的阶级的基础上"④之上。在资本主义之前的社会中，虽然人们已经在与共同利益或他人的利益对立中体会到了自身作

---

① 《马克思恩格斯文集》第5卷，人民出版社2009年版，第107页。
② 《马克思恩格斯文集》第5卷，人民出版社2009年版，第107页。
③ 《马克思恩格斯文集》第1卷，人民出版社2009年版，第536页。
④ 《马克思恩格斯文集》第1卷，人民出版社2009年版，第536页。

为独立个体的存在,但仍在很大程度上置身于宗法等级制度以及血缘因素和地缘因素的依赖关系之中,只有到了资本主义时代,个人才真正地在形式上表现为一个个独立存在的个体。

资本主义时代是发达的商品经济时代。在这一时代,每个人都以商品所有者的面目在社会中出现,即使是只剩下自身劳动力商品的一无所有的劳动者。在这种社会生产中,劳动的目的是生产商品,生产交换价值,从而也是生产货币,而货币直接购买工人的劳动力——于是,劳动成为雇佣劳动,货币通过购买工人的劳动力而成为资本。在马克思看来,"一方的雇佣劳动和另一方的资本,都只不过是发达的交换价值和作为交换价值化身的货币的另一些形式"。在此意义上,他提出,在这种社会形式中,"货币同时直接是现实的共同体"①。由于货币在这里既是每个人赖以生存的一般实体,又是一切人共同活动的产物;不仅提供了每个人满足其需要的手段,还是对个人来说的一种外在的和偶然的东西,所以,社会中的每个人在形式上都表现为一个个独立存在的个体,由此而形成的人的个体性,归根到底源于分工所推动的产品交换的发展,特别是劳动力作为商品而进行交换的发展。

因此,人在社会生活中的个体性并非与人的社会属性相对应的自然属性,而是作为商品所有者所表现出的独立性。这种独立性首先在于历史过程中形成的人的依赖关系的解体,因而个人不再直接从属于一些人。这种独立性还在于,它是"以物的依赖性为基础的人的独立性",即人与人的关系转化为物与物的关系,他们通过物化的交换价值即货币发生联系,"他在衣袋里装着自己的社会权力和自己同社会的联系"②。所以,人在社会中的这种个体性是社会关系发展的产物,是历史的结果,而不是历史的起点。

马克思在《1857—1858 年经济学手稿》中认为,在物的依赖阶段上的人的独立性的充分发展,能够为人的自由个性的形成创造条件。之所以如此,

---

① 《马克思恩格斯全集》第 30 卷,人民出版社 1995 年版,第 178 页。
② 《马克思恩格斯全集》第 30 卷,人民出版社 1995 年版,第 106 页。

是因为由社会中的分工与交换的发展所塑造出的人的个体性,通过对象化劳动就物化为产品或服务的个体性——对于生产者来说,他向社会提供的是某种个性化的产品或服务,因而这种产品或服务所表现出来的是他的个性;而对于产品的消费者来说,购买某种个性化的产品或服务,体现和反映出的是他的个性化的需求。因此,通过社会中的分工与交换的发展,"普遍的社会物质变换",人们的"全面的关系、多方面的需要以及全面的能力的体系"[1]得以建立起来,由此为人的自由个性的形成创造了条件。总之,在人类历史进程中,正像劳动组织内部的分工与协作越发展,人的劳动及其产品就越具有社会性一样,社会中的分工与交换越发展,人的劳动及其产品就越具有个体性。

需要指出的是,社会中分工与交换的发展所塑造出的人的个体性,并非对人的社会性的代替和否定,而只是使人的个体性借助于物化的社会关系显现了出来。正如马克思所说,"个体是社会存在物。因此,他的生命表现,即使不采取共同的、同他人一起完成的生命表现这种直接形式,也是社会生活的表现和确证"[2]。实际上,同劳动组织内部的分工与协作一样,社会中分工与交换的发展在塑造出人的个体性的同时,也塑造出了人的独特的社会性,因为他个人的劳动必须转化为社会劳动,即必须通过交换才有意义。

三、现实的人:社会性和个体性的统一

在对马克思学说的传统理解中,现实的人的二重性通常被理解为人的社会属性和自然属性,这种理解固然有其积极意义,但无助于深入理解马克思的政治经济学。不同于资产阶级政治经济学家在抽象人性论基础上将经济分析中的人规定为理性经济人(假设),马克思经济分析中的人是以社会

---

① 《马克思恩格斯全集》第30卷,人民出版社1995年版,第107页。
② 《马克思恩格斯全集》第3卷,人民出版社2002年版,第302页。

关系总和为本质规定的现实的人,而现实的人是从事社会生产活动的人,因而其性质需要由分工发展所推动的社会生产过程的具体状况来说明。

面对资本主义的社会生产过程及其经济现实,在构建自己政治经济学理论的过程中,马克思着重区分了推动社会生产向前发展的两种分工:一是与协作相对应的劳动组织内部的分工,其典型形式是资本主义工场手工业内部的分工;二是"构成一切商品生产的一般基础的社会分工"①,即同交换相对应的社会中的分工。对此,马克思说:"社会内部的分工和工场内部的分工,尽管有许多相似点和联系,但二者不仅有程度上的差别,而且有本质的区别。"②具体而言,社会内部的分工同一定劳动组织内部的分工(这里以资本主义工场手工业内部的分工为例)有如下差别:1. 从前提看,社会内部的分工以生产资料分散在一些互不依赖的生产者中间为前提,而劳动组织内部的分工以生产资料集中在某个所有者手中为前提;2. 从过程和结果看,在社会内部分工条件下,每个人都直接生产商品,人们各自的产品都作为商品而存在。而在劳动组织内部分工条件下,每个生产者都不直接生产商品,转化为商品的是他们共同的产品;3. 从所受支配规律看,虽然社会内部分工条件下的生产带有一定的偶然性和任意性,但它受到事后的"一种内在的、无声的自然必然性"的支配,"这种自然必然性只能在市场价格的晴雨表式的变动中觉察出来,并克服着商品生产者的无规则的任意行动"③。而劳动组织内部分工条件下的生产过程(以提高生产效率为导向)则受到"保持比例数或比例的铁的规律"④的支配,它使一定数量的劳动者从事某一特定的局部职能;4. 从总体看,在社会内部分工条件下,人们作为商品生产者而彼此对立,除了竞争,他们不承认外界的任何权威。而在劳动组织内部分工条件下,生产活动的组织者(例如,在资本主义工场手工业中的资本家)对构

---

① 《马克思恩格斯文集》第 5 卷,人民出版社 2009 年版,第 406 页。
② 《马克思恩格斯文集》第 5 卷,人民出版社 2009 年版,第 410 页。
③ 《马克思恩格斯文集》第 5 卷,人民出版社 2009 年版,第 412 页。
④ 《马克思恩格斯文集》第 5 卷,人民出版社 2009 年版,第 412 页。

成这一劳动组织的作为各个肢体的人们享有绝对的权威；等等。由于资产阶级政治经济学家们无视这两种分工形式的区别，所以他们"一方面称颂工场手工业分工"，要求工人对资本的绝对服从，另一方面"高声责骂对社会生产过程的任何有意识的社会监督和调节"①。因为在他们看来，前者提高了劳动生产力，而后者侵犯了资本家个人的自由和财产权。

马克思认为，我们不应当像亚当·斯密那样，"认为这种社会分工和工场手工业分工的区别只是主观的"②，而应当关注并理解这两种分工所具有的本质的区别。从现实的人在社会生产过程中的存在角度看，在社会内部分工条件下，人们的产品是作为商品而存在的，每个人都以商品所有者的身份出现，因而每个人都表现为一个独立的个体，其所凸显出的是人在社会中的个体性；而在劳动组织内部分工条件下，每个人都不直接生产商品，转化为商品的只是他们的共同的产品，因而每个人都作为劳动组织的一个局部而出现，其所凸显的是人在生产中的社会性。由此，在分工所推动的社会生产过程中来理解现实的人，现实的人在社会中的存在就表现为社会性与个体性的统一。回到马克思关于个体与共同体的历史辩证法，特别是其在《1857—1858年经济学手稿》中所阐述的人的发展三阶段论可知，个体与共同体历史辩证关系的发展是马克思考察人类历史发展的重要线索。展现在人类历史进程中，个体与共同体辩证关系的历史演进表明了人的个体性和社会性的不同发展阶段：在前资本主义时代，个人直接依赖于共同体，所以人的个体性较弱，人的个体性被淹没于社会性当中；随着商品生产和交换的发展，人的个体性得到发育并在社会活动中显现（作为商品所有者）。到了资本主义时代，人的个体性得到彰显，而人的社会性作为外在于个人的东西获得了物的形式，并成为对个人来说的一种外在的制约力量。作为劳动者，人的个体性与社会性的关系就表现为私人劳动同社会劳动的关系；而在个

①　《马克思恩格斯文集》第5卷，人民出版社2009年版，第412—413页。
②　《马克思恩格斯文集》第5卷，人民出版社2009年版，第410页。

体和共同体达到新的同一的未来社会中,人的个体性和社会性也达到了新的一致,个人活动直接是社会活动,而社会活动又成为表现人的自由个性的活动。

因此,面对同样的资本主义社会生产过程及其经济现实,马克思并没有像资产阶级政治经济学家那样,从理性经济人(假设)所具有的理性和自利等抽象本性来构建自己的政治经济学说,而是基于现实的人所具有个体性和社会性来具体地分析资本主义生产过程,并在此过程中发掘其经济运行规律,由此形成了不同于资产阶级政治经济学说的全新理论。而作为这一全新理论的基础的劳动二重性学说,其直接的人学基础就是现实的人的二重性:体现在劳动过程中的人的个体性指向的是人的具体劳动,而体现在劳动过程中的人的社会性指向的是人的抽象劳动,由此形成了劳动产品即商品的二重性,即商品的使用价值和价值。这种对商品一般性质的分析,为马克思分析资本主义社会中特殊的商品(即劳动力商品)提供了理论准备。在此基础上,马克思所绘制的一幅关于"资本主义生产方式以及和它相适应的生产关系和交换关系"①的画卷向世人徐徐展开。

---

① 《马克思恩格斯文集》第 5 卷,人民出版社 2009 年版,第 8 页。

第三章　剩余劳动与人的发展的价值追求

　　马克思一生的理论探索以实现无产阶级和全人类的解放为主旨,实现人的自由全面发展是贯穿其思想始终的价值追求。在探究人的解放何以可能的过程中,马克思立足于现实的人及其生产和生活条件,指出人的解放不是一种思想活动,而是一种历史活动,它由不断发展着的历史的关系、工业、农业、商业、交往等状况所促成,因为"当人们还不能使自己的吃喝住穿在质和量方面得到充分保证的时候,人们就根本不能获得解放"①,自由全面发展也就无从谈起。因此,在马克思那里,关于人的发展及其价值追求的讨论被置于物质生产方式的历史发展过程,更确切地说,对人类劳动及其历史发展过程的具体分析构成马克思分析人的发展及其价值追求的理论基础。在此基础上,马克思关于人的发展及其价值追求的思想具有了鲜明的历史唯物主义特征。

第一节　必要劳动和剩余劳动:马克思对人类劳动的划分

　　纵览马克思一生写下的著作和手稿可知,在对人类劳动及其历史发展过程的具体分析中,马克思构建了一个关于描述人类劳动的丰富而复杂的概念体系,其中有异化劳动、雇佣劳动、自由劳动、强制劳动、无酬劳动、私人

---

① 《马克思恩格斯文集》第 1 卷,人民出版社 2009 年版,第 527 页。

劳动与社会劳动、抽象劳动与具体劳动、简单劳动与复杂劳动、死劳动与活劳动、必要劳动与剩余劳动,等等。其中,马克思关于必要劳动和剩余劳动的划分对于人的发展及其价值追求的讨论有着直接的意义:如果说必要劳动是人类生存的基础,那么剩余劳动则是人类发展的前提。由此,人的发展及其价值追求与剩余劳动直接相关。

一、马克思劳动概念体系的生成

在由众多概念所构筑出的马克思的思想世界中,"劳动"概念无疑是其中最为重要的一个,同时也是意义最为丰富的一个。《马克思主义历史考证大辞典》中写道:"对历史唯物主义来说,劳动是人类发展的活的、动力性的基础,马克思的《政治经济学批判》可以被理解为劳动的政治经济学。在'劳动'概念中,交汇着统治与解放、辛劳与享受、异化与自我实现、发展与不发展、必然与自由。在劳动中,既形成了人与外在于人的自然的关系,也形成了人们之间的关系,以及人与资本之间的关系。随着劳动在一定的对抗场域中的发展,它既是人类发展的推动力,同时也成了人类发展的阻碍。"[1]了解马克思的劳动概念,可以对他使用这一概念的思想资源、发展过程、一系列术语的形成三个方面进行考察。

从思想资源看,在构成马克思劳动概念诸多的思想资源中,许多思想家在马克思那里都留下了痕迹。例如,在对"价值形式"进行分析的过程中,马克思谈到了亚里士多德。他认为,亚里士多德最早对价值形式进行了分析,但他没能从价值形式本身看出"在商品价值形式中,一切劳动都表现为等同的人类劳动"[2],因为亚里士多德的分析建立在奴隶劳动的基础上。又如,受到洛克的启发,马克思将劳动与占有和所有权联系起来进行思考;此外,在对劳动进行阐发的过程中,马克思研究了黑格尔"作为人的自我生成

---

① [德]沃尔夫冈·弗里茨·豪格主编:《马克思主义历史考证大辞典》(第 1 卷),俞可平等译,商务印书馆 2018 年版,第 352 页。

② 《马克思恩格斯文集》第 5 卷,人民出版社 2009 年版,第 75 页。

的劳动"以及在劳动中一分为二的"作为外化的对象化"的思想;从当时的社会主义者的思想中,马克思借鉴和吸收了魏特林关于合理分工的思想,其中,傅立叶关于让劳动变得吸引人的论述对马克思产生了重要的影响,等等。然而,马克思对这一问题进行讨论的最重要的思想资源,当属亚当·斯密和大卫·李嘉图等人在古典政治经济学中的相关探讨。在古典政治经济学中,劳动被视为交换价值的源泉,但劳动也是穷人的活动,是艰辛与折磨,因为它消磨了人的活力,占据了大多数人的全部生活。对于大卫·李嘉图制定的社会财富的规范,即"社会上注定陷入劳动奴隶制即从事强制劳动的部分尽可能地小",马克思称之为"那些站在资本主义立场上的人所能达到的最高点"①。马克思认为,亚当·斯密"大大前进了一步",他第一个实现了对"干脆就是劳动"或者说"创造财富的活动的抽象一般性"②的思考,也就是说,斯密从范畴上把握住了一切生产活动所共有的东西。马克思同时阐明,这种发现是以现实的发展为基础的,他说:"在资产阶级社会的最现代的存在形式——美国","直截了当的劳动这个范畴的抽象","才成为实际上真实的东西"③。在这些思想资源的基础上,《马克思主义历史考证大辞典》中指出:"马克思进而借助与劳动的关联,破解了国民经济学的全部范畴。劳动由此成为马克思政治经济学批判的关键概念。"④

从发展过程看,构成马克思早期文本核心概念的劳动当属"异化劳动"。马克思在这里使用的异化并不像斯密那样,仅仅用来描述财产的外化过程,而是像黑格尔一样,异化意味着本质而非所有物的外化。在这种语境下,马克思在《1844 年经济学哲学手稿》中创造性地使用了"异化劳动"这一概念,它具体体现为:工人生产的越多,他占有的就越少;他创造出的东西越强大,异己的对象世界就越强大;而这个世界越富有,工人自身及其他

---

① 《马克思恩格斯全集》第 26 卷Ⅲ,人民出版社 1974 年版,第 282 页。
② 《马克思恩格斯全集》第 30 卷,人民出版社 1995 年版,第 45 页。
③ 《马克思恩格斯全集》第 30 卷,人民出版社 1995 年版,第 46 页。
④ [德]沃尔夫冈·弗里茨·豪格主编:《马克思主义历史考证大辞典》(第 1 卷),俞可平等译,商务印书馆 2018 年版,第 354 页。

内部世界就越贫乏;等等。这种转化通过一种手段与目的的转换而延伸至整个生活,由此,对类生活的生产性参与沦为单纯谋生的手段,而非类生活的现实。在这里,马克思尚没有明确区分劳动的物质方面和导致异化劳动的经济形式,因此,劳动范畴经常被当作异化劳动的同义词来使用,劳动也由此成了一个非本真的形式概念,一切"人的活动迄今为止都是劳动,也就是工业,就是同自身相异化的活动"①。这样一种将劳动和它的异化的形式规定混为一体的看法,容易导引出废除劳动、消灭劳动等误解观点。而实际上,马克思并不认为作为人与自然界之间进行物质变换意义上的劳动是可以被废除和消灭的,他在这里只是把劳动理解为生产活动发生转化后的结果,这就使得他试图去重建劳动中原本吸引人的一些东西,或者说应该从这种劳动中解放出来的东西,如自由生命的表现、对人类共同本质的参与、多方面的需求和人的自由全面发展等。所以在讨论异化劳动的同时,他提出了"全面"的生产、"按照美的规律"的"构造"②活动等,可以将这种劳动称为"自由劳动"。成熟时期的马克思开始区分劳动的形式规定性和"自然必然性"③,资本主义生产方式下的劳动即"雇佣劳动"是马克思在这一时期理论探究的主题。在此过程中,马克思首先明确和指出了作为"自然必然性"的劳动,即不以一切社会形式为转移的创造人类生存条件的活动。在此基础上,马克思展开了对资本主义劳动过程的特殊性的分析,由此形成了一系列关于劳动的具体概念:抽象劳动与具体劳动、私人劳动与社会劳动、生产劳动与非生产劳动、死劳动与活劳动、简单劳动与复杂来动、必要劳动与剩余劳动等。通过借助于这一系列的概念,马克思揭示出了雇佣劳动形式下的经济运动规律,并在此基础上展望了劳动的未来远景:在生产高度发达的、财富充分涌流的共产主义社会的高级阶段,"劳动已经不仅仅是谋生的

---

① 《马克思恩格斯全集》第 3 卷,人民出版社 2002 年版,第 306—307 页。
② 《马克思恩格斯全集》第 3 卷,人民出版社 2002 年版,第 274 页。
③ 参见[德]沃尔夫冈·弗里茨·豪格主编:《马克思主义历史考证大辞典》(第 1 卷),俞可平等译,商务印书馆 2018 年版,第 357 页。它指的是撇开每一种特定的社会形式的劳动,即作为人和自然之间的物质变换的劳动,因而是人类生活得以实现的必然性因素。

手段,而且本身成了生活的第一需要"①。换言之,如果人类能够借助于一定的生产组织形式(当然它需要物质条件)从物的统治中解放出来,那么对人来说,物质生活的生产活动即劳动就会成为创造性的享受和能力的发展。

从马克思关于劳动的一系列术语的形成看,这些术语都是在不同的语境中针对不同问题而提出的,如在说明商品价值量的过程中提出的简单劳动和复杂劳动,在阐明剩余价值形成过程中提出的无酬劳动等。其中,马克思所提出的关于劳动的一系列术语还呈现出一个鲜明的特征,即这些术语表现为一个个对立统一的范畴,如抽象劳动和具体劳动、私人劳动和社会劳动。此外,在提出这些术语的过程中,蕴含着马克思对人类劳动进行划分的思想,如死劳动和活劳动、必要劳动和剩余劳动等。因此,在理解马克思这些劳动概念的过程中,有必要回到这些概念的具体语境,特别是在对立统一中把握这些概念的基本特征。遵循着这一原则,本章试图在接下来的工作中对马克思的必要劳动和剩余劳动概念进行考察,并发掘其中所蕴含的人学意义。

一、对必要劳动和剩余劳动的划分

必要劳动和剩余劳动的划分源于马克思对资本主义生产过程的分析。为了揭示资本主义生产的秘密和阐明剩余价值的来源,马克思将雇佣工人的劳动划分为两个时间段:在第一个时间段,工人生产自身劳动力的价值,即资本家用于购买工人劳动力支付的工资所代表的价值;在第二个时间段,工人的劳动是超过维持其作为工人的再生产(因而包括其子女的赡养及技能培训支出)直接所需的劳动,这种劳动构成剩余价值的来源,它是对雇佣工人来说的"无酬劳动"和"强制劳动"。马克思将第一个时间段的时间称为"必要劳动时间",这一时间内的劳动即"必要劳动";第二个时间段的时间称为"剩余劳动时间",这一时间内的劳动即"剩余劳动"。一般认为,马

---

① 《马克思恩格斯文集》第 3 卷,人民出版社 2009 年版,第 435 页。

克思第一次使用"剩余劳动"这一术语是在《1857—1858年经济学手稿》中①——他写道:"如果工人只需花费半个工作日就能生活一整天,那么,他要维持他作为工人的生存,就只需要劳动半天。后半个工作日是强制劳动;剩余劳动。"②剩余劳动即"从单纯使用价值的观点,从单纯生存的观点来看的多余劳动"③。通过对必要劳动和剩余劳动的划分,马克思揭示出了剩余价值的来源,为他分析资本主义生产方式及其内在矛盾运动奠定了理论基础,为他阐明资本主义经济运行规律提供了核心概念。

需要指出的是,马克思对必要劳动和剩余劳动的划分虽然源于对资本主义生产过程的分析,但必要劳动和剩余劳动的划分并非仅仅限于资本主义社会的范围,而是一种可以贯穿于人类社会始终的划分。以下文本可以作为这一判断的主要佐证。

第一,《1857—1858年经济学手稿》中的马克思在对"资本主义生产以前的各种形式"进行考察时曾谈道:在人类历史早期的"自由的小土地所有制"和"以东方公社为基础的公共土地所有制"这两种所有制形式中,进行劳动的每个人都把自己当作所有者、当作同时也进行劳动的共同体的成员,"虽然他们也可能从事剩余劳动",但"这种劳动的目的不是为了创造价值"④,而是为了换取他人的剩余产品;在对"亚细亚的所有制形式"进行考察时,他也指出,在这种所有制下,"公社的一部分剩余劳动属于最终作为一个个人而存在的更高的共同体"⑤,等等。由此可以看出,马克思将剩余劳动从人类劳动中划分出来,不仅仅用于分析资本主义社会,同时也用来分析其他的社会形式。

第二,马克思在《资本论》第1卷中也明确指出:"资本并没有发明剩余

① 参见《马克思恩格斯全集》第30卷,人民出版社1995年版,第651页,注释163。
② 《马克思恩格斯全集》第30卷,人民出版社1995年版,第285—286页。
③ 《马克思恩格斯全集》第30卷,人民出版社1995年版,第286页。
④ 《马克思恩格斯全集》第30卷,人民出版社1995年版,第466页。
⑤ 《马克思恩格斯全集》第30卷,人民出版社1995年版,第467页。

劳动。"①他认为,只要一个社会中有一些享有生产资料的垄断权的人,一般劳动者就必须在必要劳动时间之外进行剩余劳动,用以为生产资料的所有者生产生活资料。所不同的是,与之前的社会形式相比,资本主义对剩余劳动的需求是一种"无限制的需求",而在以往的社会形式中,由于占优势的是使用价值而非交换价值,所以对"剩余劳动就受到或大或小的需求范围的限制"②。不仅如此,马克思在《资本论》第 1 卷中还表达了一个深刻的思想,即那种从直接生产的劳动者身上榨取剩余劳动的不同形式,能够将"各种经济的社会形态"相"区别开来"③。由此可以看出,剩余劳动不仅在资本主义社会存在,在生产资料被社会中的一部分人所垄断的情况下,不同经济的社会形态榨取剩余劳动的方式不同,这种不同的方式能够将不同经济的社会形态区别开来。在此意义上,剩余劳动榨取方式的演变成为理解社会形态演变的重要视角。

第三,在《资本论》第 3 卷第 51 章讨论"分配关系"时,马克思说:"在任何一种社会生产"中,"总是能够区分出劳动的两个部分"④;一部分"直接生产者及其家属用于个人的消费,另一个部分即始终是剩余劳动的那个部分的产品,总是用来满足一般的社会需要"⑤。需要注意的是,他在这里谈到的是"任何一种社会生产",我们的理解是,这里所说的"任何一种社会生产"不仅包括资本主义及其之前的社会生产,还应当包括资本主义制度被取代之后的社会生产,正如马克思在另一处所谈到的那样:"剩余劳动一般作为超过一定的需要量的劳动,应当始终存在。"⑥道理很简单,因为在任何一种社会形式中,为了应对偶然的各种事故,特别是保证社会再生产过程的扩大,一定量的剩余劳动始终是必要的。

---

①　《马克思恩格斯文集》第 5 卷,人民出版社 2009 年版,第 272 页。
②　《马克思恩格斯文集》第 5 卷,人民出版社 2009 年版,第 272 页。
③　《马克思恩格斯文集》第 5 卷,人民出版社 2009 年版,第 251 页。
④　《马克思恩格斯文集》第 7 卷,人民出版社 2009 年版,第 993 页。
⑤　《马克思恩格斯文集》第 7 卷,人民出版社 2009 年版,第 993—994 页。
⑥　《马克思恩格斯文集》第 7 卷,人民出版社 2009 年版,第 927 页。

以上文本能够表明,可以将马克思对必要劳动和剩余劳动的划分视为一种可以贯穿于人类社会始终的划分。在此基础上,有如下问题需要进一步探究,即马克思对人类劳动的这种划分(将人类劳动划分为必要劳动和剩余劳动)的依据是什么?

最直观的依据是劳动时间。在对资本主义生产过程的分析中,马克思以一个工作日为单位,进而将一个工作日划分为两个时间段:一个时间段是从事必要劳动的时间,即必要劳动时间;另一个时间段是从事无酬劳动的时间,即剩余劳动时间。在一个工作日当中,超过必要劳动时间的一定的点,成为必要劳动与剩余劳动的分界点。然而,这个一定的点不是固定不变的。马克思在《1857—1858 年经济学手稿》中指出:"必要劳动时间对剩余劳动时间(它首先从必要劳动的角度来看是如此)的比例在生产力的不同发展阶段上是会变化的。"①换言之,社会生产力的发展水平是影响劳动时间的因素之一。以资本主义生产过程中"相对剩余价值的生产"为例:在对更高利润的追逐过程中,由竞争引发的整个社会的生产力水平的提高能够缩短工人的必要劳动时间,由于工作日是一定的,由此使剩余劳动时间得以相应地延长。具体而言,在资本主义生产方式下,必要劳动时间实际上是工人生产自己劳动力价值的时间,而工人的劳动力的价值最终要转化为工人再生产自身的劳动力所需要的生活资料的价值。在此过程中,对工人来说,直接的有意义的东西并非这些生活资料的价值本身,而是这些生活资料的使用价值,正是通过消费这些生活资料本身的使用价值,工人才能够再生产出供继续出卖的劳动力。因此,随着整个社会生产力水平的提高,单位时间内生产出的使用价值增多(产品的数量的增多),工人再生产自身劳动力价值的时间就会相应地缩短,即必要劳动时间相应地缩短,由此使必要劳动与剩余劳动的分界点发生改变。实际上,这种由社会生产力发展水平所形成的必要劳动与剩余劳动的分界点,不仅存在于资本主义社会生产过程中,也存在

---

① 《马克思恩格斯全集》第 30 卷,人民出版社 1995 年版,第 376 页。

于其他社会生产过程中。因为人类作为有生命的自然存在物,必须首先从自然界中获取一定的物质生活资料才能维持自身的生存,这种从自然界中获取维持自身生存的物质生活资料的劳动即必要劳动,这种劳动所需的时间即必要劳动时间。而这种必要劳动时间的长短同样要取决于人们的生产能力,表现为生产力发展水平。生产力发展水平越高,人类维持自身生存所需要的劳动时间才能越短,从而人类从事剩余劳动的时间才可能越长。进一步而言,倘若生产力水平十分低下,人类的劳动仅仅停留于必要劳动,那么,人类就只能够维持自身的生存而不会有进一步的发展。正是在此意义上,我们说构成必要劳动与剩余劳动划分之依据的,是超过人类维持其基本生存所需要的劳动时间的一定的点,前者用以维持人类的基本生存,后者为人类的发展提供了前提。

因此,关于必要劳动和剩余劳动的划分依据,无论是表层的劳动时间,还是劳动时间背后的因素即社会生产力的发展,它们分别指向的都是人类的生存和发展。具体而言,必要劳动与人的生存直接相关,它构成人类生存的基础;而剩余劳动与人的发展直接相关,它构成人类发展的前提。

三、必要劳动和剩余劳动的相对性

在历史发展过程中,由人类的生存与发展所标注出的人类劳动的两个部分,并不是两个绝对的内容。一定历史阶段人类生存于其中的自然环境状况、社会状况特别是生产方式,都可以对人类劳动的这两个部分产生直接的影响。

将必要劳动视为人类生存的基础,首先是在将人类视为一个整体的意义上而言的。正如上文已经指出的,人类作为一种有生命的自然存在物,只有通过自身的劳动才能从自然界中获取一定的物质生活资料来维持自身的生存。在此意义上,这种必要劳动的功能仅仅在于维持人类自身生命的存在及延续(因而包括作为其生命延续的子女在未长大之前的生存),由此使人类这一特殊的生物物种在自然界中得以保存。换言之,这种必要劳动所生产的仅仅是人的自然生命,因而贯穿于人类历史的全部过程。然而在人类历史进程中,这种人类直接生存所需的必要劳动并非一个固定的量,自然环境和人口状况、需求的范围、物质生活资料的形态及其生产方式的改变等,都可以对人类的必要劳动产生影响。

就自然环境和人口状况来说,不同的自然环境和人口状况对人类的必要劳动具有直接的影响。在一个较易于获取物质生活资料的自然环境中,人类为维持自身生存所进行的必要劳动的量相对较少,反之则相对较多。人口状况首先表现为人口的数量,维持不同数量的人口的生存,所需要的人类必要劳动产品的量也不同。人口状况还表现为人口结构,不同的人口结构如具有劳动能力的成年人在总人口中的不同比例,也直接影响人们所进行的必要劳动的状况。因此,在人类历史进程中,自然环境和人口状况的变化会不断地对人类所进行的必要劳动提出新的要求。

就需求的范围而言,在人类历史发展的不同阶段,人们为维持自身基本生存而形成的需求的范围是不同的。需求范围的大小直接受到社会分工发展水平的影响。马克思在《1857—1858 年经济学手稿》中说:"如果把整个社会看成是一个人,那么,必要劳动就是由于分工而独立化的一切特殊劳动职能的总和。"①在此情况下,所有这些特殊职能的劳动都成为必须要做的事情,而"所有这些必须做的事情可归结为为了各种目的和进行各种特殊活动所花费的若干劳动时间"②。因此,随着社会分工的发展所引起的需求的范围不断扩大,人类所需的必要劳动的量也会相应地增长。

就物质生活资料的形态及其生产方式的演进来看,人类生存所必需的物质生活资料的形态表现为人类必要劳动的产物,在历史发展过程中,这些必需的生活资料朝向更加精致、更加多元的方向发展(这在一定意义上体现的是时代的进步),由此对人类必要劳动提出了新的要求。与此同时,人

---

① 《马克思恩格斯全集》第 30 卷,人民出版社 1995 年版,第 523 页。
② 《马克思恩格斯全集》第 30 卷,人民出版社 1995 年版,第 523 页。

类在不同历史时期的社会生产都要通过一定的生产方式来进行,生产方式的演进对劳动者也会提出新的要求。例如,马克思在分析资本主义生产方式下工人的必要劳动时认为,它应当包含三个部分:其一是生产与维持自身劳动力再生产所需生活资料相等价值的劳动,其二是生产与"工人的补充者即工人子女的生活资料"相等价值的劳动,其三是生产工人获得一定的技能和技巧所支付的教育培训费用所转化为的物质生活资料的劳动——因为要使工人能够"获得一定劳动部门的技能和技巧"①,就得花费一定的费用进行这种教育和培训——在这里,第三个部分可视为一定的生产方式对劳动者必要劳动所提出的新的要求。

　　总之,由于受到多种因素的影响,作为维持人类基本生存所需要的必要劳动在历史进程中表现为一个动态的内容。此外,人类不仅仅是一种有生命的自然存在物,还是一种社会存在物,在一定的社会形式中,人的生存不仅仅是一种自然生存(即作为有生命的自然存在物的生存),还是一种社会生存,即人需要将自身的一定的社会生存的形式(它构成一定社会形式下个人进行生产的一般条件)再生产出来。换言之,在生产出维持自身自然生命存在所需物质生活资料的同时,人类还需要进行剩余劳动——关于这种剩余劳动,马克思说:"这是个人在维持其生存所必需的直接劳动之外一定要完成的剩余劳动",它被用来再生产"共同体本身","而共同体本身则是个人从事生产活动的一般条件"②。这意味着在一定的历史阶段,人类的剩余劳动首先指向的是人的社会生存,且这种剩余劳动不可或缺。因此,马克思又将这种用以维持人的社会生存的剩余劳动称为人的"必要劳动的一部分"③——由此也进一步体现出作为一个动态内容的人类必要劳动的相对性。

　　同样,将剩余劳动视为人类发展的前提,也首先是在将人类视为一个整

---

① 《马克思恩格斯文集》第 5 卷,人民出版社 2009 年版,第 200 页。
② 《马克思恩格斯全集》第 30 卷,人民出版社 1995 年版,第 523 页。
③ 《马克思恩格斯全集》第 30 卷,人民出版社 1995 年版,第 523 页。

体的意义上而言的。很明显,人类的发展只有在其基本生存得以保障的情况下才有可能——倘若人类劳动仅仅是维持其直接生存的必要劳动,人类就只能像动物界中的其他物种一样,既不会有自身的显著发展,也不会有社会形态的演进及各种文明的创造。正是在此意义上,剩余劳动成为人类发展的前提。作为人类发展的前提,剩余劳动首先表现为必要劳动之后的劳动,由于必要劳动在人类历史进程中表现为一个不断变化的、动态的内容,因此,剩余劳动也会随之而不断变化,特别是为了维持人作为社会存在物的社会生存,一部分剩余劳动(即马克思所说的"成为必要劳动的一部分"的剩余劳动)会转化为必要劳动,由此使剩余劳动也表现为一个动态的内容,体现为剩余劳动的相对性。

就剩余劳动来说,从劳动时间看,它是人们在剩余劳动时间内所进行的劳动,即在满足了自身直接生存所需劳动的时间之后的劳动。由于人类直接生存所需的是物质产品(或者说产品的使用价值),因此,在影响剩余劳动时间的因素中,生产力水平是其中起决定性的因素,生产力水平越高,人类从事必要劳动的时间就越短,从而进行剩余劳动的时间就可能越长。在人类历史进程中,虽然人类的社会生存需要一部分的剩余劳动要转化为必要劳动,但随着生产力的发展,人类从事必要劳动的时间必然呈现出逐步缩短的趋势,它意味着人类剩余劳动时间的延长,或者说有更多的时间进行剩余劳动。而从物质形态看,剩余劳动产品表现为剩余劳动的物化形态——它的出现首先是人类从自然界中获取物质生活资料的能力提升的结果。进一步看,剩余劳动产品在人类历史上出现之后,一部分的剩余劳动产品用来维持人的社会生存——区别于人的直接生存或自然生存,即通过这部分剩余劳动产品再生产出人们之间原有的社会关系;另一部分剩余劳动产品则留存下来,或用于日后消费,以应对未来可能出现的各种突发状况,或投入再生产过程以扩大原有的生产规模,由此使生产方式的变革或演进成为可能。在此过程中,剩余劳动产品表现为一定社会关系的物质载体,正是其在社会中的分配形式和使用方式构筑出了(或者说再生产出了)人们的社会关系。因此,在不同的社会形态中,特定的社会关系以及在此基础上形成的特定的社会关系结构的维系或再生产,对人类的剩余劳动提出了不同的要求,反映和呈现为剩余劳动在不同社会形态中特定的社会历史功能。

第二节　剩余劳动的社会历史功能

唯物史观(或称历史唯物主义)是马克思的两大发现之一。按照通常的理解,唯物史观主要包括以下三个方面的内容:一是其唯物主义立场,强调社会存在决定社会意识;二是其所阐明的社会运动规律,强调生产关系要适应生产力发展水平、上层建筑要适合经济基础状况;三是人民史观或称群众史观,强调人民群众在创造历史过程中的决定作用。三者之间具有内在的关联,共同构筑出了马克思主义理论描述人类历史进程的理论框架。用这一理论框架来描述人类社会历史进程,可以发现其中所隐含的一个基本线索,即剩余劳动及其在不同社会形态下的社会历史功能。由此,在上述理论框架的基础上,通过对剩余劳动及其在不同社会形态下的社会历史功能的分析,我们可以形成对社会历史进程的更具体的理解。

一、剩余劳动与阶级社会的生成

在唯物史观对人类历史进程的描述中,一个非常重要的内容是对一定社会中存在的不同阶级以及它们彼此之间的斗争的说明。正如恩格斯曾指出的,"用'历史唯物主义'这个名词来表达一种关于历史过程的观点……这种观点认为,一切重要历史事件的终极原因和伟大动力是社会的经济发展,是生产方式和交换方式的改变,是由此产生的社会之划分为不同的阶级,是这些阶级彼此之间的斗争"[①]。这里的问题是:第一,社会究竟因何而划分为不同的阶级? 第二,不同阶级究竟围绕什么东西而展开彼此之间的

[①] 《马克思恩格斯文集》第 3 卷,人民出版社 2009 年版,第 508—509 页。

斗争？在回答这两个问题的过程中，剩余劳动是一个无法绕开的内容。

首先，没有剩余劳动的出现，就不会有社会划分为不同的阶级。马克思和恩格斯在《共产党宣言》中说："至今一切社会的历史都是阶级斗争的历史。"但在对这句话的详细说明中，恩格斯指出，这一历史是从"原始公社的解体，社会开始分裂为各个独特的、终于彼此对立的阶级"之时才开始的①。所以，从时间上看，社会划分为不同的阶级形成于原始社会，或者说，在原始社会的漫长进程中逐步产生了阶级和阶级之间的对立。具体而言，在原始社会早期，以血缘关系为纽带而聚集在一起的人们共同劳动，他们共同占有生产资料，劳动的产品归他们共同享有，但由于生产力水平极其低下，人们全部的劳动产品仅仅能够维持自身的生存而不会或很少有剩余。因此，在这一阶段，个人没有财产的观念，也没有基于财产的多寡而形成的个体差异。随着生产力和分工的发展以及人们相互交往的范围的扩大，一方面，剩余劳动产品的出现开始常态化；另一方面，地域上相邻的不同共同体之间开始有了接触，于是，不同产品的交换成为可能。最初的产品交换发生在有接触的不同的共同体之间，而且进行交换的产品是他们的剩余劳动产品。这种发生在不同共同体之间的产品交换活动对共同体本身产生了深刻的影响：其一，产品的交换从本质上看是不同产品之间的所有权的交换，由此生成了财产的观念，即关于产品的所有权的观念；其二，产品所有权的观念传导到共同体内部，劳动产品（特别是剩余劳动产品）不再是所有成员共同所有和共同支配，由此使共同体内部产生了对剩余劳动产品的占有和使用的争夺，在此过程中，基于各种因素，其中的一部分人逐步获得了共同体中剩余劳动产品的使用或处置权力，并逐步成为这个社会的统治阶级。共同体内部开始出现分化，即社会开始分裂为各个独特的、彼此对立的阶级。而随着这种对立的发展，原始社会开始解体，人类自此步入阶级社会。因此，剩余劳动的出现是社会划分为不同阶级的前提，没有剩余劳动的出现，就不会

---

① 《马克思恩格斯文集》第2卷，人民出版社2009年版，第31页。

有社会划分为不同的阶级。

其次,剩余劳动(及其产品)还是阶级社会中各阶级进行争夺的焦点,或者说,在阶级社会中,各阶级主要围绕剩余劳动的处置或支配权力而展开斗争。毫无疑问,任何社会的生产都需要一定的生产资料(包括劳动对象和劳动工具),而社会生产越发展,在构成生产资料的内容中,由剩余劳动转化而来的部分占比就越大。因此,对剩余劳动的争夺首先体现为对生产资料所有权的争夺。因为占有生产资料的阶级不仅是社会生产的组织者,对社会生产过程具有支配的权力,而且还获得了对剩余劳动产品进行支配的权力。正是在这种对剩余劳动及其产品的争夺中,国家的产生成为必要。国家不同于原始社会中基于血缘关系而形成氏族组织,它首先表现为一个地域性的组织。具体而言,在一定的地域范围内,社会中出现了阶级分化,各阶级围绕剩余劳动及其产品的支配权展开争夺,表现为阶级斗争,正是为了调和这种斗争并将其限制在一定的程度和范围之内,国家才得以产生,其实质是阶级进行统治的工具,即占有生产资料的阶级因而是在社会生产中占支配地位的阶级统治其他阶级的工具。国家作为一个政治性机构,使占有生产资料的阶级的权力上升为政治权力,进一步强化了其在社会生产过程中的优势地位——以政治的形式保障了其对社会剩余劳动及其产品的支配权。阶级斗争在阶级社会中表现为多种形式,如奴隶社会中奴隶和奴隶主阶级之间的斗争,封建社会中平民与地主之间的斗争,资产阶级社会中资产阶级和无产阶级之间的斗争等,并产生了不同的内容,如政治斗争、思想文化斗争、经济斗争等(但这些斗争归根结底是围绕社会剩余劳动及其产品的支配权而展开的斗争)。

再次,剩余劳动不仅是社会划分为不同阶级的前提和阶级社会中各阶级进行争夺的焦点,阶级社会在历史进程中的扬弃同样需要通过剩余劳动来进行说明。在某种程度上,剩余劳动可视为社会生产发展水平的量度:从劳动时间看,人们能够进行的剩余劳动的时间越长,表明社会生产力发展水平越高,社会中的剩余劳动产品也就越多。实际上,剩余劳动之所以成为社会划分为不同阶级的前提以及阶级社会中各阶级进行争夺的焦点,只是因为社会生产还不够发展,社会中的剩余劳动及其产品较少——对此,恩格斯进行过明确表述,他说:"只要社会总劳动所提供的产品除了满足社会全体成员最起码的生活需要以外只有少量剩余,就是说,只要劳动还占去社会大多数成员的全部或几乎全部时间,这个社会就必然划分为阶级。"①因此,可以预见的是:伴随社会生产的发展特别是生产力水平的不断提高(特别是经过资本主义社会生产的充分发展之后),当社会生产的规模和程度发展到不仅能满足每个人的生存发展所需,且有充足的剩余"去增加社会资本和进一步发展生产力"②的时候,剩余劳动及其产品就不再成为人们所争夺的目标,而成为每个人的普遍需求(这时候的剩余劳动将被扬弃为每个人展示其个性的劳动,因而是自由劳动),一旦到了这样的时候,社会划分为不同的阶级以及阶级之间的斗争就会被扬弃。

最后,只有通过剩余劳动,才能够真正地把握"阶级"概念之内涵。众所周知,阶级分析方法是马克思的重要分析方法之一,但对于阶级,马克思本人却并没有给出非常明确的概念③——他曾坦言:"无论是发现现代社会中有阶级存在或发现各阶级间的斗争,都不是我的功劳。"④但是,通过对马克思使用的阶级概念的理解和分析,列宁对这一概念进行了较为完整的概括和表述。在文章《伟大的创举》中,列宁指出:"所谓阶级,就是这样一些大的集团,这些集团在历史上一定社会生产体系中所处的地位不同,对生产资料的关系(这种关系大部分是在法律上明文规定了的)不同,在社会劳动组织中所起的作用不同,因而取得归自己支配的那份社会财富的方式和多寡也不同。"⑤从

---

① 《马克思恩格斯文集》第 9 卷,人民出版社 2009 年版,第 298 页。
② 《马克思恩格斯文集》第 1 卷,人民出版社 2009 年版,第 684 页。
③ 在《资本论》第 3 卷最后一章,马克思制定的标题是"阶级",他在其中写道:"首先要解答的一个问题是:是什么形成阶级?"但马克思在这里并没有就此展开论述(参见《马克思恩格斯文集》第 7 卷,人民出版社 2009 年版,第 1002 页)。
④ 《马克思恩格斯文集》第 10 卷,人民出版社 2009 年版,第 106 页。
⑤ 《列宁专题文集 论社会主义》,人民出版社 2009 年版,第 145 页。

这一表述来看,它首先是一些人所形成的集团,这种集团的划分所基于的并非自然的血缘关系和地缘关系,而是一种经济关系,因此,阶级本质上是一个经济概念,具有经济的属性。其次,在一种特定的经济结构当中,由于不同集团或阶级所处地位不同,因而居于优势地位的阶级能够占有另一个阶级的劳动。列宁的这一表述无疑揭示出了阶级概念的本质,但美中不足的是,在阶级社会中,占有优势地位的阶级所占有的另一个阶级的劳动究竟是什么劳动,对此,上述关于阶级概念的表述中并未指明。但实际上,这种劳动是什么劳动又是显而易见的,这种被社会中居于优势地位的阶级所占有的劳动当然是剩余劳动。这是因为:即使是在奴隶社会,奴隶主也不至于让奴隶饿死,他总要从奴隶的劳动成果中留下一部分给奴隶,以使其能够继续为他进行劳动;又如,在资本主义社会,虽然资本家有最大限度地占有雇佣工人的剩余劳动的冲动,但他必须支付工人维持自身生存所需的工资,即使这种工资被压得很低。因此,这种被社会中居于优势地位的阶级所占有的劳动当然是剩余劳动。而所谓阶级,就是在一定社会经济结构中,不同的集团依据它们在经济结构中地位的不同,居于优势地位的集团能够占有其他集团的剩余劳动。在此意义上,剩余劳动对理解和把握阶级的实质具有"点题"的作用。

回到社会历史进程。在剩余劳动及其产品出现之后,人类社会逐渐步入阶级社会,社会的各阶级之间围绕剩余劳动而展开彼此之间的争夺,作为这种争夺结果的是一种具有相对稳定性的关于社会剩余劳动及其产品的处置方式,包括其生产方式、占有方式、分配方式和使用方式等。通过这种处置方式中的一系列活动,人们之间"一定的、必然的、不以他们的意志为转移的关系"①得以建构出来,在此基础上产生了一定的社会关系结构。总体上看,在历史进程中的这种社会关系结构主要有两种形式,一种是以封建社会②为典型形式的传统的等级制社会结构,另一种是以资本主义社会

① 《马克思恩格斯文集》第2卷,人民出版社2009年版,第591页。
② 关于封建社会学界有很多争议。这里使用的封建社会并非指狭义上的分封制社会结构,而是指以地主阶级剥削农民为经济基础的社会形态。

为典型形式的现代的"去等级制"社会结构。在这两种社会关系结构中,剩余劳动发挥着不同的社会历史功能。

二、等级制社会中剩余劳动的社会历史功能

传统社会的社会结构以等级制为基本特征。对于"等级",恩格斯曾指出:"所谓等级是指历史意义上的封建国家的等级,这些等级有一定的和有限的特权。"[①]例如,在法国大革命之前,法国社会被分成三个等级:第一等级是天主教的高级教士和世俗的王室成员;第二等级由社会中的贵族所构成;第三等级由第一和第二等级之外的其他阶层组成,包括社会中的资产者、农民、无产者在内的市民和下层人民等。其中,作为统治阶级的第一和第二等级的人享有不纳税以及其他一些第三等级的人不能享有的权利,而作为被统治阶级的第三等级的人们则要担负国家的各种赋税及其他封建义务。一个人属于哪个等级,主要是由其出身、血统等自然因素所决定的——也就是说,贵族的子孙在通常情况下总是贵族,他们通常能够世袭祖辈在经济、政治等领域内的特权,并且这种特权以及对这种特权的世袭被认为是正当的或符合神意的。封建社会在我国经历了漫长的历史,其总体上也是以这种等级制社会结构为基本特征的。

以我国封建社会的历史为例。在我国漫长的封建社会历史进程中,作为统治阶级的封建统治者所代表的是地主阶层和贵族阶层的利益,他们本质上是依附在社会生产系统之上、靠攫取社会剩余劳动来维系自身存在的社会阶层,他们共同构筑出了封建统治机构。这一机构对社会剩余劳动的攫取程度,不仅直接影响着处于生产系统中的劳动人民的生活状况,同时也直接影响着社会再生产的投入状况。等级制社会结构归根到底是依据人们的社会等级(身份和地位)来分配剩余劳动的社会结构。为了维系和再生产这种等级制社会关系结构,统治阶级通常利用政治权力来征调自然资源

---

① 《马克思恩格斯文集》第 1 卷,人民出版社 2009 年版,第 655 页,页下注。

和劳动产品——首先是从社会生产系统中攫取几乎全部的社会剩余劳动产品,由此使社会中占绝大多数的普通劳动者只能处在维持其基本生存的状态。而这些被统治阶级所支配的剩余劳动及其产品,一部分用于生产和提供社会公共物品,如兴修水利和道路、国防和救灾支出等,剩下的部分则主要用来进行社会关系和社会等级制结构的再生产,主要通过以下三个方面体现出来。

第一,为了维系等级制社会关系结构,剩余劳动首先被统治阶级用来支付等级制制度运营成本:一是用于维系各级官僚机构的运行,各级官僚的俸禄、各级官僚机构的正常运行所需,归根到底都来源于劳动人民的剩余劳动。二是用于镇压被统治阶级的反抗,军队等武装力量、监狱等各类机构都需要劳动人民的剩余劳动来供养。三是用于支付对外战争所需的巨大成本,其最终目的也是为了维护统治阶级的统治地位或者扩大这种统治的范围。

第二,为了维系等级制社会关系,剩余劳动还被用来生产各类等级制社会关系符号。在等级制社会中,人们的劳动首先用来生产各个等级消费的物品。对于统治阶级来说,其所攫取的剩余劳动在供自己享乐和挥霍的同时,还以等级制社会关系符号(作为这种社会关系的物质载体)的面目出现,如宫殿、官宅、礼器、祠堂和庙宇等,他们的衣、食、住、行标注出的是他们的社会身份和地位:天子九鼎八簋,诸侯七鼎六簋,卿大夫五鼎四簋,士三鼎二簋;一品仙鹤,二品锦鸡,三品孔雀,四品云雁,五品白鹇,六品鹭鸶,七品鸂鶒,八品黄鹂,九品鹌鹑;天子驾六,诸侯驾五,卿驾四,大夫三,士二,庶人一,等等。在剩余劳动产品的这种使用过程中,社会关系符号的意义远远大于其实用的意义。而正是通过这种社会关系符号的再生产,等级制社会关系结构被再生产出来。

第三,除了上述两方面的用途之外,如果统治阶级所攫取的剩余劳动还有部分剩余,那么这些剩余的部分通常会被存储起来,或用来留荫子孙,或用来建造奢华的陵墓以供其死后继续享用——那些不同规格的、以便体现出不同等级身份的陵墓,"既是统治者享受欲的延伸,又具有用等级地位符号来维系现实等级制社会结构的潜在功能"[①]。

由于几乎全部的社会剩余劳动被统治阶级从生产系统中剥离了出来,所以传统等级制社会的物质生产系统基本上在简单再生产水平上下徘徊。在此情况下,社会生产力总体上发展缓慢,而且陷入了一种无法突破的周期性循环怪圈。一般来看,每一个通过农民起义所新建立起的封建王朝,其早期的统治者通常会采取休养生息的政策,通过"轻徭薄赋"来恢复战乱对社会生产力造成的破坏。由于其追求挥霍享受的欲望暂时受到一定程度的扼制,因而从社会中攫取的剩余劳动相对减少,由此使得投入社会生产系统的剩余劳动相对较多,在此情况下,社会生产系统处于恢复性的扩大再生产状态,其社会生产力可以一度恢复到农业劳动所能创造的最高水平。然而,在社会生产力得到恢复的同时,封建统治机构也随之膨胀起来,伴随着这种膨胀的还有统治机构内部出现的腐败,于是,依附在社会生产系统之上、靠攫取社会剩余劳动来维系自身存在的社会阶层不断扩张,他们势必会利用手中的权力尽其所能地搜刮社会剩余劳动,由此导致社会生产系统中的劳动者的生活又重新下降到维持自身生存和延续的最低状态。一旦出现天灾人祸,社会简单再生产变得无法维系,在此情况下,走投无路的底层劳动者就会揭竿而起,在此过程中,原有的社会生产系统不仅被战争所摧毁,作为被存储和积累起来的剩余劳动如宫殿、庭榭等,也往往被愤怒的起义军付之一炬,于是,多年积累起来的社会剩余劳动(它们作为先前的统治者的权威的象征符号)顷刻间荡然无存,生产力发展水平又回到这一社会形态的原点。而随着战争的结束和新的王朝的建立,生产力和社会物质生产系统又开始进入下一个轮回,由此使社会生产力发展陷入一种似乎无法突破的周期性循环怪圈。

[①] 鲁品越:《资本逻辑与当代现实——经济发展观的哲学沉思》,上海财经大学出版社 2006 年版,第 39 页。

总之,由于等级制社会中剩余劳动被统治阶级从社会物质生产系统中剥离了出来,由此使整个社会生产在总体上表现为一种简单再生产。在此过程中,剩余劳动产品成为等级制社会关系符号,其所标注出的是人们在社会中的等级和身份,因此在等级制社会中,进行等级制社会关系的再生产,成为剩余劳动主要的社会历史功能。

三、资本主义社会剩余劳动的社会历史功能

随着手工业从农业生产中分离出来,商品生产和商品交换得到了快速发展。商品生产占主导地位的社会生产突出地表现为资本主义的社会生产。由于商品交换要求进行交换的双方是平等的商品所有者,所以资本主义社会表现为一个"去等级制"社会。但是,同等级制社会一样,资本主义社会也需要剩余劳动,正如马克思所说,"凡是社会上一部分人享有生产资料垄断权的地方,劳动者,无论是自由的或不自由的,都必须在维持自身生活所必需的劳动时间以外,追加超额的劳动时间来为生产资料的所有者生产生活资料"①。换言之,资本主义社会的统治阶级即资产阶级本质上也是依附在社会生产系统之上、靠攫取社会剩余劳动来维系自身存在的社会阶级。所不同的是,较之于传统的等级制社会,资本主义社会中的统治阶级获取和使用剩余劳动的方式具有自身的独特性。

首先,在资本主义社会中,作为统治阶级的资产阶级以攫取劳动者剩余价值的方式来占有劳动者的剩余劳动。资本主义的社会生产是商品的生产,生产的目的是商品的价值,表现为交换价值,即货币,因此劳动者的剩余劳动在这里表现为剩余价值。资产阶级之所以能够占有劳动者的剩余劳动,是因为劳动者将自己的劳动力作为商品进行出售,以此来取得其劳动力商品的交换价值,即工资。资本家支付工资之后,对劳动力的使用即工人的劳动所创造的价值全部归资本家所有。在此过程中,工人的劳动不仅生产

---

① 《马克思恩格斯文集》第 5 卷,人民出版社 2009 年版,第 272 页。

出了其所出卖的劳动力商品的价值(即资本家支付的工资所代表的价值),而且生产出了超过这一价值的价值,即剩余价值。正是通过对剩余价值的占有,作为统治阶级的资产阶级实现了其对社会剩余劳动的占有,表现为其所拥有的资本的增殖。

其次,在资本主义社会,作为统治阶级的资产阶级通过占有剩余价值的方式攫取社会剩余劳动之后,并没有将这些剩余劳动从社会生产系统中剥离出来,而是将其再投入到生产过程中,用来进行资本的积累,以获取更多的剩余价值。正是通过资本积累,资本主义社会生产系统不断膨胀,由此使资本主义生产过程表现为一个扩大再生产的过程。

最后,由于剩余劳动在这里表现为剩余价值的形式,由此使资本主义社会中统治阶级对剩余劳动的攫取具有了如下特征:1.隐蔽性。在传统社会,统治阶级对社会剩余劳动的占有是从劳动者身上进行直接的攫取,如直接从劳动者那里征收赋税,或者让劳动者服徭役即直接为其劳动,因而这种剥削是显而易见的。而在资本主义社会,劳动者和资本家是作为看似平等的商品所有者出现在市场上的,劳动者作为雇佣工人出卖自己的劳动力取得工资,资本家获得其资本所带来的收益,表现为资本的收益即利润。由于这一过程是在等价交换的原则和形式下进行的,所以资本家对工人剩余劳动的无偿占有被掩盖了,表现为剥削的隐蔽性。2.无限性。在传统社会,生产本身的性质是进行产品的使用价值的生产。对于统治阶级来说,他们所需要的也是其所占有的剩余劳动产品的使用价值,因而对剩余劳动的需求会受到或大或小的范围的限制,因为这种需求是能够得到满足的。而在资本主义社会,生产本身的性质是进行剩余价值的生产,因此,问题已经不再是从劳动者身上榨取一定量的有用产品,而是要生产剩余价值本身了——在此,如果说产品的使用价值本身还内在地包含着某种对需求的限制,那么剩余价值本身对需求来说则没有任何限制,表现为统治阶级对剩余劳动攫取的无限性。3.竞争性。竞争是支配商品经济运行的内在规律,是"建立在资本上的整个资产阶级生产的基础"①。对此,马克思曾说:"任何一个资产阶级经济学范畴……要成为实际的东西,都不能不通过自由竞争"②——例如衡量商品价值量大小的社会必要劳动时间,本身就是由各个商品生产者在相互竞争过程中推动和形成的。因此,不同于传统的等级制社会——统治阶级中的各个人依靠其所享有的等级特权来占有社会剩余劳动,在资本主义社会,"竞争使资本主义生产方式的内在规律作为外在的强制规律支配着每一个资本家"③,他们对社会剩余劳动的占有以及占有的多少要通过彼此之间的竞争来实现。换言之,如果其生产效率低下,他就无法实现自身资本的增殖,从而也就无法实现自己对社会剩余劳动的占有。

　　资本主义社会的统治阶级对剩余劳动的占有和使用方式不仅将其与传统的等级制社会区别开来,而且赋予了剩余劳动以独特的社会历史功能:生产剩余价值。实际上,在资本主义生产机制的作用下,追求剩余价值不仅是每个资本家进行生产的内在动机,这种内在动机还进一步转化为对每一个资本家来说的竞争的外在压力,它迫使每一个资本家不仅要最大限度地生产出剩余价值,而且要最大限度地将生产出来的剩余价值再投入到生产过程中进行资本积累,以取得自身在激烈竞争中的优势(首先是体量上的优势)。在此过程中,社会生产规模不断地扩大,而不断地改进生产技术、提高生产效率会成为对每个资本家来说的强制和自觉,由此带来的是整个社会生产力水平的不断提高和社会物质财富的巨大增长——在马克思看来,这恰恰是资本主义社会"不自觉地"为一种更高级的生产形式所创造出的"物质条件"④。并且,马克思还基于这种物质条件对未来社会进行了展望,在他看来,在这种更高级的生产形式中,剩余劳动将不再表现为阶级社会中的强制劳动的形式,它将成为人们的"普遍需要"⑤、成为表现人的自由个性

---

① 《马克思恩格斯全集》第 30 卷,人民出版社 1995 年版,第 394 页。
② 《马克思恩格斯全集》第 31 卷,人民出版社 1998 年版,第 43 页。
③ 《马克思恩格斯文集》第 1 卷,人民出版社 2009 年版,第 683 页。
④ 《马克思恩格斯文集》第 7 卷,人民出版社 2009 年版,第 288 页。
⑤ 《马克思恩格斯全集》第 30 卷,人民出版社 1995 年版,第 286 页。

和"作为目的本身的人类能力的发挥"①的活动。

第三节　剩余劳动的人学意义

剩余劳动不仅具有重要的社会历史功能,作为人类发展的前提,它还具有十分丰富且深刻的人学意义,主要包括以下三个方面:第一,正是通过剩余劳动,人类开始真正地走出动物界而形成人类社会,即剩余劳动将人与动物真正区别开来;第二,剩余劳动不仅将人与动物区别开来,它自身还蕴含着人的发展的价值追求(全面以及自由);第三,在人类社会历史进程中,剩余劳动的出现还形成了人的发展悖论问题,表现为一个"物役迷局",劳动者身陷其中。由此,阐明这种"物役迷局"的生成机理并揭示历史进程中所生成的走出这一迷局的客观条件,成为马克思思考人的自由全面发展何以可能的关键环节。

一、剩余劳动将人与动物真正区分开来

人与动物的区别表现在诸多方面。《1844年经济学哲学手稿》中的马克思曾根据"生命活动"的不同来谈人与动物的区别,并提出"有意识的生命活动把人同动物的生命活动直接区别开来"②;在《资本论》当中,马克思又从劳动工具的制造角度来谈这种区别。实际上,无论是"有意识的生命活动"还是"制造工具"③,指向的都是人的劳动,换言之,人是在劳动过程中从动物界中逐步分化出来的。恩格斯的《劳动在从猿到人的转变中的作用》一文详述了这一过程。

首先,手是劳动的器官,也是劳动的产物。达尔文在《人类起源和性的选择》第1卷第6章"论人类的血缘和谱系"中指出,人类的祖先是"一个异

---

① 《马克思恩格斯文集》第7卷,人民出版社2009年版,第929页。
② 《马克思恩格斯全集》第3卷,人民出版社2002年版,第273页。
③ 《马克思恩格斯文集》第5卷,人民出版社2009年版,第210页。

常发达的类人猿的物种","它们浑身长毛,有胡须和尖耸的耳朵,成群地生活在树上"①。依据达尔文的这一认识,恩格斯指出:大概是因为这种猿类在攀援时手和脚所进行的是不同的活动,所以在平地上它们开始直立行走时,意味着"迈出了从猿过渡到人的具有决定意义的一步"②,因为一旦直立行走,手就被解放了出来,并逐步成为劳动的器官,在使用手进行劳动的过程中,劳动也逐步发展起来。

其次,语言也是从劳动中产生出来的。劳动的发展促进了各个体之间互相结合,由于劳动的发展所带来的"互相支持和共同协作的场合"的增多,"这些正在生成中的人,已经达到彼此之间不得不说些什么的地步了",正是在劳动不断发展所引发的彼此交流的需要的促使下,人的语言器官逐步发育形成。对此,恩格斯进行了总结,他说:"语言是从劳动中并和劳动一起产生出来的,这个解释是唯一正确的。"③

最后,在语言和劳动的发展的共同推动下,这种猿的各种感觉器官不断进化,特别是它的大脑逐步具有了人脑的功能,形成"越来越清楚的意识以及抽象能力和推理能力"④,最终使作为人的机体的东西得以具备。正是在此意义上,恩格斯说:"劳动创造了人本身。"⑤

应当承认,劳动对人的形成确实有着重要的意义,因为正是在劳动过程中,人从动物界中逐步分化了出来。然而,据此将劳动视为人与动物的根本区别却并不准确,原因是:马克思在《1844年经济学哲学手稿》中就已指出,除人之外的一些其他动物(例如蚂蚁和蜜蜂等)也进行"生产",它们也要为自己"营造巢穴"并"生产它自己或它的幼仔所直接需要的东西"⑥。这里需要高度注意的是马克思紧接着表述出的思想,即这些动物"只是在直接

① 《马克思恩格斯文集》第9卷,人民出版社2009年版,第550页。
② 《马克思恩格斯文集》第9卷,人民出版社2009年版,第551页。
③ 《马克思恩格斯文集》第9卷,人民出版社2009年版,第553页。
④ 《马克思恩格斯文集》第9卷,人民出版社2009年版,第554页。
⑤ 《马克思恩格斯文集》第9卷,人民出版社2009年版,第550页。
⑥ 《马克思恩格斯全集》第3卷,人民出版社2002年版,第273页。

的肉体需要的支配下"才进行生产,"而人甚至不受肉体需要的影响也进行生产,并且只有不受这种需要的影响才进行真正的生产"①。据此来看,在马克思那里,使人和动物真正区别开来的并不是一般意义上的生产,而是人所特有的那种"不受肉体需要的影响也进行的生产"——在《1857—1858年经济学手稿》中,马克思将这种生产称为"从单纯使用价值的观点,从单纯生存的观点来看的多余劳动"②,即剩余劳动。在此意义上,将剩余劳动视为把人与动物真正区分开来的东西才是准确的。

实际上,剩余劳动之所以能够将人与动物真正区别开来,首先是因为它建构起了人们之间的社会关系,在此基础上生成了人之为人的本质。由于受到费尔巴哈的影响(特别表现在《1844年经济学哲学手稿》中),马克思曾一度将人表述为"类存在物"③。此后,通过对费尔巴哈思想的研究,1845年春,马克思指出:费尔巴哈所理解的人的本质(即"类")其实是一种"把许多个人自然地联系起来的普遍性",但是,"人的本质不是单个人所固有的抽象物,在其现实性上,它是一切社会关系的总和"④。从"类"到社会关系表明了马克思对人的理解的深化,剩余劳动则成为从"类"到社会关系的关键环节——因为一旦剩余劳动及其产品在人类历史上出现,人们对这种剩余劳动产品的争夺的斗争也随之开始,在此过程中,围绕着剩余劳动产品的占有、分配、使用及再生产等活动,人们彼此之间便会形成一种不同于自然联系的人与人之间的社会关系。在马克思看来,正是这些社会关系的总和构成人之为人的本质。

此外,将剩余劳动视为使人与动物真正区别开来的东西,并不是对人特有的制造工具的活动的否定,而是对其更为深入的说明。前面已经谈到,马克思曾说过,"就其萌芽状态来说",劳动资料(其中当然包含着劳动工具)

---

① 《马克思恩格斯全集》第3卷,人民出版社2002年版,第273页。
② 《马克思恩格斯全集》第30卷,人民出版社1995年版,第286页。
③ 《马克思恩格斯全集》第3卷,人民出版社2002年版,第272页。
④ 《马克思恩格斯文集》第1卷,人民出版社2009年版,第501页。

的使用和创造"已为某几种动物所固有,但是这毕竟是人类劳动过程独有的特征"①。换言之,有些动物可能进行着制造工具的活动,但这种活动并不是作为剩余劳动的劳动,而人类制造工具的活动是在满足了自身基本生存需要之后的活动,即剩余劳动。所以,恩格斯也说,在人从动物界分化出来的劳动过程中,这种劳动还不是"真正的劳动",真正的劳动是"从制造工具开始的"②。

二、剩余劳动蕴含着人的发展的价值追求

《1844年经济学哲学手稿》中的马克思认为:动物的生产只是"按照它所属的那个种的尺度和需要来构造",而人能够"按照任何一个种的尺度来进行生产,并且懂得处处都把内在的尺度运用于对象";"动物只生产自身,而人再生产整个自然界","动物的生产是片面的,而人的生产是全面的"③。之所以如此,是因为动物的生产是在直接肉体支配下进行的生产,而人不受肉体需要的影响也进行生产(并且只有这种生产才是人的"真正的生产"),正是在这种生产中,活动的全面特征得到了孕育和展现。另外,由于动物的生产是在直接肉体支配下的生产,所以它的产品直接从属于它的肉体;而人的生产是在不受肉体需要的影响也进行的生产——这种生产过程首先摆脱了自身肉体的支配,因而可以按照"任何一个种的尺度"甚至按照"美的规律"来进行,由此而形成的劳动产品也不是直接从属于他的肉体的,因而相对于动物对待自己产品的状况来说,人可以"自由地面对自己的产品"。换言之,在这种生产中,活动的自由特征也得到了孕育和展现。

实际上,马克思在《1844年经济学哲学手稿》中所说的人不受肉体需要的支配进行的生产即人的"真正的生产",正是他日后在《1857—1858年经

---

① 《马克思恩格斯文集》第5卷,人民出版社2009年版,第210页。
② 《马克思恩格斯文集》第9卷,人民出版社2009年版,第555页。
③ 《马克思恩格斯全集》第3卷,人民出版社2002年版,第273—274页。

济学手稿》中首次提出并使用的"剩余劳动"①的前身,而这种生产中所孕育和展现的人的活动的全面和自由特征,也正是剩余劳动自身所蕴含着的人的发展的价值追求。在《1857—1858 年经济学手稿》中,通过区分剩余劳动的"质"与"量"②,马克思还为人的发展找到了客观的量度。

首先,剩余劳动的"质"是人的全面发展水平的量度。一旦人开始摆脱自身直接肉体需要的支配,人的生产就可以突破自身自然物种的尺度,甚至可以按照"任何一个种的尺度来进行生产",这种生产当然是超过必要劳动的剩余劳动。而剩余劳动的"质"就直观地表现为剩余劳动产品的种类。剩余劳动产品的种类越多,表明人的活动越全面,从而人的全面发展的水平也就越高,反之则越低。此外,社会提供的剩余劳动产品的种类越多,还表明人的需求发展得越全面,反之亦然。由此,人的全面发展的程度包括人的活动和人的需求的全面程度,可以用剩余劳动的"质"来进行衡量。

其次,剩余劳动的"量"是人的自由发展水平的量度。同动物一样,人作为一种有生命的自然存在物,本身的活动不仅要受到外在自然界的自然规律的限制,而且要受到人自身的自然界的限制(如饥饿),倘若人类劳动的全部产品仅仅能够维持自身的基本生存(即停留于必要劳动),那么人将永远停留于这种限制之中。剩余劳动的出现(直观地体现为剩余劳动产品的出现)表明人开始摆脱自身自然界的限制(这种限制已经通过必要劳动被克服),因而是人获得的相对于自身的自然界来说的自由。剩余劳动产品的数量越多,表明人的活动越自由,人的自由发展水平就越高,反之则越低。在此意义上,剩余劳动的"量"可以成为人的自由发展水平的量度。

最后,剩余劳动的"质"与"量"还是生产力发展水平的量度。实际上,无论是剩余劳动的"质"还是"量",其提升都离不开人自身能力的发展,特别是人从自然界中获取物质生活资料的能力的发展。起初,马克思将人的

---

① 马克思是在《1857—1858 年经济学手稿》中首次提出并使用"剩余劳动"这一范畴的。参见《马克思恩格斯全集》第 30 卷,人民出版社 1995 年版,第 651 页,注释 163。

② 《马克思恩格斯全集》第 30 卷,人民出版社 1995 年版,第 388 页。

这种能力称为"人的本质力量"。他说,"工业的历史和工业的已经生成的对象性的存在,是一本打开了的关于人的本质力量的书",劳动过程则是"人的本质力量的公开的展示"①。而在《德意志意识形态》及其之后的著作中,"生产力"成为马克思所使用的重要概念,更是其唯物史观的核心范畴,其所表达的正是人在劳动过程中所展示出的客观物质力量。一般认为,生产力发展水平的高低可以通过生产工具(例如是手工工具还是机器)直观地表现出来,但手工工具与机器的区别,本质上是使用手工工具和使用机器所生产出的劳动产品特别是剩余劳动产品的区别,因此,生产力发展水平归根到底要通过剩余劳动的"质"与"量"来衡量。而生产力本质上是人的力量,生产力的发展本身代表的就是人自身力量的发展,在此意义上,作为生产力发展水平量度的剩余劳动的"质"与"量",本质上反映的是人的自由全面发展的程度。

然而,正如前文所指出的,将必要劳动视为人类生存的基础、剩余劳动视为人类发展的前提,都是在将人类视为一个整体的意义上而言的。在历史进程中,剩余劳动的出现生成了人们之间的社会关系,对剩余劳动的争夺导致了社会的分化和阶级的产生,在此过程中,剩余劳动产品的种类和数量的增多虽然促进人们在整体上的自由全面发展,但对于直接进行生产的劳动者来说,由于其剩余劳动及其产品被社会中的统治阶级所占有,因而这种剩余劳动的发展并没有给他们带来自由全面发展的促进;相反,他们可能陷入更加严重的奴役、更加片面的发展的状况之中,由此产生了人类历史进程中的人的发展悖论问题。

三、剩余劳动与人的发展悖论

人的发展悖论问题归根到底是剩余劳动的生产与处置问题。一方面,剩余劳动出现之后,人们之间围绕剩余劳动的生产与处置活动而形成了一

---

① 《马克思恩格斯全集》第 3 卷,人民出版社 2002 年版,第 306—307 页。

定的社会关系,对于直接生产的(特别是被剥夺了剩余劳动产品的)劳动者来说,他的生产活动不仅要受到自然界的自然规律的支配,而且要受到这种社会关系力量的支配,由此形成了人的自由发展悖论;另一方面,剩余劳动的出现意味着人开始摆脱自身肉体需要的直接支配、可以突破自身物种的尺度来进行生产,因而蕴含着活动的全面性。但对于直接生产的劳动者来说,为了生产出更多的剩余劳动产品(特别是剩余价值),通过分工来提升生产效率于是成为生产发展的客观要求,随着分工越来越深入,劳动者的劳动越来越被限制在一个狭小的领域,甚至某些特定的操作上,由此造成了人的片面的发展,人的全面发展悖论由此生成。在历史进程中,人的发展悖论问题直观地表现为一个劳动者深陷其中的"物役迷局",即劳动者受到劳动产品的奴役。

对于这种"物役迷局",早年的马克思曾用"异化劳动"来进行描述,而对于如何走出这种"物役迷局",马克思在当时只能借助于辩证法给出一个逻辑上的构想,即私有财产(异化劳动构成其直接原因[①])在历史过程中的积极扬弃。此后,通过阐明历史的现实前提以及在此基础上对历史发展规律的揭示,特别是在此过程中所形成和使用的阶级分析方法,为我们理解这种"物役迷局"的生成机制以及如何走出这种"物役迷局"提供了科学的思想资源。

首先是这种"物役迷局"的生成机制。作为奴役劳动者的劳动及其产品,本质上是剩余劳动及其产品。如前所述,剩余劳动出现之后,社会开始分化,阶级社会开始生成。在阶级社会中,一部分人作为统治阶级依附于社会生产系统之上,主要依靠攫取社会的剩余劳动来维持其生存和发展;另一部分始终是占人口大多数的普通劳动者,他们不仅要为自己的生存与延续进行必要劳动,而且要为统治阶级进行剩余劳动,这些被统治阶级所攫取的社会剩余劳动及其产品一方面生产和再生产出了统治阶级本身,另一方面

---

① 《马克思恩格斯文集》第 1 卷,人民出版社 2009 年版,第 167 页。

也再生产出了他们进行阶级统治（包括经济统治、政治统治、意识形态统治）的物质基础。在此过程中，剩余劳动产品成为这种社会阶级关系的物质载体，因而对于劳动者来说，他们的劳动生产出了统治他们的物质力量，他们进行的劳动越多，这种物质力量就越大，表现为一个他们无法摆脱的、身陷其中的"物役迷局"。

其次，劳动者在这种生产过程中所展示出来的物质力量即生产力，本来是他们共同活动的力量、他们自身的本质力量，但由于个体与共同体之间的分裂（表现为由分工的发展所产生的单个人或单个家庭的利益与所有交往的个人的共同利益之间的分裂），这种力量对直接生产的个体来说，表现为一种异己的和不依赖于他的力量，因而不仅不是他们自身联合起来的活动的产物，反而成为在他们之外的一种强制力量，"这种力量压迫着人，而不是人驾驭着这种力量"①。在此意义上，个体与共同体的分裂甚至彼此对立（共同体在这里表现为虚假的、虚幻的共同体）可视为形成这种"物役迷局"的重要原因。从阶级分析法来看，这种同直接生产的劳动者相对立的共同体所代表的共同利益，实际上是统治阶级的利益，正如马克思和恩格斯所指出的，"每一个力图取得统治的阶级"，"必须首先夺取政权，以便把自己的利益又说成是普遍的利益"，表现为"国家这种虚幻的'普遍'利益"②。

最后是走出这种"物役迷局"的可能性及条件。"物役迷局"的生成与剩余劳动出现之后社会分化为不同阶级密切相关，因此，要走出这种"物役迷局"，首先要扬弃社会分化为阶级。社会分化为不同阶级从根本上说源于生产的不够发展，源于剩余劳动太少，但随着社会生产的发展，特别是资本主义社会生产的发展所塑造出的高度发达的、社会化的生产力发展水平，使劳动者从这种"物役迷局"中走出来的"可能性现在第一次出现了"："通过社会化生产，不仅可能保证一切社会成员有富足的和一天比一天充裕的

① 《马克思恩格斯文集》第1卷，人民出版社2009年版，第537页。
② 《马克思恩格斯文集》第1卷，人民出版社2009年版，第536—537页。

物质生活,而且还可能保证他们的体力和智力获得充分的自由的发展和运用"①。另外,要使这种可能性成为现实,其所需要的条件除了高度发达的、社会化的生产力发展水平之外,还要有生产资料的"社会占有",正如恩格斯所说:"一旦社会占有了生产资料,商品生产就将被消除,而产品对生产者的统治(即所谓的'物役迷局'——笔者注)也将随之消除"②。在此过程中,个体之间的生存斗争停止了,阶级分化与各阶级之间的斗争被扬弃了,个体与共同体实现了新的同一,人们成为"自身的社会结合的主人",而那种"至今一直统治着历史的客观的异己的力量,现在处于人们自己的控制之下了"。在恩格斯看来,这一过程的实现也即"必然王国"向"自由王国"的飞跃。

以上是依据马克思和恩格斯所留下的文本,以马克思在《1857—1858年经济学手稿》中首次提出的"剩余劳动"为基本线索而展开的对人的发展及其价值追求的一般考察。这种围绕剩余劳动而展开的关于现实的人及其历史发展的思想,在马克思的政治经济学研究中得到了进一步深化,其关键环节就是对资本主义生产方式下的剩余劳动的分析,即从剩余劳动到剩余价值的分析。在此过程中,马克思揭示出了资本主义社会的经济运行规律,即剩余价值规律,在此基础上,这一思想最终升华为了"关于现实的人及其历史发展的科学"③。《1857—1858 年经济学手稿》正是这种努力的体现,也是这种努力所取得的初步成果的记录。

---

① 《马克思恩格斯文集》第 9 卷,人民出版社 2009 年版,第 299 页。
② 《马克思恩格斯文集》第 9 卷,人民出版社 2009 年版,第 300 页。
③ 《马克思恩格斯文集》第 4 卷,人民出版社 2009 年版,第 295 页。

第二篇　马克思人学思想在经济学中的升华

在经济运行过程中揭示人与人之间关系的生成与演变是马克思经济学说的鲜明特征,这一特征既是马克思构建其经济学说的人学基础所决定的,又是其实现人的解放和人的自由全面发展的理论主旨所要求的。从记录马克思创立其经济学核心理论的文献即《1857—1858 年经济学手稿》来看,基于马克思创立其经济学说的人学基础,在对资本主义社会经济运行规律进行探索的过程中,马克思的人学思想得以升华为科学的经济学理论,主要体现在三个方面:一是基于社会分工条件下人的二重性存在思想,马克思"严密地论证"并"彻底地发展"了古典经济学的劳动价值论,创立了以劳动二重性学说为主要特征的科学的劳动价值理论,从而为其揭示资本主义经济运行规律提供了科学的理论基础;二是在此基础上对资本主义生产方式下劳动者剩余劳动(相对于构成人类生存基础的必要劳动来说,它是人类得以发展的前提)的生产、流通、分配和使用等方式进行了考察,在此过程中揭示出了支配资本主义经济运行过程的剩余价值规律;三是通过对"资本的历史使命"的追问,在资本主义经济运行规律的基础上阐明了资本主义经济运行过程中所生成的人的解放的物质条件和主体条件,由此使马克思的人学思想成为了关于现实的人及其历史发展的科学。

基于上述内容,本篇分为三个部分:第一部分为"马克思的劳动价值论与人的二重性(第四章)";第二部分为"剩余劳动与剩余价值理论的建构(第五章)";第三部分为"资本的历史使命与人的解放条件的生成(第六章)"。

第四章　马克思的劳动价值论与人的二重性

　　马克思政治经济学理论的创立离不开对前人研究成果的"批判地继承"。对此,列宁曾指出:"马克思以前的古典经济学是在最发达的资本主义国家英国形成的。亚当·斯密和大卫·李嘉图通过对经济制度的研究奠定了劳动价值论的基础。马克思继续了他们的事业。他严密地论证了并且彻底地发展了这个理论。"①实际上,马克思对前人研究成果的这种批判地继承首先就体现在劳动价值学说上。那么,劳动价值学说是如何产生的? 亚当·斯密和大卫·李嘉图是如何为这一学说奠定基础的? 马克思又是基于怎样的认识,从而能够"严密地论证"并"彻底地发展"这个理论的? 在对上述问题进行考察的过程中,本章试图揭示马克思的人学思想特别是其关于人的存在的二重性思想在其中发挥的重要作用,并阐明其在马克思政治经济学中的运用和发展。

第一节　劳动价值学说溯源

　　任何一种学说的产生都有其现实土壤。在自然经济条件下,偶然间进行交换的产品通常是作为剩余劳动产品而存在的,人们之间的交换主要是剩余劳动产品的交换,这种交换之所以能够进行,主要是因为交换的双方彼

---

① 《列宁选集》第 2 卷,人民出版社 1995 年版,第 311—312 页。

此需要对方的产品,因而进行互通有无。在这种条件下,对产品交换过程中所遵循的原则的思考并没有真正进入人类思想的议程。当然,这并不是否认某些先进的头脑所进行的相关思考,例如,被马克思称为"在这里闪耀出他的天才的光辉"的亚里士多德发现了不同产品在交换过程中的"等同关系",但亚里士多德所处的时代阻碍了他的进一步分析,反映在理论上,就是"价值概念"的缺失。马克思认为,要在理论上揭示这种原则,"只有在这样的社会里才有可能,在那里,商品形式成为劳动产品的一般形式,从而人们彼此作为商品占有者的关系成为占统治地位的社会关系"①。换言之,对产品交换过程中所遵循的原则的思考需要具备现实的土壤,这种土壤在以自然经济为主要经济形式的社会中是不具备的。

一、劳动价值学说的产生与流变

劳动价值学说产生于商品经济逐步形成的社会历史进程中。随着产品的生产逐步变为商品生产,商品交换越来越普遍化,于是,关于商品交换过程中所遵循的原则的探究开始进入人类思想议程,这一问题首先以"公平价格"的方式提了出来。

所谓"公平价格",即交换过程中反映商品自身价值或"实际所值"的价格。从人们作为商品生产者而进行活动的观点出发,中世纪的一些经院哲学家对这一问题进行了探讨,他们认为,商品生产者作为卖者在市场上出售自己的产品所得到的价款(同时是买者所支付的价款),应当同产品自身价值或"实际所值"相一致。换言之,买卖过程中支付的价格同这一价值之间的任何背离,都是对卖者或买者的不公平。而由于出售商品所得到的价款通常直接归它的生产者,所以商品自身的价值或"实际所值"就是生产商品的费用和劳动,"中世纪公平价格的组成因素主要是生产者的各项成

---

① 《马克思恩格斯文集》第 5 卷,人民出版社 2009 年版,第 75 页。

本——特别是所耗费的劳动"①,它构成"公平价格"的自然基础。然而,随着商品生产与商品交换的发展,独立于生产过程的商人阶层开始出现,并在社会生活中发挥越来越重要的作用。不同于商品生产者,商人致力于出卖物品以换取多于其所付出的成本,由此对反映商品生产成本即商品自身价值或"实际所值"的"公平价格"观念提出了挑战:一方面,经院哲学家们将商人的活动视为有违"公平价格"的不光彩的活动,是买卖过程中的欺骗行为;另一方面,他们又很难对商人这种有用的社会活动方式进行公开谴责。面对这一棘手问题,阿奎那试图从理论上进行解答,他首先追述了亚里士多德对两种交换形式的区分(一种是为了生活的需要而进行的交换;另一种是为了获利而进行的交换,即贱买贵卖),并指出,一个人贱买贵卖至少有两种方法可以逃避道义上的谴责:第一,他可以把收益用于某种必需的或正当的用途,例如维持家庭生活或帮助穷人;第二,他可以合法地以高于买进时的费用来出卖一些东西,但前提是他在最初买进时并无转手卖出的意图,而只是到后来才希望卖掉它,并且这期间,他对这东西进行了改进,或者由于时间地点的变化,该物品的价格有了变动等。总之,如果商人的行为尽可能同商品生产者一样,他就可以逃避道义上的谴责。阿奎那的这种努力表明,商人的活动已经到了那个时代不得不承认的地步,尽管在中世纪的经院哲学家那里多少还有点勉强的性质。

随着商人阶层的崛起和中世纪后期国内外贸易的巨大发展,将生产成本作为自然基础的"公平价格"观念逐步丧失了对人们头脑的控制力。如何为商人收益提供合法性说明以适应不断扩大的商业的需要开始成为理论家们的任务。在此情况下,产生了以重商主义学派为代表的商品价值学说。他们认为,市场价格所反映的就是商品价值,而商品的价值决定于其对市场中的买者的效用。由此,在考虑商品的价值时,应当依据它的市场价格,而不是它的生产成本。这是因为,当时"生产主要还是掌握在自有生产资料

---

① 〔英〕米克:《劳动价值学说的研究》,陈彪如译,商务印书馆1963年版,第8页。

的劳动者手里"①,商人对生产过程和生产成本还是无法控制的。但是,社会经济的发展很快使这种情况发生了变化,表现在两个方面:一方面,市场竞争的加剧使得商人越来越难以利用差价的方式来赚取足够的利润了,由此,对生产本身实行某种控制变得越来越必要;另一方面,从自有生产资料的劳动者中分化出了一些人,他们一方面是工厂主,另一方面是商人。在上述社会经济发展的变革过程中,一个重要的前提是大量的雇佣劳动者的存在,因为只有在大量的直接生产者被剥夺了生产资料之后,把他们的劳动通过这种生产形式组织起来才成为可能。实际上,这种生产组织形式所描绘的正是资本主义的生产方式。在资本主义生产方式下,通过资本所组织起来的劳动者的劳动显示出其巨大的生产潜能——正是在对这种生产能力的分析与揭示中,古典政治经济学开启了它的时代。

由于古典政治经济学家们所关注的是生产,由此使得之前用生产成本来解释商品价值的分析又开始流行了起来,生产成本特别是制造业的生产成本,越来越受到人们的重视。但在对商品价格进行探究的过程中,古典政治经济学家们所关注的既非中世纪宗教哲学家们的"公平价格",也非重商主义学派所关注的市场价格,而是商品的"自然价格"。所谓商品的"自然价格",即包含着资本正常利润的价格。在以前的时代,资本的利润特别是商人资本的利润表现为一种"让渡利润",也就是通过贱买贵卖所获得的收益,这个时候的商人是独立于生产领域之外的。但是,18世纪的古典政治经济学家们所面对的商人已经是使用资本雇用劳动者来进行生产的资产者了。这个时候的资本利润,开始被认为是阶级收入的一般范畴,它由使用资本去雇用生产的劳动者而获得。这种含着资本正常利润的商品的"自然价格"不同于市场价格,在竞争条件下,商品总是趋向于按照其"自然价格"出卖,"自然价格"表现为市场价格波动所环绕的中心,经常吸引市场价格趋向于它。

---

① 《马克思恩格斯文集》第7卷,人民出版社2009年版,第1023页。

在对商品"自然价格"的阐发过程中,古典政治经济学家还进一步探究了反映为"自然价格"的生产成本自身的决定因素,即商品的价值的决定因素。根据米克在《劳动价值学说的研究》一书中的考证,在斯密的《国民财富的性质和原因的研究》问世之前,一本于 1738 年匿名出版的题为《关于货币利息一般问题的几点意见》的小册子中表述了当时关于商品价值的"最高明的说法",集中体现在以下一段文字中。

> 各种生活必需品之真正和实际的价值,是比例于它们对维持人类生活所做出的贡献;它们互相交换时所依据的价值,是由生产它们所必要的和通常耗费的劳动数量决定的;它们用来进行买卖,并用来和一个共同的交换媒介物进行比较的价值和价格,是受生产时所使用的劳动的数量支配的,但同时也受交换媒介物或共同尺度的数量多少的支配。水是生活必需品不亚于面包和酒,但上帝赐予人类的水是那样多,每一个人都可以得到足够的水而不会有任何困难,因而一般说来它是没有价格的。可是,假设某时某地须得花费劳动来取水供应某些人需要的话,那末为供应水所花费的劳动就必须得到补偿,虽然水本身是不要代价的。因为这个道理,一吨水在某些时候或某些地方也可能和一吨酒一样的贵重。①

在米克看来,这段文字中传递出如下信息,包括:1. 关于商品使用价值的定义;2. 关于商品交换价值的决定方法;3. 关于商品的货币价格的决定方法;4. 用实例说明,一种具有使用价值的东西除非为它的生产投入了劳动,否则它通常没有交换价值。② 其中,商品的价值要通过劳动本身的耗费所赋予的观点,代表了古典政治经济学家们的普遍观念,商品的价值要通过生

① 《关于货币利息一般问题的几点意见》,第36—37 页,转引自[英]米克:《劳动价值学说的研究》,陈彪如译,商务印书馆 1963 年版,第43 页。

② 参见[英]米克:《劳动价值学说的研究》,陈彪如译,商务印书馆 1963 年版,第43—44 页。

产商品所必要的劳动在社会总劳动中所占的比例来决定的观点,代表了古典政治经济学家在商品价值认识上的最高成就。简言之,对于整个社会来说,商品生产唯一的真实成本,就是人类劳动的耗费。在财富的创造过程中,虽然劳动必定要和土地结合起来,即"劳动是财富之父,土地是财富之母",但创造价值却是劳动所独有的特权。建立在这一观念上的商品价值学说,可视为劳动价值学说的雏形和初步表达。

综上,劳动价值学说产生于商品经济逐步形成的社会历史进程,在此过程中,人们对价值问题的关注经历从"公平价格"到市场价格再到"自然价格"的转换,这种转换反映出人们对商品交换过程中所遵循的原则的认识的逐步深化。在此基础上,亚当·斯密和大卫·李嘉图对这一问题进行了更为系统和深入的思考,这些思考一方面奠定并丰富了劳动价值学说的理论基础,另一方面又为马克思继承并发展这一学说提供了思想资源。

二、斯密的劳动价值学说

斯密对劳动价值学说所进行的系统思考较为集中地表述于《国民财富的性质和原因的研究》一书第一篇第五、六、七及之后的章节中。在对"分工"和"货币的起源及其效用"进行了讨论之后,斯密说:"我现在要讨论人们在以货币交换货物或以货物交换货物时所遵循的法则(在斯密看来,这些法则决定了商品的相对价值或交换价值——笔者注)"①了。在此过程中,斯密主要形成并表述了如下认识。

第一,区分了使用价值和交换价值,认为二者之间并无直接关系。斯密认为,在讨论支配商品交换过程的原则时,首先要区分两种"价值",其一是某种物品对人来说所具有的效用;其二是因占有某物而享有的对其他货物的购买力。前者即物品的使用价值,后者属于交换价值。斯密认为,使用价

---

① [英]亚当·斯密:《国民财富的性质和原因的研究》(上卷),郭大力、王亚南译,商务印书馆1972年版,第25页。

值的大小与交换价值之间并无直接关系,对此,他举了水和金刚钻的例子——"水的用途最大,但我们不能以水购买任何物品,也不会拿任何物品与水交换。反之,金刚钻虽几乎无使用价值可言,但须有大量其他货物才能与之交换。"①在此基础上,斯密对商品交换过程中所遵循的原则的探讨就变成了对支配商品交换价值的原则的探讨,物品的使用价值则被排除于这一探讨之外。

第二,对商品的"真实价格"和"名义价格"进行了区分,指出"劳动是衡量一切商品交换价值的真实尺度"②。对商品"真实价格"的内在本质的揭示是斯密在第五章(其标题为"论商品的真实价格与名义价格或其劳动价格与货币价格")为自己确立的理论任务。在对这一问题进行讨论的过程中,斯密首先指出,人的贫富差别主要体现在他在何种程度上享有人生的必需品和便利品;在分工完全确立的情况下,他所需要的必需品主要仰仗的是他人的劳动,因此,他是贫穷还是富有,主要看的是他能够支配(购买)多少劳动。在这一基础上,斯密提出,倘若一个人拥有自己不愿消费的某物而用其来交换他物时,该物品的价值就是它能购买到的劳动的量,换言之,劳动在这里被当作衡量一切商品交换价值的真实尺度。斯密认为,劳动是取得某物所付出的代价,即获得某物的"辛苦和麻烦",所谓以货物购买物品,就是用这种"辛苦和麻烦"即劳动来购买物品,因此,劳动是商品的"第一性价格",所谓商品的"真实价格",就是其劳动价格。在分析了商品的"真实价格"之后,斯密进一步指出,尽管劳动是商品交换价值的真实尺度,但用它来"确定两个不同的劳动量的比例,往往很困难",因为不同劳动的"困难程度和精巧程度"③不同。在实际的交换中,特别是在货币成为"商业上的一

① [英]亚当·斯密:《国民财富的性质和原因的研究》(上卷),郭大力、王亚南译,商务印书馆1972年版,第25页。
② [英]亚当·斯密:《国民财富的性质和原因的研究》(上卷),郭大力、王亚南译,商务印书馆1972年版,第26页。
③ [英]亚当·斯密:《国民财富的性质和原因的研究》(上卷),郭大力、王亚南译,商务印书馆1972年版,第26—27页。

般媒介"之后,商品的交换价值就通常用"货币量"来计量,这种用货币所表示的商品价格就是商品的"名义价格"[因为货币(金或银)的价值也是不断变动的]。因此,斯密特别强调说:"只有本身价值绝对不变的劳动,才是随时随地可用以估量和比较各种商品价值的最后和真实标准。"[①]

第三,讨论了商品价格的构成,指出工资、利润和地租是商品价格的三个组成部分。揭示商品价格(即斯密所说的"真实价格"、交换价值或价值)有哪些组成部分是斯密在第六章为自己确立的理论任务。在这一章,斯密首先提出:在土地尚未私有、资本积累尚未发生的人类社会的早期,劳动是交换价值的唯一标准,其大小取决于劳动时间(与此同时,还要考虑劳动条件的艰苦程度以及劳动所需要的技巧和智能程度)[②]。在此情况下,劳动的全部产物都属于劳动者自己,其劳动产品的价格就是生产这些劳动产品所需劳动量所决定的那个价格,体现为劳动者的"劳动工资"。商品的价格就是由劳动者的"劳动工资"构成的。在此基础上,斯密重点讨论了资本积累和土地私有出现之后商品的价格构成。首先是资本积累出现之后的资本的"利润"。在斯密看来,"资本一经在个别人手中积聚起来,当然就有一些人,为了从劳动生产物的售卖或劳动对原材料增加的价值上得到一种利润,便把资本投在劳动人民身上,以原材料与生活资料供给他们,叫他们劳动",在此条件下,劳动产品的售出价格必须在支付原材料和劳动工资之外还有剩余,这种剩余被当作利润而给予企业家。在斯密看来,资本的利润并不是企业家因监督和指挥劳动而获得的工资,因为利润的取得所遵循的原则与工资的取得所遵循的原则截然不同:工资的取得是同劳动的数量、强度和技巧成比例的,利润的取得则完全受资本大小的支配。在此情况下,劳动所生产的东西不再全部属于劳动者,而需要由劳动者和资本所有者共同分

① [英]亚当·斯密:《国民财富的性质和原因的研究》(上卷),郭大力、王亚南译,商务印书馆1972年版,第29页。
② 参见[英]亚当·斯密:《国民财富的性质和原因的研究》(上卷),郭大力、王亚南译,商务印书馆1972年版,第42页。

享。其次,当土地成为私有财产之后,土地所有者就会要求"地租",这是劳动者获准使用土地不得不付出的代价,由此,商品价格出现了第三个构成部分,即土地的"地租"。正是在此基础上,斯密断言:"在进步社会,这三者都或多或少地成为绝大部分商品价格的组成部分。"①

第四,讨论了商品的自然价格与市场价格之间的偏离,并试图揭示这种偏离的原因。在第七章(标题为"论商品的自然价格与市场价格"),斯密提出:在每一社会及其相邻近的地区,劳动的工资、资本的利润、土地的地租收入都表现为一种"普通率或平均率",它可以理解为工资、利润和地租在一定时期、一定地域范围的"自然率";如果商品在出售时的价格等于按照这种"自然率"支付的工资、利润和地租之和,那么,其出售价格就是其自然价格。然而,商品在市场上出售时的实际价格(或称市场价格)往往同其自然价格不一致,即自然价格与市场价值之间往往会出现偏离。关于这种偏离的问题,斯密认为,造成这种偏离的原因主要是商品的"实际供售量"和人们的"有效需求"。所谓"有效需求",即为了获得这一商品而愿意并能够支付商品的自然价格的需求,因而不同于"绝对需求"。在此基础上,斯密提出:当市场上某一商品的"实际供售量"小于人们的"有效需求"时,它的市场价格就会上升到其自然价格之上;反之,则会下降到自然价格之下。但因为市场的调节作用,每种商品的上市量自然会使自己适合于"有效需求"。因此,"自然价格是中心价格","尽管有各种障碍使得商品价格不能固定在这恒定的中心,但商品价格时时刻刻都向着这个中心"②。

此外,斯密还对影响工资率、利润率以及地租的相关因素进行了探究,但以上四个部分代表了他对劳动价值学说进行的主要思考。在这些思考当中,斯密对使用价值和交换价值的区分、对交换价值的真实尺度的思考、对

① 参见[英]亚当·斯密:《国民财富的性质和原因的研究》(上卷),郭大力、王亚南译,商务印书馆1972年版,第43—45页。
② 参见[英]亚当·斯密:《国民财富的性质和原因的研究》(上卷),郭大力、王亚南译,商务印书馆1972年版,第50—53页。

商品自然价格与市场价格关系的讨论,以及在此过程中对劳动量与劳动时间、供求和市场价格等的分析,为劳动价值学说的形成奠定了初步的思想基础。与此同时,斯密对于价值的阐述中又充满了"对立见解的痕迹",如他一方面主张价值由生产中所费劳动量决定,另一方面又说价值由交换所获得的劳动量来决定(实际上它们之间有很大的区别);又如他关于交换价值和价值的混同,等等。然而,这种状况似乎又是很正常的,正如恩格斯所指出的,"在政治经济学的创始人那里,这是很自然的事情,因为他必然要摸索、试验,努力克服刚刚开始形成的观念的混乱状态"①。

三、李嘉图的劳动价值学说

通常认为,在政治经济学的发展过程中,李嘉图的贡献主要有两个:一是他作为古典政治经济学的完成者,对价值决定于劳动时间作出了较为详细的表述,为劳动价值学说的形成奠定了重要的思想基础;二是在此基础之上着重讨论了资本主义的分配问题,在此过程中发现工人、资本家和土地占有者之间的经济利益上的对立,从而初步找到了资本主义社会阶级矛盾与阶级斗争的经济根源。在阐述这些内容的过程中,李嘉图时常会以同斯密对话的方式来进行,正如其在《政治经济学及赋税原理》一书"原序"中所写:"作者在反对一般承认的见解时,觉得必须特别讨论亚当·斯密著作中自己认为有理由操不同见解的段落。"②这一特征在其对价值问题的讨论中尤为突出。

在《政治经济学及赋税原理》第一章"论价值"中,李嘉图首先讨论的就是斯密关于使用价值和交换价值的观点:一方面,他同意斯密对使用价值和交换价值所做出的区分,认为二者之间并无直接关系的观点是正确的;另一方面,他又表达了自己不同于斯密的见解。在他看来,虽然使用价值不是

---

① 《马克思恩格斯文集》第 9 卷,人民出版社 2009 年版,第 246 页。
② 《大卫·李嘉图全集》第 1 卷,郭大力、王亚南译,商务印书馆 2013 年版,第 2 页。

"交换价值的尺度",但它对交换价值来说又是"绝对不可缺少的"东西。他说:"一种商品如果全然没有用处,或者说,如果无论从哪一方面说都无益于我们欲望的满足,那就无论怎样稀少,也无论获得时需要费多少劳动,总不会具有交换价值。"①换言之,使用价值虽不是衡量交换价值大小的尺度,但没有它便不会有交换价值。

在讨论了使用价值和交换价值的联系之后,李嘉图对交换价值的来源进行了探讨。在他看来,交换价值有两个来源:"一个是它们的稀少性,另一个是获取时所必需的劳动量"。它们所对应的是不同种类的商品。以"稀少性"为交换价值来源的商品,指的是通过劳动无法增加它们的数量的商品,如罕见的雕像、稀有的古钱等,其交换价值与生产它们所耗费的劳动量"全然无关",但它们只是商品总类中的极少部分。而大部分商品都是通过劳动获得的,即只要人们愿意投入劳动,这些物品几乎都可以无限制地增加——这类商品的交换价值,"几乎完全取决于各商品上所费的相对劳动量"②。在阐述这一观点的过程中,李嘉图又回到同斯密的对话中。前面已经谈到,斯密在讨论商品交换价值的"真实尺度"及其构成时曾指出,"劳动是衡量一切商品交换价值的真实尺度"③,在土地私有、资本积累尚未发生的早期社会,交换价值的唯一标准就是生产该物品的劳动的量,衡量劳动的量的大小的尺度是劳动时间,"二日劳动的生产物的价值二倍于一日劳动的生产物,两点钟的劳动的生产物的价值二倍于一点钟劳动的生产物,这是很自然的"④。对于斯密的这一观点,李嘉图给予高度评价,他说:"亚当·斯密如此精确地说明了交换价值的原始源泉",并提出:"这是政治经济学

① 《大卫·李嘉图全集》第1卷,郭大力、王亚南译,商务印书馆2013年版,第5—6页。
② 《大卫·李嘉图全集》第1卷,郭大力、王亚南译,商务印书馆2013年版,第6页。
③ 〔英〕亚当·斯密:《国民财富的性质和原因的研究》(上卷),郭大力、王亚南译,商务印书馆1972年版,第26页。
④ 〔英〕亚当·斯密:《国民财富的性质和原因的研究》(上卷),郭大力、王亚南译,商务印书馆1972年版,第42页。

上一个极端重要的学说。"①而后,他指责斯密没有将这一价值标准贯彻到底,而是"又树立了另一种价值标准尺度"②。实际上,斯密之所以会有价值尺度的双重标准,是因为他看到在生产过程中,劳动者的工资并不同他的生产物的价值相等,商品的价值并不比例于其中蕴含的劳动者的劳动,因此他主张,资本积累和土地私有产生后,商品的价值不再由生产它所耗费的劳动决定,而由它所能购得的或支配的劳动所决定。与斯密不同,李嘉图肯定商品中包含的劳动量是商品价值的标准,劳动时间是价值的唯一基础,并认为劳动决定价值的规律或原理不仅适用于过去,而且也支配着当前,尽管当前经济活动所表现出来的东西是与之相矛盾的。

在斯密看来,商品的价格(即斯密所说的"真实价格"、交换价值或价值)由工资、利润和地租三个部分组成。李嘉图认为,生产物的价值分解为工资、利润、地租的所得的情况并不否定生产中所耗费的劳动量决定商品价值这一原理,因为"影响商品价值的不仅是直接投在商品上的劳动,而且还有投在协助这种劳动的器具、工具和工场建筑上的劳动"③。这意味着,劳动创造的价值仍然是各种所得的唯一来源。从这一前提出发,李嘉图将工资看作工人及其家属的生活资料的价值,认为利润和地租是商品价值超过工人工资的余额部分,换言之,一切所得皆由劳动创造。并且,他站在资产阶级的立场上,力图证明地租的增加会给整个社会生产的进步造成危害。而对于工人的处境,他表现出一种漠不关心的态度。

虽然李嘉图基于的是资产阶级的阶级立场,但不能因此而否认他对劳动价值学说的发展所作出的贡献。按照米克的说法,"关于李嘉图在劳动价值学说史上的地位问题,可以从两方面加以考察:第一,他在进一步发展斯密学说方面的贡献,第二,他在多大程度上替马克思扫清了道路"④。实

---

① 《大卫·李嘉图全集》第 1 卷,郭大力、王亚南译,商务印书馆 2013 年版,第 7 页。
② 《大卫·李嘉图全集》第 1 卷,郭大力、王亚南译,商务印书馆 2013 年版,第 7—8 页。
③ 《大卫·李嘉图全集》第 1 卷,郭大力、王亚南译,商务印书馆 2013 年版,第 15 页。
④ [英]米克:《劳动价值学说的研究》,陈彪如译,商务印书馆 1963 年版,第 129 页。

际上,这两个方面都指向李嘉图价值学说的核心命题,即价值决定于劳动的量、决定于劳动时间。此前,斯密表述过这一观点,但他又提出了关于这一问题的另一种观点,即价值决定于它所能购得或支配的劳动,而斯密的后继者们通常都将斯密的观点作为自己的研究基础,而无视他在这一问题上的混乱。李嘉图指出了斯密在这一问题上的混乱,并坚定地发展了斯密关于价值决定于劳动的量的观点。对于李嘉图的这种贡献,马克思曾做过一个形象而深刻的描述——"他(指李嘉图,笔者注)向科学(指政治经济学,笔者注)大喝一声:'站住!'资产阶级制度的生理学——对这个制度的内在有机联系和生活过程的理解——的基础、出发点,是价值决定于劳动时间这一规定。李嘉图从这一点出发,迫使科学抛弃原来的陈规旧套"①。

第二节　马克思劳动价值论的标志:劳动二重性学说

在创立自己政治经济学理论的过程中,通过对古典政治经济学特别是斯密和李嘉图劳动价值学说的"批判地继承",马克思创立了自己的劳动价值理论,这一理论的核心内容正如马克思本人所指出的:"把商品归结为'劳动'是不够的,必须把商品归结为具有二重形式的劳动。"②事实上,劳动二重性学说不仅是马克思劳动价值论区别于以往价值学说的重要标志,也是其劳动价值论的核心内容。从马克思政治经济学理论的创立过程看,在《1857—1858 年经济学手稿》中,马克思开始制定他的劳动价值学说,并试图对其进行系统表述,集中体现在"货币章"、"资本章"之后补加进来的"价值"篇中;在之后出版的《政治经济学批判。第一分册》中,劳动二重性得到了"批判地证明";在《资本论》中,马克思又指出:"这一点(即劳动的二重

---

① 《马克思恩格斯全集》第26卷 II,人民出版社 1973 年版,第 183 页。
② 《马克思恩格斯全集》第49卷,人民出版社 1982 年版,第 51 页。

性,笔者注)是理解政治经济学的枢纽,因此,在这里要较详细地加以说明。"①理解马克思如何"严密地论证了并且彻底地发展了这个理论"②,需要我们回到上述文本。

一、劳动二重性学说的初步制定

在《1857—1858 年经济学手稿》中,马克思首先讨论的是当时流行的货币理论。蒲鲁东主义者阿尔弗勒德·达里蒙的著作《论银行改革》成为这种讨论的起点。马克思对达里蒙在这一著作中表述的关于货币的相关观点进行了回应和批判,主要体现在以下四个方面:

第一,依据对法兰西银行 1855 年 4 月 12 日至 9 月 13 日间贵金属储备数量和银行贴现证券数量的统计数据的对比,达里蒙得出了银行贵金属储备额的减少就是银行贴现证券额的增加的结论。在此过程中,他将银行持有的证券的价值的数字看作是"公众所感到的对银行服务的或大或小的需要"或"流通的需要"③。对此,马克思首先指出,银行持有的证券的价值的数字同"公众所感到的对银行服务的或大或小的需要"或"流通的需要"根本不是一回事,因为贴现汇票的数量及其波动表现的是信贷的需要,而流通的货币数量由完全不同的因素决定。继而,马克思认为,达里蒙在书中所依据的两栏统计数据(一栏为银行的金属储备栏,另一栏为银行的证券总存额的变动栏)所反映出的东西,实际上是"不需要用统计例证来说明的同义反复的事实"④,因为交到银行多少汇票,就要从银行取出多少金属货币。但即使是这种简单关系,达里蒙所用的数据表体现得也不清楚,它反倒表明两者的变动根本不是一回事。因此,"经济事实并没有验证他们的理论",

---

① 《马克思恩格斯文集》第 5 卷,人民出版社 2009 年版,第 55 页。
② 《列宁选集》第 2 卷,人民出版社 1995 年版,第 312 页。
③ 《马克思恩格斯全集》第 30 卷,人民出版社 1995 年版,第 59 页。
④ 《马克思恩格斯全集》第 30 卷,人民出版社 1995 年版,第 60 页。

"他们利用事实的方式倒是证明了他们的理论抽象是怎样产生的"①。换言之,达里蒙的货币理论的所谓的"现实"的基础,其实是对统计资料的滥用和随意解释。

第二,在达里蒙看来,由于具有金银货币发行和储备优势的法兰西银行在公众需要它的时候逃避了对公众的服务,造成了对流通和交换的破坏,因此,要消除社会经济运行过程中流通和交换的弊病,必须进行银行的改革,改变以金属货币为基础的银行组织。对于达里蒙的这一观点,马克思提出了如下"基本的问题"②:其一,能否通过改变流通的工具或组织来改造现存的生产关系及分配关系? 其二,在不触动现存的生产关系的前提下能否对流通进行这样的改造? 显然,以达里蒙为代表的蒲鲁东主义者对上述问题的回答是肯定的,他们正是希望通过改变银行组织、改变贵金属这样一种流通工具来实现生产关系上的革命。但实际上,流通关系同生产关系和分配关系之间具有内在联系,流通关系的变革是以生产条件的变革为前提的。因此,马克思认为,以达里蒙为代表的蒲鲁东主义者提供的只是"一套流通把戏",他们根本不明白生产、分配和流通之间是具有内在联系的。在马克思看来,货币本质上是一种生产关系,只要生产关系不改变,"任何货币形式都不可能消除货币关系固有的矛盾,而只能在这种或那种形式上代表这些矛盾"③。至于达里蒙对银行进行的指责——正当公众最需要银行的服务的时候,银行却使公众得到这种服务变得困难(通过提高贴现率和延长贴现的期限),马克思说,其实"不管银行发行可兑现的还是不可兑现的银行券,它都必须这样做"④。

第三,达里蒙提出,"一切弊病,都来自人们顽固地保持贵金属在流通和交换中的优势地位"⑤。换言之,资本主义经济危机的发生源于金银所享

①　《马克思恩格斯全集》第 30 卷,人民出版社 1995 年版,第 65 页。
②　参见《马克思恩格斯全集》第 30 卷,人民出版社 1995 年版,第 69 页。
③　《马克思恩格斯全集》第 30 卷,人民出版社 1995 年版,第 69—70 页。
④　《马克思恩格斯全集》第 30 卷,人民出版社 1995 年版,第 70 页。
⑤　《马克思恩格斯全集》第 30 卷,人民出版社 1995 年版,第 59 页。

有的特权,因此要防范和消除危机,就应当使一切商品都有资格成为流通工具。针对达里蒙的这一观点,马克思说:"仔细地研究"应当分为两个步骤:1."如果抛开货币不说,这类危机会呈现出什么样子";2."在这里既定的关系内,货币带来什么样的规定性"①。通过对"谷物歉收"形势下价格变动的分析,马克思提出:"在谷物严重歉收的情况下,大多数商品(包括劳动)的跌价以及由此产生的危机"只能"归结于供求规律",而不是像达里蒙之流那样将其"简单地归咎于金的输出,因为即使本国的金根本不输出,外国谷物根本不输入,跌价和危机还是会发生"②。换言之,造成危机的直接原因是社会供给和社会需求的矛盾,危机首先是"供求规律"作用的结果。在此基础上,加进金银货币来考察,所能得出的结论也只是金银本身只能在两个方面影响危机,其一,银行对金的输出所采取的措施,造成对国内流通的不利影响;其二,外国只愿意以金的形式接受资本,从而加剧了国内流通危机的严重程度。总体上看,其最终的结果是使危机的症状更加恶化。因此,所谓的金银特权并不是造成危机的原因,而金银货币却在一定程度上加剧了危机的严重程度。所以,"弊病"是不可能通过改造货币制度和消除金银流通特权克服的。

第四,在达里蒙看来,金属货币的特权被取消之后,采用所谓的"劳动货币"(即劳动者获得的标明一定劳动时间的"小时券")就可以消除资本主义社会的"弊病",彼时货币的其他形式被废除,每一种商品都可直接标为"X 劳动小时"。对此,马克思指出:"主张实行小时券的人的第一个基本错觉在于:他们以为只要取消实际价值和市场价值之间,交换价值和价格之间的名义上的差别……他们也就消除了价格和价值之间的实际差别和矛盾"——但实际上,"价格和价值的差别不只是像名和实的差别",也"不只是由于以金和银为名称,而是由于价值表现为价格运动的规律"③。因此,

---

① 《马克思恩格斯全集》第 30 卷,人民出版社 1995 年版,第 75 页。
② 《马克思恩格斯全集》第 30 卷,人民出版社 1995 年版,第 78 页。
③ 《马克思恩格斯全集》第 30 卷,人民出版社 1995 年版,第 86 页。

试图在商品经济中实行所谓的"劳动货币"来消除危机的提议是极其荒谬的。在此过程中,马克思还指出:"决定价值的,不是体现在产品中的劳动时间,而是现在必要的劳动时间。"①这意味着,一定商品上所标明的所谓"劳动时间"在不断变化的劳动生产效率的状况下,必然发生实际的升值或贬值,即这个劳动时间有时交换较多的劳动时间,有时又交换较少的劳动时间,由此造成的是更加严重的混乱。"由于价格不等于价值",但"价格必然是货币价格"②,于是揭示货币的产生和本质,就成为马克思接下来为自己确立的理论任务。

　　揭示货币的产生和本质,必然要回到对商品的分析。在这里,马克思主要分析的是商品作为价值和交换价值的规定,并在此基础上阐明货币的产生和本质。他首先指出:商品 a＝1 先令(即＝1/X 银),商品 b＝2 先令(即＝2/X 银),因此商品 b＝商品 a 价值的两倍,两者的价值比例是通过两者同一定量的第三种商品(银)相交换的比例得到表现的;商品的价值不同于商品本身,价值是一定劳动时间的对象化,是商品的一般交换能力和特有的可交换性,还是它的社会关系和经济上的质;不同商品本身具有不同属性,因而不可通约,但商品作为价值,其差别只是量上的差别,因而可按照一定的量的比例互相交换,即可以通约;可以通约的价值使商品取得了一个同自身有区别的存在、一个纯经济存在——商品的二重存在由此产生。作为同商品本身并列的特殊存在,交换价值是一切商品向之转化的东西,是作为一般等价物的货币③。在此基础上,马克思将货币看作是商品交换的产物,其本质上是在商品交换过程中表现商品社会关系的东西。此后,马克思又分析了货币关系的承担者(贵金属)、货币的职能、货币转换为资本等问题,并由此深入到了对资本主义生产和流通过程的考察中,而这种考察从根本上说是在"货币章"中得出的商品二重性、商品是使用价值和价值的对立统一体的

---

① 《马克思恩格斯全集》第 30 卷,人民出版社 1995 年版,第 83 页。
② 《马克思恩格斯全集》第 30 卷,人民出版社 1995 年版,第 88 页。
③ 参见《马克思恩格斯全集》第 30 卷,人民出版社 1995 年版,第 88—90 页。

基础上进行的。所以,马克思在这种考察过程中越来越意识到,在"货币章"之前应当首先设立"论交换价值的一篇"①或"关于交换价值本身那一章"②。因此,我们看到马克思在"货币章"和"资本章"之后补加了一个"价值"篇——遗憾的是,补加进来的"价值"篇开始不久就中断了。但是,我们能够在这一仅有的、非常简短的文字中看到马克思表述的如下重要思想③:

1."商品"是表现资产阶级社会财富的"第一个范畴"。

2."商品本身表现为两种规定的统一"。

3."商品的使用价值是既定的前提,是某种特定的经济关系借以表现的物质基础"。

第一点预示着,在以后的政治经济学著作中,马克思将把论述商品问题作为第一章的内容。第二点是马克思对商品二重性的指认,它为接下来阐明和系统论述劳动二重性学说奠定了基础。第三点表明,交换价值所表现的是社会关系,它以使用价值为前提和物质基础。上述观点在《政治经济学批判。第一分册》中被详细阐述。

二、劳动二重性的"批判地证明"

在完成《政治经济学批判(1857—1858 年手稿)》之后,马克思打算分册正式出版他的著作。为此,他在 1858 年 6 月制定出了一个写作的计划,即"七个笔记本的索引"④,在此基础上,他于 1858 年 8 月至 10 月间写了《政治经济学批判。第一分册》的初稿。1858 年 11 月到 1859 年 1 月间,他又对文稿进行了加工整理,并最终于 1859 年 6 月在柏林正式出版。在这部正式出版的著作中,马克思首先通过"序言"部分交代了自己的理论探索历程,特别是他在政治经济学领域进行研究的经过。在此过程中,马克思阐述

---

① 《马克思恩格斯全集》第 30 卷,人民出版社 1995 年版,第 144 页。
② 《马克思恩格斯全集》第 30 卷,人民出版社 1995 年版,第 155 页。
③ 参见《马克思恩格斯全集》第 31 卷,人民出版社 1998 年版,第 293—294 页。
④ 参见《马克思恩格斯全集》第 31 卷,人民出版社 1998 年版,第 299—312 页。

了用于指导他的研究工作的"总的结果"①,其核心是支配社会运行的基本规律,即生产力同生产关系、经济基础同上层建筑的矛盾运动规律。在此基础上,他指出,资产阶级社会生活条件在生长出对抗的同时,也"创造着解决这种对抗的物质条件"。进入正文,马克思从对商品的分析开始,并在这里第一次较为完整地阐述了他的劳动二重性学说②。这一过程包括如下具体环节。

其一,马克思指出,商品是资产阶级财富的"元素存在",表现为使用价值和交换价值的统一体。接下来,他分别讨论了使用价值同商品、财富和交换价值三者之间的关系。在他看来,商品首先是使用价值,商品作为使用价值,其存在同它的自然存在相一致,只有在商品的消费过程中,这种价值才能实现。商品必须具有使用价值,而有使用价值的并不必然是商品。关于使用价值同财富的关系,马克思认为,虽然在人类历史不同阶段,财富具有不同的社会形式,但构成财富的内容的总是使用价值;关于使用价值同交换价值的关系,马克思在这里再次强调了使用价值作为交换价值"物质基础"的意义,并对二者的辩证关系进行了阐释。

其二,由商品的二重性追溯到劳动的二重性。这是马克思阐述其劳动二重性学说的核心环节之一。具体而言,一方面,商品作为使用价值"直接是生活资料",而且是满足千差万别的、各种不同的生活需要的生活资料,它们来源于人的对象化活动即劳动——对于这种生产商品的使用价值的劳动,马克思指出:"那种在物体上表现为使用价值的差别的东西,在过程中就表现为创造这些使用价值的活动的差别",因此,"不同的使用价值是不同个人的活动的产物,也是个性不同的劳动的结果";另一方面,作为交换价值,各种不同的商品都表现为同一个"统一物的结晶",因此,构成这个"统一物的结晶"的劳动,是一种没有质的差别的劳动——马克思将生产这

---

① 参见《马克思恩格斯全集》第31卷,人民出版社1998年版,第412—413页。
② 按照马克思在《资本论》中的提示,"商品中包含的劳动的这种二重性"就是在这里首先由他批判地证明的。

种价值的劳动描述为"相同的、无差别的劳动"、"抽象一般的劳动",并提出,这种劳动是一种"没有劳动者个性的劳动"①。简而言之,使用价值和交换价值分别代表不同性质的劳动,前者代表的是个性不同的劳动,后者代表的是没有质的差别、没有个性的劳动。至此,马克思由商品的二重性追溯至劳动的二重性,并分析和明确了形成使用价值的劳动同形成交换价值的劳动的不同性质和特点,这些构成马克思劳动二重性学说发展的重要环节之一。

其三,指出"抽象一般的劳动"是构成交换价值的"实体"的劳动,并详细探究了对其大小进行计量的标准。此可视为马克思阐述其劳动二重性学说的核心环节之二。在分析交换价值所表现的"抽象一般的劳动"(即没有质的区别而只有量的差异的劳动)的过程中,马克思说:它是一种"构成交换价值实体的劳动"②。对交换价值和交换价值的"实体"进行区分,是马克思劳动二重性学说发展的又一重要进展,它意味着,即作为交换价值的商品是交换价值的"实体"的表现。在此基础上,马克思提出,衡量交换价值的"实体"量的大小的标准是劳动时间(因为劳动时间"是作为量的存在的劳动的活的存在,同时带有这种存在的内在尺度"),并对如何理解这一问题进行了说明,主要包括以下三点。

1.劳动被简化为简单的、无质的劳动。关于这一点,马克思认为,这是用劳动时间来计量交换价值的前提。其中,将劳动"简化"为"无差别的、同样的、简单的"劳动,并非人们在思维进程中进行的抽象,而是一种"现实的抽象",因为它是每天都在生产生活过程中发生的事情。在此过程中,马克思提出,这种用劳动时间来计量的"无差别的、同样的、简单的"劳动,并不表现为许多不同主体的劳动,相反,"不同的劳动者个人倒表现为这种劳动的简单器官"。在这里,马克思将这种劳动称为"一般人类劳动",并认为它

① 《马克思恩格斯全集》第31卷,人民出版社1998年版,第421页。
② 《马克思恩格斯全集》第31卷,人民出版社1998年版,第422页。

存在于"平均劳动"中;同时,它还是一种"简单劳动",与之相对应的"复杂劳动"可以被视为这种"简单劳动"的复合①。

2.生产交换价值的劳动是社会劳动的一种特有方式②。在阐述这一观点时,马克思首先指出,交换价值由劳动时间决定是有"前提"的,即"一个商品所包含的劳动时间是生产该商品的必要劳动时间"。这意味着,当马克思说交换价值由劳动时间决定时,劳动时间特指的是"必要劳动时间"。而"必要劳动时间"所指向的是劳动的"社会规定",或称"社会劳动"的规定③,因为(1)这种劳动的无差别性不是个人劳动的无差别性和相同性,而是他们的劳动的相互关系,或者说,他们的劳动具有相同的社会性;(2)表现在交换价值中的劳动时间是"一般劳动时间",是每个人为生产同一商品都会耗费的、因而是大家共同的劳动时间,即"社会必要劳动时间"。在这里,"个人劳动直接表现为社会机体的一个肢体的机能"④,或者说,这种劳动是个别劳动的社会性;(3)表现为交换价值的物与物关系的背后,是人和人之间的社会关系。

3."以使用价值为结果的劳动"不同于"以交换价值为结果的劳动",二者之间存在"区别"⑤。马克思在这里明确提出,这种区别在于前者是"具体劳动",后者是"抽象劳动"。具体劳动与社会形式无关,它是人类生存的自然条件;抽象劳动是一种特有的社会形式的劳动,它从属于一种特定的社会联系和社会关系,这是具体劳动无法生产出来的。

其四,分析并指出了将交换价值归结为劳动时间所产生的几个规定,主要包括:1.商品的交换价值(即其中所包含的劳动时间的量)随着生产力水平的提高或降低成反比例的增加或减少;2.交换价值同使用价值的矛盾是由花费在商品生产上的劳动二重性决定的,归根到底反映了商品生产者的

① 参见《马克思恩格斯全集》第 31 卷,人民出版社 1998 年版,第 422—423 页。
② 《马克思恩格斯全集》第 31 卷,人民出版社 1998 年版,第 422 页。
③ 参见《马克思恩格斯全集》第 31 卷,人民出版社 1998 年版,第 424 页。
④ 《马克思恩格斯全集》第 31 卷,人民出版社 1998 年版,第 426 页。
⑤ 《马克思恩格斯全集》第 31 卷,人民出版社 1998 年版,第 422 页。

私人劳动和社会劳动的矛盾;3.货币的起源不应到商品交换所遇到的"外部困难"中去寻找,而应当从作为一般劳动或"社会劳动"的历史进程中去寻找。

其五,回顾并梳理了商品分析的历史,并指出:"把商品归结于二重形式的劳动","是古典政治经济学一个半世纪以上的研究得出的批判性的最后成果"①。虽然劳动二重性学说首先是由马克思在这里作出系统阐述的,但他没有贪古典政治经济学之功,而只是说,他所做的工作只是首先对商品中包含的劳动的二重性进行了"批判地证明"。这反映出马克思对待理论研究的严谨态度和科学精神。

三、对劳动二重性学说的详细说明

马克思在《资本论》初版序言中指出,《资本论》可视为他在1859年出版的《政治经济学批判》的续篇②。考虑到著作的完整性,在《资本论》第一卷第一章"商品"中,马克思重新对他已经在《政治经济学批判。第一分册》中阐述过的商品二重性思想进行了表述——按照他自己的说法,这里"更加科学而严密地从表现每个交换价值的等式的分析中引出了价值"③,即商品的二因素在这里直接被表述为"使用价值和价值"。关于"价值",马克思在《资本论》中主要阐述了以下四个方面的内容。

1.价值实体。在对商品交换价值的深入分析中,马克思在《资本论》中提出了"价值(商品价值)"的概念,他说:"在商品的交换关系或交换价值中表现出来的共同东西,也就是商品的价值。"而对于"价值",他首先阐述的是"价值实体"及其形成。马克思认为,"价值实体"即"无差别的人类劳动的单纯凝结",而价值之所以形成,"是因为有抽象人类劳动对象化或物化

---

① 《马克思恩格斯全集》第31卷,人民出版社1998年版,第445页。
② 参见《马克思恩格斯文集》第5卷,人民出版社2009年版,第7页。
③ 《马克思恩格斯文集》第5卷,人民出版社2009年版,第14页。

在里面"①。在《政治经济学批判。第一分册》中,马克思已经初步对交换价值和交换价值的"实体"②进行了区分,但由于缺乏了"价值"概念,抽象劳动所形成的东西被表述为交换价值的"实体"。这里提出的"价值实体",使马克思关于劳动二重性思想的表述更加精确化。换言之,抽象劳动形成商品交换价值的"实体"在这里精确化为抽象劳动形成商品的"价值实体"。

2. 价值的量。如前所述,抽象劳动形成价值实体,由此,价值的量的大小就取决于商品中所包含的抽象劳动的量的大小。在《资本论》中,马克思提出,衡量商品价值量(也即其中所包含的抽象劳动的量)大小的是"社会必要劳动时间",即"在现有的社会正常的生产条件下,在社会平均的劳动熟练程度和劳动强度下制造某种使用价值所需要的劳动时间"③。

3. 价值关系。如果说价值实体构成价值概念的物质内容(其大小可以用社会必要劳动时间来计量),那么,价值关系则构成价值概念的深层本质。马克思认为,价值关系体现在物上,或者说要通过物与物之间的交换体现出来,但它同商品的物理属性全然无关,它只是"人们自己的一定的社会关系",只是"在人们面前采取了物与物的关系的虚幻形式"④。简言之,人们之间一定的社会关系是价值概念的本质,但它却通过物与物的关系表现出来,呈现为物自身的社会属性。

4. 价值形式。价值关系是价值概念的深层本质,其"必然的表现方式或表现形式"⑤正是交换价值。在《政治经济学批判。第一分册》中,马克思就已经对价值形式进行了初步分析,在此过程中,指出货币的起源不应到商品交换所遇到的"外部困难"中去寻找,而应当从交换价值的发展、从作为一般劳动的社会劳动的发展中去寻找。在《资本论》中,通过对价值形式逻

---

①　《马克思恩格斯文集》第5卷,人民出版社2009年版,第51页。
②　《马克思恩格斯全集》第31卷,人民出版社1998年版,第422页。
③　《马克思恩格斯文集》第5卷,人民出版社2009年版,第52页。
④　《马克思恩格斯文集》第5卷,人民出版社2009年版,第90页。
⑤　《马克思恩格斯文集》第5卷,人民出版社2009年版,第51页。

辑发展进程(即从"简单的、个别的或偶然的价值形式"到"总和的或扩大的价值形式",再到"一般价值形式"和"货币")的详细分析,马克思科学地揭示出了货币的起源和本质,为他接下来分析资本提供了理论前提。

　　以上四个方面勾画出了马克思关于价值学说的基本框架,古典政治经济学理论中关于价值问题的混乱状态在这里得到了澄清。在上述过程中,马克思深感劳动二重性的重要——它是"理解政治经济学的枢纽",因此他认为,有必要在这里对这一学说进行详细说明。在《资本论》中,马克思以"1 件上衣和 10 码麻布"(并假定前者的价值是后者的两倍)为例,详细地分析了商品的使用价值以及生产这种使用价值的劳动的特征、商品的价值以及生产这种价值的劳动的特征,并指出:依据劳动二重性,商品的价值量可能随物质财富的量的增长而下降。从《资本论》中的叙述看,这里谈到了社会分工①,但基于社会分工所形成的人的二重性并没有在这里展开论述,而只是逻辑地从商品二重性分析中指出了劳动的二重性:

　　　　一切劳动,一方面是人类劳动力在生理学意义上的耗费;就相同的或抽象的人类劳动这个属性来说,它形成商品价值。一切劳动,另一方面是人类劳动力在特殊的有一定目的的形式上的耗费;就具体的有用的劳动这个属性来说,它生产使用价值。②

　　上述简要的表述中蕴含着一个明确的判断:商品的二重性是劳动二重性的结果,劳动的二重性是商品二重性的原因,即商品的二重性源于劳动的二重性,劳动的二重性导致了商品的二重性。这是马克思在《资本论》中对"体现在商品中的劳动的二重性"的分析所得出的核心内容。但如果说商品的二重性源于劳动的二重性,那么劳动的二重性又源于哪里? 在《资本

---

① 参见《马克思恩格斯文集》第 5 卷,人民出版社 2009 年版,第 55 页。
② 《马克思恩格斯文集》第 5 卷,人民出版社 2009 年版,第 60 页。

论》中，马克思并未对这一问题进行详细说明——需要指出的是，这里并不是对马克思的苛责，而只是客观地提出问题。实际上，就《资本论》特定的研究对象和研究任务而言，阐明上述内容就已经够了，但在深入理解马克思劳动二重性学说的过程中，提出这一问题却是非常必要的。

劳动的二重性源于哪里？简单地说，它源于社会分工条件下进行劳动的人的存在的二重性。人的二重性思想是马克思在《资本论》成书之前，特别是在《1857—1858 年经济学手稿》中所阐明的重要思想，只是因为特定研究内容和研究任务的需要，这部分内容未能进入到《资本论》中。但是，在马克思"严密地论证"并"彻底地发展"劳动价值论（体现为他的劳动二重性学说）的过程中，人的二重性思想在其中起着决定性作用。接下来，我们试图通过追问劳动二重性的根源来阐明人的二重性思想在马克思政治经济学中的运用和发展，即这一思想如何在经济学研究中升华为科学的理论以及这种理论经济学意义的人学向度。

第三节　劳动二重性学说经济学意义的人学向度

马克思本人对其劳动二重性学说有两个最重要的评价，一是在《资本论》中所谈到的"理解政治经济学的枢纽"，二是在写给恩格斯的信中提到的"我的书最好的地方"——其中之一便是："在第一章就着重指出了按不同情况表现为使用价值或交换价值的劳动的二重性（这是对事实的全部理解的基础）"[1]。这两个评价足以表明劳动二重性学说的经济学意义。具体而言，劳动二重性学说明确了具体劳动和抽象劳动在商品生产中所起的不同作用，第一次明确了什么样的劳动形成价值；与此同时，劳动二重性学说同资本有机构成理论、资本积累理论、社会资本再生产理论等马克思政治经济学一系列重要理论的创立也存在着密切的思想关联。需要指出的是，马

---

[1]　《马克思恩格斯全集》第 31 卷（上），人民出版社 1972 年版，第 331 页。

克思的政治经济学是服务于现实的人及其解放的,现实的人及其历史发展的思想不仅是其政治经济学研究的人学"出发点"——赋予其经济学理论以特有的人学底色,由此还使其理论的经济学意义具有了特有的人学向度,反映为其人学思想在经济学中的升华。劳动二重性学说正是这种典型之一。

一、从人的二重性到劳动的二重性

就马克思的劳动价值论而言,人们一般从经济思想史的角度来阐明其如何形成,即关注马克思如何"严密地论证"并"彻底地发展"古典经济学家特别是亚当·斯密和大卫·李嘉图的理论(这无疑是必要的),而较少地去追问其背后的深层根源。反映在理论上,就是仅仅从商品的二重性分析中得出劳动的二重性,即商品的二重性源于劳动的二重性,而没有进一步追问劳动二重性的根源。那么,劳动的二重性源于哪里? 对于这一问题,马克思1857 年写作的《〈政治经济学批判〉导言》中有明确提示。

在《导言》中,马克思开篇就提出经济学研究的"出发点"是"这些个人的一定社会性质的生产",然而,斯密和李嘉图等人只是以"单个的孤立的猎人和渔夫"[1]为出发点来构建自己的理论体系。在这里,"单个的孤立的猎人和渔夫"表明的正是斯密和李嘉图对进行生产的个人的非历史理解,其主要缺陷有二:第一,只看到表层的个人而看不到他们身处于其中的社会关系;第二,无从了解这种社会关系的历史性质。因此,这种"个人"被他们理解为合乎自然的个人。可以说,正是出发点上的这种缺陷,导致了斯密和李嘉图经济学理论上的种种局限,这种局限具体地反映在劳动价值论上,就体现为他们将商品归结为劳动时所表现出的"模棱两可"的态度,由此导致他们在价值形式、价值的本质、源泉和价值量的决定等重大理论问题上陷入

---

[1] 《马克思恩格斯全集》第30 卷,人民出版社 1995 年版,第22 页。

各种混乱。而在马克思看来,"必须把商品归结为具有二重形式的劳动"①。之所以如此,从《导言》中的提示看,就体现为马克思对作为出发点的人的历史的理解:"我们越往前追溯历史,个人,从而也是进行生产的个人,就越表现为不独立,从属于一个较大的整体"。具体而言,表现为共同体的整体不仅有其自身发展的历史,个人与个人、个体与共同体之间的关系也处于历史发展的变动过程中。在马克思看来,"只有到 18 世纪,在'市民社会'中,社会联系的各种形式,对个人说来,才表现为只是达到他私人目的的手段,才表现为外在的必然性"②。事实上,这种产生单个的独立的个人的观点的时代(即斯密和李嘉图所着眼于其中的时代),恰恰是具有发达的社会关系的时代。由此,以"这些个人的一定社会性质的生产"为出发点的马克思不同于斯密和李嘉图,他所关注的主要有二:第一,这些生产的个人身处于其中的社会关系;第二,这种社会关系的历史性质。

从第一个方面看,这些生产的个人并不是合乎自然的个人,也不是相互独立的、没有内在联系的"原子",他们身处于一种特定的社会关系之中,这种社会关系是在商品生产和商品交换逐步发展过程中所形成的"价值关系":每个商品生产者都为他人生产产品,即把自己的生命对象化到产品上,而凝结着自身生命的产品又作为生活资料生产出他人的生命,由此构筑出个体与个体之间的内在联系——用生命生产生命的关系。因此,在商品生产占主导地位的社会生产中,个体与个体之间并不是没有社会联系的"原子",他们之所以表现为一个个孤立个人,是因为他们之间的社会联系采取了物与物的关系的形式,所以他们才表现为相互独立的、没有内在联系的"原子"。

从第二个方面看,这种社会关系并不是一种无历史的存在,它有自身的历史前提,更有其历史限度。在《1857—1858 年经济学手稿》中,马克思将这

---

① 《马克思恩格斯全集》第 49 卷,人民出版社 1982 年版,第 51 页。
② 《马克思恩格斯全集》第 30 卷,人民出版社 1995 年版,第 25 页。

种社会关系定位为人的发展的第二大阶段（"以物的依赖性为基础的人的独立性"阶段），其历史前提是第一阶段即"人的依赖关系"阶段的解体、商品生产和商品交换的发展，而随着生产的发展，当普遍的社会物质变换、全面的关系和多方面的需求以及全面的能力的体系得以建立起来的时候，这一阶段将走向其历史尽头，从而为"建立在个人全面发展和他们共同的、社会的生产能力成为从属于他们的社会财富这一基础上的自由个性"阶段所取代。①

实际上，贯穿于上述两个方面的人学思想，正是我们在第二章所详细论述的马克思关于个体与共同体的历史辩证法思想。这一思想经历了从《1844 年经济学哲学手稿》中的逻辑构想到《德意志意识形态》中的现实生成，再到《1857—1858 年经济学手稿》中的完善和深化的发展三个阶段。在社会分工已经有了比较充分发展并仍在大踏步前进的资本主义社会中，现实的人在社会中的存在具有了独特的二重性（个体性和社会性），这种具有独特的二重性的人在社会生产过程中表现为其生产活动的二重性（劳动的二重性），并通过其产品所具有的二重性体现出来（商品的二重性）。概而言之，如果说商品的二重性源于劳动的二重性，那么劳动的二重性则源于社会分工条件下进行劳动的人在社会中的二重性存在。其逻辑关系如下图所示：

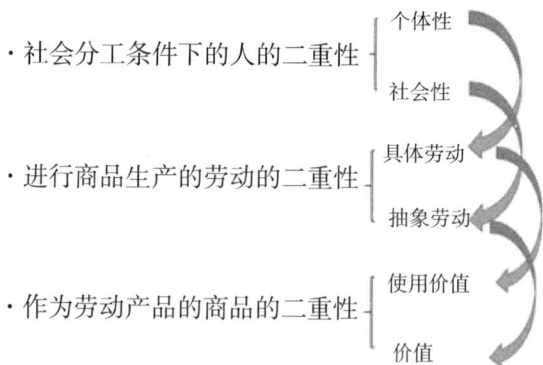

·社会分工条件下的人的二重性 — 个体性 / 社会性

·进行商品生产的劳动的二重性 — 具体劳动 / 抽象劳动

·作为劳动产品的商品的二重性 — 使用价值 / 价值

---

① 参见《马克思恩格斯全集》第 30 卷，人民出版社 1995 年版，第 107—108 页。

在《资本论》中，马克思从对商品的分析开始，这种分析从商品二重性中逻辑地深入到了劳动的二重性，按照这一做法，进一步地深入必然是社会分工条件下的人的二重性存在——简单来说，形成商品使用价值的具体劳动，其实是表现人的个体性的劳动，而形成商品价值的抽象劳动，正是表现人的社会性的劳动。

二、具体劳动：表现人的个体性的劳动

具体劳动是以生产使用价值为结果的劳动。就使用价值本身而言，它是物品满足人们某种需要的属性，是人的有目的的生产活动和自然物质结合的产物，它"总是必须通过某种专门的、使特殊的自然物质适合于特殊的人类需要的、有目的的生产活动"①才能创造出来。使用价值的这种独特属性决定了生产使用价值的具体劳动的特征。

一是由生产的目的和动机所赋予的具体劳动的特征。满足人的某种需要是生产使用价值的劳动（具体劳动）的目的和动机，但人的需要通常来说是个性化的——不仅不同主体的需要各不相同，同一主体在不同条件下的需要也具有差异性，因此，为满足这种个性化需要而进行的劳动，本质上是一种表现劳动者的个体性的劳动。在自然经济时代，这种劳动直接反映的是劳动者本身的个性化需要，这种个性化的需要通过对象化劳动过程，最终反映在产品的使用价值中。在商品经济时代，这种劳动并不直接反映劳动者本身的个性化需要，而是他人的需要，但这种需要本质上也是一种个性化的需要，因此，满足这种个性化需要的劳动同样被赋予了个体性的特征。对此，马克思曾有过生动的描述，他说："我在我的生产中物化了我的个性和我的个性的特点"；"我在劳动中肯定了自己的个人生命，从而也就肯定了我的个性的特点"②，等等。

---

① 《马克思恩格斯文集》第5卷，人民出版社2009年版，第56页。
② 参见《马克思恩格斯全集》第42卷，人民出版社1972年版，第37—38页。

二是由生产的过程和结果所赋予的具体劳动的特征。马克思曾举例说:"上衣是满足一种特殊需要的使用价值。要生产上衣,就需要进行特定种类的生产活动。这种生产活动是由它的目的、操作方式、对象、手段和结果决定的。"①具体到"上衣"上,这种活动就表现为"裁缝劳动",生产上衣的"裁缝劳动"过程不同于生产麻布的"纺织劳动"过程。也就是说,是不同质的劳动过程,最终在其结果上体现为不同质的使用价值。换言之,由具体劳动所形成的产品的不同使用价值,是产品的"质",就这一点来说,不同的使用价值之间具有不可通约性。而这种不同质的劳动过程及其结果,只能是劳动者的个体性的表现。

由此,生产使用价值的具体劳动,无论是从生产的目的和动机看,还是从生产的过程和结果看,都只能是表现劳动者的个体性的劳动,所以马克思说,这种劳动是"不同个人的活动"和"个性不同的劳动"②。

三、抽象劳动:表现人的社会性的劳动

在描述抽象劳动时,马克思说:它是"形成价值实体的劳动",它将全部的劳动力"当做一个同一的人类劳动力"③来使用的。因此,相对于表现人的个体性的具体劳动,抽象劳动则是一种表现人的社会性的劳动。社会性在这里具有两重维度:一是社会关系的维度,二是社会整体性的维度。

作为表现人的社会性的劳动,抽象劳动首先蕴含着独特的社会关系维度。在以自给自足为特征的自然经济条件下,劳动产品主要是作为使用价值进行生产的,这种劳动过程也生产社会关系,但这种社会关系不同于商品经济时代的社会关系——对此,马克思曾举例描述说:"在农村宗法式生产下,纺工和织工住在同一屋顶之下,家庭中女纺男织,供本家庭的需要,在家庭的范围内,纱和布是社会产品,纺和织是社会劳动。但是,它们的社会性

① 《马克思恩格斯文集》第 5 卷,人民出版社 2009 年版,第 55 页。
② 《马克思恩格斯全集》第 31 卷,人民出版社 1998 年版,第 421 页。
③ 《马克思恩格斯文集》第 5 卷,人民出版社 2009 年版,第 52 页。

不在于纱作为一般等价物去交换作为一般等价物的布……家庭联系同它的自然发生的分工在劳动产品上打上了自己特有的社会烙印。"①在商品经济时代,劳动产品是作为商品进行生产的,即为交换而进行生产,生产的直接目的是交换价值,使用价值的生产只是手段,为交换而进行的生产必须消解产品自身的质的差别,表现为生产一般等价物。在这种一般等价物的生产过程即抽象劳动过程中,其所表现的社会关系并不是以自然血缘关系为基础的家庭关系和等级制社会关系,而是商品交换过程中所体现出的"价值关系",体现在社会生活中,就是每个个体都作为平等的、独立的商品所有者而彼此发生联系。因此,马克思说:"生产交换价值的劳动"是"劳动的一种特有的社会形式","抽象一般劳动属于一种社会联系"②。

作为表现人的社会性的劳动,抽象劳动还蕴含着社会整体性的维度。这种社会整体性维度的重要体现,就是作为衡量抽象劳动的量的尺度的"社会必要劳动时间"。"社会必要劳动时间"不同于从事生产的个人的劳动时间,因此,这里的主体并不是个体的人,而是由一个个个体的人基于特定的社会关系所形成的共同体,即社会整体。在此意义上,马克思说:"这样的劳动时间究竟是哪一个个人的劳动时间是没有关系的。"③"社会必要劳动时间"所衡量的劳动"实际上并不表现为不同主体的劳动,相反地,不同的劳动者个人倒表现为这种劳动的简单器官"④。此外,之所以强调是"社会必要"劳动时间,其"必要"性也是相对于社会整体而言的。马克思在《资本论》中以"鲁滨逊"为例对此进行了说明:无论鲁滨逊生活多么简朴,他都通过各种有用劳动(如打猎、做工具、制家具、捕鱼等)来满足自己的各种需要,这些不同"需要本身迫使他精确地分配自己执行各种职能的时间"⑤。在这里,分配给执行某种职能的时间对他来说就是进行这种活动的

① 《马克思恩格斯全集》第 31 卷,人民出版社 1998 年版,第 425 页。
② 《马克思恩格斯全集》第 31 卷,人民出版社 1998 年版,第 429 页。
③ 《马克思恩格斯全集》第 31 卷,人民出版社 1998 年版,第 424 页。
④ 《马克思恩格斯全集》第 31 卷,人民出版社 1998 年版,第 423 页。
⑤ 《马克思恩格斯文集》第 5 卷,人民出版社 2009 年版,第 94 页。

"必要"时间。同理,对于由许多个人基于一定的社会关系所形成的社会整体(这种社会整体即马克思在《资本论》中提出的"社会人"①概念)来说,为满足社会的某种特定需要所进行生产的时间,就是这一社会生产某种特定需要的物品的"必要"时间,任何个人超出这种"必要"时间而进行的这种特定物品的生产(及其时间),都将不会被社会所承认。在此意义上,我们说,"社会必要劳动时间"所描述和衡量的抽象劳动,本身蕴含着社会整体性的维度,它是"旨在实现社会人集体生命的生存与发展而进行的劳动"②。

因此,作为形成价值实体的"抽象"劳动,并不是"抽象人性论"形成过程中对每一个个体所具有的共性的抽象(反映在这里即对每一个个体劳动者的劳动的共性抽象),而是一种现实的抽象——它发生在现实生活中,而不仅仅是思维进程中对材料的加工整理,它是现实社会生产过程中每天都在进行的抽象。而所谓的"个人现在受抽象统治"③,也要从这种"抽象"的意义上去理解,即个人现在受到外在于他的物质的社会关系、外在于他的社会整体的统治。

---

① 《马克思恩格斯文集》第 5 卷,人民出版社 2009 年版,第 429 页。
② 鲁品越:《鲜活的资本论》,上海人民出版社 2016 年版,第 158 页。
③ 《马克思恩格斯全集》第 30 卷,人民出版社 1995 年版,第 114 页。

第五章　剩余劳动与剩余价值理论的建构

　　本章集中探究《1857—1858年经济学手稿》"资本章"中关于剩余价值的相关思想，其所承接的内容主要是第三章中对剩余劳动的分析。第三章已经指出，剩余劳动是人类发展的前提——相对于作为人类生存基础的必要劳动来说，它不仅具有重要的社会历史功能，其自身还蕴含着人的发展价值追求。然而，自剩余劳动在人类历史进程中出现之后，劳动者开始陷入到一种"物役迷局"之中，即产生了所谓的人的发展悖论问题。因此，阐明这种"物役迷局"的生成机理并揭示历史进程中所生成的走出这一迷局的客观条件，成为马克思思考人的自由全面发展何以可能的关键环节。在第四章所阐明的劳动价值理论（劳动二重性）基础上，《1857—1858年经济学手稿》中的马克思将这一问题的讨论置于对资本主义生产方式的分析——在这里，劳动者成为雇佣工人，其剩余劳动成为生产剩余价值的劳动。通过揭示：1.剩余价值的来源及资本的生产过程；2.剩余价值的实现及资本的流通过程；3.剩余价值的再生产和资本积累等问题，在此过程中深刻地阐明了资本主义社会"物役迷局"的生成机制及其发展趋势，创立了科学的剩余价值理论，实现了其人学思想在经济学中的升华。

第一节　剩余价值的来源及资本的生产过程

　　在"货币章"中，马克思考察的是一般的货币关系，或者说是"纯粹形式上"的、"并没有同发展程度较高的生产关系联系起来"①的货币关系。进入"资本章",马克思区分了"作为资本的货币"和"作为货币的货币",在他看来,作为资本的货币已经超出了货币的简单规定,两者的区别首先在于流通形式:前者是"G—W—W—G",后者是"W—G—G—W"。其次,作为资本的货币的"合乎目的的活动"是"发财致富","它只有不断地自行倍增,才能保持自己成为不同于使用价值的自为的交换价值"②。正是在阐明流通中的资本如何使自身增殖的过程中,马克思创立了他的剩余价值理论。

一、非对象化劳动与剩余价值的形成条件

马克思在"货币章"中对一般货币关系进行考察时曾指出,劳动直接生产货币和货币直接购买劳动是"资产阶级社会的基本前提"③。到"资本章",他详细分析了货币所购买的这种"劳动"及其购买过程(即"资本和劳动的交换过程"),初步阐明了生产剩余价值的条件。

马克思在这里对货币所购买的"劳动"的分析主要体现在以下三个方面:第一,对"对象化劳动"和"非对象化劳动"进行了区分④。在考察"作为资本的货币"的流通时,马克思提出,"作为资本的货币"所购买的"劳动"并非作为一般商品的"对象化劳动",而是不同于"对象化劳动"的"非对象化劳动"——前者是在空间上存在的劳动,因而是过去的劳动,或称"死劳动";后者是在时间上存在的劳动,即作为主体性的、还在对象化过程中的劳动,因而是"活劳动"。"非对象化劳动"作为"活劳动"是存在于劳动者身上的劳动能力,所以资本所购买的劳动只能是存在于雇佣工人身上的劳动能力,即劳动力。第二,分别从"否定"和"肯定"两个方面对"非对象化劳动"的说明。马克思提出,从否定方面看,"非对象化劳动"是在客体形式上

① 《马克思恩格斯全集》第 30 卷,人民出版社 1995 年版,第 195 页。
② 《马克思恩格斯全集》第 30 卷,人民出版社 1995 年版,第 228 页。
③ 《马克思恩格斯全集》第 30 卷,人民出版社 1995 年版,第 178 页。
④ 参见《马克思恩格斯全集》第 30 卷,人民出版社 1995 年版,第 230 页。

的非对象化的、即同一切劳动资料和劳动对象相分离的东西,是未经中介而存在的纯粹对象的使用价值;从肯定方面看,"非对象化劳动"是劳动本身的"主体的存在",是形成价值的"活的源泉"。之后,他深刻指出:"所有权同劳动相分离表现为资本和劳动之间的这种交换的必然规律。"①第三,指出了货币所购买的"劳动"实际上是对工人劳动的支配权,这种"支配权本身只限于一定的劳动和一定的时间(若干劳动时间)"②,换言之,作为资本的货币所交换的是工人一定时间内的劳动力的支配权。

在对资本和劳动的交换活动的分析中,马克思将这一交换活动分解为两个部分:一是作为工人自身商品的劳动能力同资本家一定数额的货币进行交换;二是被一定资本所换取的商品的使用过程——通过对这种商品的使用,资本自身得以保存和倍增。在马克思看来,这两个过程不仅在形式上不同,而且在质上也不相同,甚至于相互对立,原因如下:1. 从时间上看,这是两个彼此分离的过程,即可以在时间上完全分开——具体而言,"第一个过程可以在第二个过程刚开始以前就已完成,或者在一定程度上已大部分完成。第二个行为的完成以产品的完成为前提"③;2. 从内容上看,第一个过程的活动和行为是交换。而在第二个过程中,其活动和行为是劳动或生产,"是在质上与交换不同的过程",对此,马克思说,这个过程被称为"某种交换"是"滥用字眼",它"直接同交换对立"、"本质上是另一种范畴"④。换言之,在总的交换过程中,前者是一般交换过程,后者是不同于交换过程的生产过程,第二个过程即生产过程使这一总的交换活动同以货币为中介的一般交换活动区别开来。前面已经指出,同资本进行交换的劳动是非对象化劳动、是价值的观念存在和价值的可能性,但通过第一个过程,即同资本相接触,非对象化劳动获得了其现实对象,从而可能成为实际的活动。与此

---

① 《马克思恩格斯全集》第 30 卷,人民出版社 1995 年版,第 253 页。
② 《马克思恩格斯全集》第 30 卷,人民出版社 1995 年版,第 241 页。
③ 《马克思恩格斯全集》第 30 卷,人民出版社 1995 年版,第 232 页。
④ 《马克思恩格斯全集》第 30 卷,人民出版社 1995 年版,第 233 页。

同时,通过这种交换,工人同自身劳动能力的关系,现在成为"资本同作为资本的使用价值的劳动的关系"——对于资本来说,整个活动只是资本自身的再生产活动,即"保存和增大资本这种实际的和有效的价值"的活动;而对于劳动来说,它为资本所占有、成为"资本的一个要素",并"对资本现存的、因而是死的对象性发生作用"。①

在上述分析过程中,马克思聚焦于土地所有权形式的变化,初步对资本和劳动进行交换的条件即雇佣劳动的形成条件进行了说明。在马克思看来,现代土地所有权形式的形成与资本密不可分,在"地租—资本—雇佣劳动"或"雇佣劳动—资本—地租"这一过程中,"资本"总是作为"中项"而出现,因此,在表现为"地租—资本—雇佣劳动"这一过程的现代土地所有权的经济关系中,"包含着现代社会的内在结构,或者说包含着处在资本的各种关系的总体上的资本"②——换言之,资本是现代土地所有权和地租的创设者。从历史上看,原有的土地所有权形式正是在资本的作用下开始采取货币地租这一收益形式,而逐步转变为现代的土地所有权形式,由此而带来的是雇佣劳动的形成:为利润而进行生产的土地所有者开始将其领地上的过剩人口清扫出去,由此使"茅舍贫农、农奴、徭役农民、世袭租佃者、无地农民等等"开始转化为"短工"即"雇佣工人"③。因此,雇佣劳动的形成意味着"非对象化劳动"的创设,即劳动的现实对象的剥夺。货币所有者之所以购买劳动,是因为他追求自身货币价值的增殖,而这种增殖(即剩余价值)的形成条件,源于"非对象化劳动"的形成。只有劳动者的劳动作为"非对象化劳动",因而不得不通过交换并入资本(即劳动力成为商品),价值增殖的发生即剩余价值的形成才成为可能。

在《资本论》中,马克思用"劳动力的买和卖"来叙述这一过程。他首先将劳动力界定为"一个人的身体即活的人体中存在的、每当他生产某种使

---

① 《马克思恩格斯全集》第 30 卷,人民出版社 1995 年版,第 255—256 页。
② 《马克思恩格斯全集》第 30 卷,人民出版社 1995 年版,第 234 页。
③ 《马克思恩格斯全集》第 30 卷,人民出版社 1995 年版,第 235 页。

用价值时就运用的体力和智力的总和"①,并提出,转化为资本的货币要实现自身的增殖,其所有者首先应当在市场上找到这一特殊的商品,即劳动力商品。然而,劳动力本不是商品,要成为商品,需要具备各种条件,在他看来,这些条件主要有二:其一,劳动力占有者将自身劳动力当作自己的财产,从而能够自由支配其劳动力,这就要求他自己是他自身的所有者;其二,由于没有劳动所需的各种条件,为了生存下去,他不得不把自身的劳动力当作商品进行出卖。这里可以看出,《资本论》中的这一叙述,很大程度上源于《1857—1858 年经济学手稿》中关于货币所购买的"劳动"及其购买过程的分析。从马克思的剩余价值理论看,这一分析所阐明的内容,指向的正是剩余价值的形成条件。

二、资本的构成部分与剩余价值的来源

当作为资本的货币在市场上找到劳动力商品并同之进行交换后,劳动力这一使用价值便被并入资本之中。从资本自身运动来看剩余价值如何形成,需深入阐明剩余价值来源于何处。在《1857—1858 年经济学手稿》中,马克思指出:剩余价值的出现表明的是对象化在产品中的劳动的量(劳动时间)"大于资本原有各组成部分所包含的劳动量",这种情况"只有当对象化在劳动价格中的劳动小于用这种对象化劳动所购买的活劳动时间才是可能的"②。因此,探究资本各组成部分在运动过程中的量的变化,成为揭示剩余价值来源的核心工作。

要探究资本各组成部分在运动过程中的量的变化,首先需要明确的是资本由哪些部分组成。在《1857—1858 年经济学手稿》中,马克思用劳动时间来体现对象化在资本中的劳动的量,从而将其划分为三个部分:"(a)对象化在原料中的劳动时间;(b)对象化在工具中的劳动时间;(c)对象化在

---

① 《马克思恩格斯文集》第 5 卷,人民出版社 2009 年版,第 195 页。
② 《马克思恩格斯全集》第 30 卷,人民出版社 1995 年版,第 281 页。

劳动价格中的劳动时间。"①他认为,虽然(a)和(b)在资本自身运动中会发生形态的改变,但从价值方面来看,这两个组成部分的量的大小始终是不变的。需要考察的是(c),即一定量的"对象化在劳动价格中的劳动时间"。作为资本的组成部分之一,一定量的"对象化在劳动价格中的劳动时间"被用来同一定量的活劳动相交换,这种交换实际上是工人用创造价值的活动同一个预先决定的价值的交换:从工人方面来看,这是一种简单交换,他所获得的是他的"劳动价格",而不管自己活动的结果怎样;但从资本方面来看,这种交换只是一种"表面的交换"②,否则资本就不可能作为资本而存在。为了揭示出这种隐藏在"表面的交换"背后的东西,马克思在这里对劳动力这个预先决定的价值即"劳动价格"进行了分析——这个预先决定的价值指向的当然是工人的劳动力的价值,因此,他提出:"工人的价值是怎样决定的呢?"③

从一般交换活动看,工人的价值当然是他自己的、用于交换的商品中的对象化劳动的价值,但这种商品存在于他的生命力当中。要维持或生产出这种生命力,他就需要消费一定量的生活资料,因此,对象化在这种商品中的价值可以理解为这种生命力的维系或再生产所需生活资料的价值,转化为劳动时间,即:"为了支付维持工人的生命力的必要产品所必需的劳动时间"。在这里,马克思已经提到工人形成一定的劳动技能所需要的"生产费用"④,但并没有展开分析。到了《资本论》中,马克思将维持或再生产工人这种生命力的对象化劳动(时间)具体划分为三个部分⑤:(1)工人维持或再生产其个人的劳动力所必要的生活资料中的对象化劳动时间,它本身包含着一个"历史的和道德的要素";(2)工人的补充者即工人的家庭及其子女所需生活资料

---

① 《马克思恩格斯全集》第 30 卷,人民出版社 1995 年版,第 281 页。
② 《马克思恩格斯全集》第 30 卷,人民出版社 1995 年版,第 282 页。
③ 《马克思恩格斯全集》第 30 卷,人民出版社 1995 年版,第 284 页。
④ 《马克思恩格斯全集》第 30 卷,人民出版社 1995 年版,第 284 页。
⑤ 参见《马克思恩格斯文集》第 5 卷,人民出版社 2009 年版,第 199—200 页。

中的对象化劳动时间;(3)工人获得一定劳动部门的技能和技巧需要一定的教育或培训——在这一过程中所需物质生活资料中的对象化劳动时间。

然而,作为资本的货币同活劳动(劳动力)的交换活动并不仅仅是一般的交换活动。当工人的活劳动通过交换被并入资本之后,对这种活劳动的使用(价值的生产)使其同一般交换活动区别开来,这种活劳动的使用过程即资本的生产过程。在这一过程中,维系工人整个工作日生存通常不需要全部工作日进行劳动,假如只需半日,那么,"产品的剩余价值也就自然产生出来了"。以半日为例,马克思对这一过程进行了分析,他说:"资本家在[劳动]价格中只支付了半个工作日,而在产品中得到的却是整个对象化的工作日",其中的半个工作日"没有花费资本分文",这正是资本家"之所以成为资本家"和"价值之所以能够增加"的真正原因。所以,剩余价值不是在流通过程中产生的,而是"从资本的生产过程本身中产生"①的。此处,工人在后半个工作日的劳动被马克思称为"强制劳动"和"剩余劳动"②,由这种劳动创造的价值就是剩余价值,表现为资本的增殖部分。

因此,从资本本身运动过程看,剩余价值并非来源于全部的预付资本。具体而言,在构成全部预付资本的各个组成部分中,转化为原料和生产工具部分的资本参与了生产过程,但其价值并未发生改变,使资本得以保存并形成剩余价值的只是转化为劳动力等价物的那部分资本。在这里,马克思并没有给预付资本的这些组成部分以明确的"不变资本"和"可变资本"之名。到了《资本论》中,马克思对资本的这两个组成部分进行了清晰地划分,并将这两个部分分别命名为"不变资本"和"可变资本"③。但就其内容和实

---

① 《马克思恩格斯全集》第30卷,人民出版社1995年版,第285页。

② 《马克思恩格斯全集》第30卷,人民出版社1995年版,第286页。

③ 马克思在《资本论》中写道:"转变为生产资料即原料、辅助材料、劳动资料的那部分资本,在生产过程中并不改变自己的价值量。因此,我把它称为不变资本部分,或简称为不变资本";"相反,转变为劳动力的那部分资本,在生产过程中改变自己的价值。它再生产自身的等价物和一个超过这个等价物而形成的余额,剩余价值。这个剩余价值本身是可以变化的,是可大可小的。这部分资本从不变量不断转化为可变量。因此,我把它称为可变资本部分,或简称为可变资本"(参见《马克思恩格斯文集》第5卷,人民出版社2009年版,第243页)。

质而言,这种划分已在《1857—1858 年经济学手稿》中形成。而正是通过这种划分,马克思在资本本身运动过程中揭示出了剩余价值的真正来源,为其后分析资本的有机构成及其规律奠定了基础,实现了其在政治经济学领域内具有划时代意义的革命。

三、劳动生产力的提高与剩余价值的生产

马克思在《1857—1858 年经济学手稿》"资本章"中初步阐明了生产剩余价值的条件和剩余价值的来源之后,便开始着手考察剩余价值的生产问题。通过对文本的阅读可知,虽然他在这里已经提到资本增殖是"绝对剩余时间"和"相对剩余时间"①的结果,是"(1)把工作日一直延长到自然所允许的范围界限;(2)使工作日的必要部分越来越缩短"②的结果(即后来在《资本论》所详细阐述的剩余价值的两种生产方式:绝对剩余价值和相对剩余价值的生产),但从文本内容看,这里讨论的主要是后者,即劳动生产力的提高对剩余价值的生产影响。主要内容和结论有以下几点。

第一,从一个基本的假定即"工人劳动半个工作日就可以维持全日生活"出发,在此情况下考察劳动生产力提高一倍所带来的剩余价值的变化,并探究发生这种变化的原因。很明显,此时工人只需劳动 1/4 个工作日就可以生活一整天,而资本家也只需付给工人相当于 1/4 个工作日对象化劳动的价值就可以了。但对于资本家来说,尽管工人用 3/4 个工作日劳动就能提供给他和过去全日劳动一样多的剩余价值,但他不会只让工人仅仅劳动 3/4 个工作日,而是会和以前一样,工人仍需要劳动整个工作日,这样,剩余价值增加了——这种剩余价值的增加量可以用必要劳动即工人价值的减少量来准确地计量。对此,马克思总结道:"活劳动生产力的提高所以会增加资本的价值(或者说减少工人的价值),并不是因为这种提高增加了同一

---

① 《马克思恩格斯全集》第 30 卷,人民出版社 1995 年版,第 327 页。
② 《马克思恩格斯全集》第 30 卷,人民出版社 1995 年版,第 377 页。

劳动所创造的产品量或使用价值量，——劳动的生产力是劳动的自然力，——而是因为它减少了必要劳动。"①通过这一分析，马克思在这里已经初步揭示出资本主义社会进行相对剩余价值生产的基本原理。

第二，追问从工人方面看的剩余劳动或从资本家方面看的剩余价值同生产力提高一定倍数后各自量的变化及其它们之间的关系。同样很明显，剩余劳动或剩余价值的增加比例同生产力提高的比例是不一致的，例如在上面的假定中，生产力提高一倍，但剩余劳动和剩余价值增加的是 1/4，这意味着，"生产力的乘数，即用来乘生产力的数，并不是剩余劳动或剩余价值的乘数"②。那么，它们之间的变化反映出的是什么关系呢？通过对几组具体例子所进行的数量关系分析，马克思在这里形成如下结论：1. 不能将剩余价值的增加比例数等同于生产力提高的比例数；2. 资本因生产力提高而增加的价值绝对额取决于工作日中代表必要劳动的那个既定部分，因而这个增加的价值绝对额表示"必要劳动和活的工作日之间的原有比例的那个可除部分"③。换言之，在必要劳动所占工作日比例不同的地方或部门，生产力相同比例的提高所带来的资本价值的增加量会各不相同。

第三，从发展生产力的角度分析剩余价值生产过程中资本的界限及其自我否定问题。通过上面的分析可知，在劳动生产力提高以前，一个资本取得的剩余价值越大，作为前提而存在的这一资本的剩余劳动的量或剩余价值的量就越大，工作日中作为工人价值等价物的必要劳动的量就越小，从而生产力的提高使资本家得到的剩余价值的增量就越小。对此，马克思指出："资本越发展，它创造出来的剩余劳动越多，它也就必然越要疯狂地发展生产力，以便哪怕是以很小的比例来增殖价值"，但是，"资本的界限始终是一日中体现必要劳动的部分和整个工作日之比"，它"只能在这个界限以内运

---

① 《马克思恩格斯全集》第 30 卷，人民出版社 1995 年版，第 303 页。

② 《马克思恩格斯全集》第 30 卷，人民出版社 1995 年版，第 298 页。

③ 《马克思恩格斯全集》第 30 卷，人民出版社 1995 年版，第 304 页。

动"。① 在这里,马克思从发展生产力的角度指出了剩余价值生产过程中资本的"界限"问题:资本同生产力越是发展,越是临近于这一"界限",越是逼近这一"界限",提高资本的增殖程度就越困难,除非增殖本身成为对资本来说"无关紧要的事情",而一旦这样,"资本似乎会不再成其为资本了"②——"资本不再成其为资本",意味着资本的自我否定。

在分析了上述问题之后,马克思在这里进行了一下概括,他提出,劳动生产力在剩余价值生产过程中的不断提高是资本价值增殖的"必要条件","资本作为无止境地追求发财致富的欲望,力图无止境地提高劳动生产力并且使之成为现实"。在追求剩余价值的过程中,资本必然要将劳动生产力发展至其"界限"的极致状态。然而,随着劳动被并入资本之中,劳动生产力的提高在这里已经不再表现为劳动者的生产力,而是表现为资本本身的生产力,或者说,劳动生产力的"这种提高只有就它是资本的生产力来说,才是劳动的生产力"③。对此,马克思在《资本论》中有更为细致地揭示。④

第二节 剩余价值的实现及资本的流通过程

资本通过获取剩余价值来增殖自身,如果说价值增殖是资本的真正本性的话,那么这种本性只有在资本的一个运动过程(或者说一个循环过程)结束之后才真正表现出来,正如马克思所说:"资本的真正本性只有在循环结束时才表现出来。"⑤实际上,只有资本的本性真正得以表现,剩余价值才得以真正实现——因为在资本的生产过程结束之后,由雇佣工人剩余劳动

---

① 《马克思恩格斯全集》第30卷,人民出版社1995年版,第304页。
② 《马克思恩格斯全集》第30卷,人民出版社1995年版,第304—305页。
③ 《马克思恩格斯全集》第30卷,人民出版社1995年版,第305页。
④ 相关的内容可参见《〈资本论〉人学思想及其中国化研究》一书中对"资本的生产力"的分析(人民出版社2018年版,第148—149页)。
⑤ 《马克思恩格斯全集》第30卷,人民出版社1995年版,第510页。

所形成的价值增殖的部分连同原有不变资本和可变资本都凝结于产品当中,剩余价值能否得以实现还有赖于产品是否能够取得其价值的形式。由此,对剩余价值的实现问题的全面考察,就是对一个完整的资本流通过程也即资本循环过程的考察。在《1857—1858年经济学手稿》"资本章"中,马克思从整体上来考察资本的流通过程:首先,在揭示这一流通过程特点的过程中,着重分析了影响产品向货币转化的因素,在此过程中提出并分析资本的一个内在趋势:"用时间去消灭空间"①;其次,基于对流通速度的关注,在考察资本周转的过程中,对固定资本和流通资本范畴作出了科学的规定;最后,通过对机器大生产的分析来展望人类社会的美好未来,在此过程中提出了"节约劳动时间等于增加自由时间"、"节约劳动时间可以看作生产固定资本,这种固定资本就是人本身"②等一系列重要观点。

一、资本的流通过程及其趋势

资本的一个运动过程即资本的一次循环,资本循环是"设定为资本流通的流通"③,它包括两个要素:生产和流通。在考察资本流通时,通过对比"货币流通",马克思首先从整体上描述了资本流通的若干特征④,主要包括:1.资本流通是出发点同复归点的同一。在货币流通过程(即W—G—W)中,复归点不同于并决不表现为出发点,因为这里发生的是不同商品因而是不同使用价值的交换。但是在资本流通(即G—W—G')中,出发点和复归点具有同一性,"出发点就表现为复归点,复归点就表现为出发点"——因为资本家用货币交换生产所需的各种条件,经过生产过程生产出产品,并将产品再转化为货币,然后又重新开始这一过程。这是资本流通所具有的特征之一。2.资本流通是一部"永动机",是具有充实内容的流

---

① 《马克思恩格斯全集》第30卷,人民出版社1995年版,第521页。
② 《马克思恩格斯全集》第31卷,人民出版社1998年版,第107—108页。
③ 《马克思恩格斯全集》第30卷,人民出版社1995年版,第510页。
④ 参见《马克思恩格斯全集》第30卷,人民出版社1995年版,第512—513页。

通。资本流通能够从自身不断地重新发动起来,这种流通是资本自身的生长和生成过程。具体而言,资本通过将自身分解为流通的各个要素,在流通中进行自我扩张,因此,这种流通好比动物身体内的血液循环,是一种具有充实内容的流通。而货币流通只是一种"徒具形式"的流通。3. 资本流通设定价格和价值。在货币流通中,价值是不依赖于流通而作为前提存在的,价格的设定纯粹是形式上的;而在资本流通中,价格不仅是形式上的,而且更是实际上的,价值在流通中发生质的变化,这种流通既是资本的再生产,又是资本的新的生产。4. 在以资本为前提的社会生产过程中,货币流通由资本流通所决定,货币流通从属于资本流通。而在此之前,货币流通和生产过程似乎是一个并行的过程。

在描述了资本流通的上述特征之后,马克思试图深入到资本流通内部的各个组成要素来考察这一过程。而流通速度成为这种考察的一个重要参照。流通速度即一定时间内资本周转的次数,不仅与资本自行增殖过程的次数相关,对于资本自身而言,还存在着一个"速度代替数量的规律"。在马克思看来,资本流通过程内部包含具有重大差别的两大要素:即"生产过程"和"流通本身"。从流通速度看,前者指的是资本在生产过程中停留的时间,其速度取决于这个过程的技术条件;后者指的是资本从转化为产品到产品转化为货币所经历的期间。马克思认为,在整体的资本流通过程中,这两个要素中的每一个都以双重身份出现,由此,资本流通的内部又可以分解为四个要素①:(1)"实际生产过程及其持续时间";(2)产品转化为货币的过程及其持续时间;(3)货币按照相应的比例转化为生产资本的各个要素的过程及其持续时间;(4)"资本的一部分同活劳动能力相交换"的过程及其持续时间——在马克思看来,这应当而且必须被看作一个特殊的要素,因为劳动(力)市场要受到一些特殊的规律的支配,它不同于一般的产品市场。在这四个要素中,马克思在这里重点关注的是第二个要素,即产品转化

---

① 参见《马克思恩格斯全集》第 30 卷,人民出版社 1995 年版,第 517 页。

为货币这一过程及其持续时间。正是在对这一要素或过程的分析中,马克思提出"用时间去消灭空间"是资本的内在趋势。

所谓"用时间去消灭空间",指的是通过交通工具的生产改进和道路的修筑完善来提高运输速度,即通过缩短一定空间距离内运输所需要的时间来克服空间距离限制的趋势。问题在于:这一趋势如何成为资本的内在趋势?

在资本所推动的社会生产形成之前,道路的修筑完善所需成本通常从国家(共同体)的剩余产品中支出——"利用徭役劳动来筑路,或者换一种形式,利用赋税来筑路,是用强制手段把国家的一部分剩余劳动或剩余产品变成道路"[①]。这里的道路之所以要修筑,是因为共同体需要它,或者说它对于共同体是必要的使用价值,因此,这里的剩余劳动成为对共同体或共同体的每个成员来说的必要劳动,它所生产出来的是共同体及其每个成员从事生产活动的一般条件。在原始的自给自足的共同体内部,人们对道路的需要十分有限,而缺乏道路又让他们变得闭关自守,由此导致他们在历史发展过程中长期停滞不前。但是,社会生产越是以交换为目的,交换的各种物质条件及其完善对生产来说就越是必要。在资本运动所推动的社会生产中,特别是从资本流通过程看,只有运输费用降低,产品才能在较远距离的市场上大规模地实现其价值,因此,生产出尽可能廉价的交通运输工具、修筑和完善交通运输通道等就成为了以资本为基础的社会生产的重要条件,由此导致的是交通工具的生产改进和道路的修筑完善成为了资本自身的需要。马克思认为,要使交通工具的生产改进、道路的修筑完善真正成为资本本身的事情(也即让资本家把这些事情当作营业来由自己出资经营),社会生产的发展就必须达到一定的水平和程度:首先,资本家手中已经积聚起大量资本,从而能够承担这种耗资规模巨大、价值增殖缓慢的工程;其次,这种资本要求能够带来利息(而不是利润)收入;再次,使用这些工具和道路的

---

① 《马克思恩格斯全集》第30卷,人民出版社1995年版,第522页。

生产者值得并且有能力为其使用这些东西支付高昂的代价;最后,"这是可以作为收入用于这种交通工具项目上的享用财富的一部分"①。其中,"足够的资本数量"和"有利可图"是推动这一过程的两个主要前提。

上述过程所显示的趋势被马克思称为"资本的趋势"②,即随着以资本为基础的社会生产的发展,"过去多余的东西"会逐步转化为历史地产生的"必要的东西",如创造世界市场而进行的交通工具的生产改进和道路的修筑完善。马克思认为,当这些变成社会生产过程的一般条件由资本创造出来的时候,"资本就达到了最高发展"③,它所表明的是一切社会生产条件开始从属于资本或者说被资本化了;与此同时,这种趋势还表现为一种全面的趋势:资本力图全面地发展生产力,普遍交换在世界市场的形成中所包含的全部活动、交易、需要等也全面发展起来——这些趋势是资本自身所具有的,但它又是和资本这种狭隘的生产方式相矛盾的。因此,马克思认为资本将随自身的发展最终走向自我解体。

二、固定资本和流动资本

除了指出"用时间去消灭空间"是资本的内在趋势之外,马克思在这里还详细考察了"固定资本和流动资本"这一资本周转的中心问题。从文本所显示的内容看,这一考察可以细分为以下五个层次④:

第一,从整体上看,马克思提出了固定资本和流动资本的"形式规定"⑤:一方面,作为运动过程中自行保存并不断增殖的价值,资本是在流通过程中不断进行着形式转化的主体——就资本从一个阶段(形态)向另一个阶段(形态)的过渡(过渡在这里表现为连续性)而言,每个资本都表现为

---

① 《马克思恩格斯全集》第 30 卷,人民出版社 1995 年版,第 528 页。
② 参见《马克思恩格斯全集》第 30 卷,人民出版社 1995 年版,第 525 页。
③ 《马克思恩格斯全集》第 30 卷,人民出版社 1995 年版,第 530 页。
④ 这五个层次的概括参考了顾海良先生的解读。参见顾海良:《马克思经济思想的当代视界》,经济科学出版社 2005 年版,第 259—260 页。
⑤ 《马克思恩格斯全集》第 31 卷,人民出版社 1998 年版,第 8 页。

流动资本;另一方面,资本作为流通的整体,是由一个阶段向另一个阶段的过渡,因此在每一阶段上,资本都表现为"被束缚在特殊形态中的东西"、被"固定在各种规定性中的某一种规定性上"的东西①——就资本总是在某一特定环节中采取某种特定的形态(在这里表现为阶段性)而言,每个资本又都表现为固定资本。有鉴于此,马克思说:"流动资本和固定资本的区别,首先表现为资本的形式规定,即要看资本是表现为过程的统一体,还是表现为过程的特定环节。"②换言之,流动资本和固定资本在这里并不是两个特殊种类的资本,而是对同一资本的不同形式规定。

第二,将资本周转的阶段性与连续性统一起来,马克思对直接生产过程相关费用之外的流通费用问题进行了考察。在此过程中,他提出:流通费用是"通过各个经济环节本身所用去的费用",这种费用"不是创造价值的费用","而是对已经对象化为产品中的价值量的扣除",它"并不使产品增加任何价值"③。换言之,资本流通并不增加价值,流通费用只是实现价值的费用,因而是对已经对象化为产品中的价值量的扣除。

第三,通过批判与借鉴资产阶级经济学文献中关于固定资本和流动资本的相关理论,马克思在这里提出了关于固定资本和流动资本的第二种规定——具体而言,固定资本(如某些劳动资料)是把自己的价值一部分一部分地转移到产品上的资本,其价值是"陆续流回的";而流动资本(如原料和劳动力等)的价值的存在和使用价值的存在是一致的,它的每一部分都被"全部更换"④,一次把全部价值再现在产品中。这种划分正是我们通常理解的依据资本自身价值转移方式的不同来划分的固定资本和流动资本。

第四,在固定资本第二种规定的基础上,马克思从生产力发展的角度对其进行了考察和分析,主要包括以下三个方面的内容:1.固定资本的发展是

---

① 《马克思恩格斯全集》第31卷,人民出版社1998年版,第7页。
② 《马克思恩格斯全集》第31卷,人民出版社1998年版,第8页。
③ 《马克思恩格斯全集》第31卷,人民出版社1998年版,第11—12页。
④ 《马克思恩格斯全集》第31卷,人民出版社1998年版,第84页。

资本主义生产发展的标志。当社会生产过程从属于资本运行过程之后,劳动资料不仅从物质方面表现为劳动资料,同时还表现为由资本的总过程决定的特殊的资本存在方式,即固定资本。在生产过程中,其使用价值是新价值的创造,因而它主要是作为生产资本存在。因为它"既包括科学的力量,又包括生产过程中社会力量的结合,最后还包括从直接劳动转移到机器即死的生产力上的技巧",所以它直接体现的是生产力发展水平,其规模、"量"和"质",可以可以衡量"以资本为基础的生产方式的已经达到的发展程度"①。2. 科学的发展和资本主义机器的大规模使用加剧了劳动异化。资本主义生产的发展表现为作为生产资料的固定资本的形态的不断升级,马克思预言其最后的形态是"自动的机器体系"。然而,机器在生产过程中并不表现为单个工人的劳动资料,相反在这里,机器才是"能工巧匠",工人"只是被当作自动的机器体系的有意识的肢体"②。对此,马克思说:"科学通过机器的构造使那些没有生命的机器肢体有目的地作为自动机来运转,这种科学并不存在于人的意识中,而是作为异己的力量,作为机器本身的力量,通过机器对工人发生作用。"③因此,科学和机器体系在资本主义生产过程中越发展,劳动异化的程度就越加深。3. 与固定资本发展相一致的社会生产力的发展必然导致资本主义走向自我否定。资本的必然趋势是"提高劳动生产力和最大限度否定必要劳动"④,作为固定资本的劳动资料转变为自动的机器体系,可视为这一趋势的实现。在马克思看来,资本主义生产方式下固定资本特别是机器的发展,会使劳动过程中人的力量支出逐步缩减至最低限度,这是对劳动的解放,"也是使劳动获得解放的条件"⑤。在此情况下,财富的源泉不再表现为人的直接的劳动,而是庞大的固定资本和机器(它们表现为财富的宏大基石),由此,财富的尺度不再是劳动时间,使用价

---

① 《马克思恩格斯全集》第 31 卷,人民出版社 1998 年版,第 111 页。
② 《马克思恩格斯全集》第 31 卷,人民出版社 1998 年版,第 90 页。
③ 《马克思恩格斯全集》第 31 卷,人民出版社 1998 年版,第 91 页。
④ 《马克思恩格斯全集》第 31 卷,人民出版社 1998 年版,第 92 页。
⑤ 《马克思恩格斯全集》第 31 卷,人民出版社 1998 年版,第 96—97 页。

值的尺度也不再是交换价值,这时,"以交换价值为基础的生产便会崩溃"①,资本主义也就走向了对自身的否定。

第五,通过对固定资本和流动资本的流通和补偿问题的考察,马克思在这里揭示出了固定资本和流动资本在资本流通中的如下特征:1. 在资本流通中,流动资本再生产的次数同它作为剩余价值和追加资本来实现的次数相一致;2. 固定资本作为价值进入流通的数量,只限于它作为使用价值被消费的部分;3. 流动资本和固定资本的构成比例,直接影响着总资本的年平均周转速度和周转次数,从而直接影响生于价值率的高低。具体而言,在不考虑其他因素的情况下,流动资本所占比例越高,固定资本所占比例越低,总资本的年平均周转速度就越快,周转次数就越多。但是,在资本主义发展过程中,资本家为了增加剩余价值和提高利润,会不断地改进生产设备并采用新的生产技术,从而导致固定资本在总资本中的比重不断增大,其结果是资本周转的速度变得越来越慢。

三、"固定资本就是人本身"

通过对固定资本特别是资本主义机器大生产的发展的分析,马克思对取代资本主义社会之后的更高级的社会形态进行了展望。在此过程中,他提出"固定资本就是人本身"②这一重要论题——这一论题凸显了马克思政治经济学研究的人学向度,是其人学思想在政治经济学研究中形成的新观点和新论断。那么,"固定资本"何以"就是人本身"?"固定资本就是人本身"包含着怎样的寓意? 这是我们在理解这一新的论断时必须弄清楚的问题。

(一)"固定资本"何以"就是人本身"?

我们知道,固定资本的规定源于马克思对资本流通的分析。在资本主

---

① 《马克思恩格斯全集》第 31 卷,人民出版社 1998 年版,第 101 页。
② 《马克思恩格斯全集》第 31 卷,人民出版社 1998 年版,第 107—108 页。

义生产发展过程中,劳动资料连同体现在其中的知识技能和社会智力的发展等都被吸纳到资本当中,表现为固定资本的属性,自动的机器体系则表现为固定资本的最适当的形式。资本主义社会生产过程中机器的发明和应用虽然被作为资本家获取剩余价值的工具,然而,就作为固定资本的机器本身而言,它不仅是"转化为人的意志驾驭自然界的器官或者说在自然界实现人的意志的器官的自然物质",还是人的"对象化的知识力量"①。因此,《1857—1858年经济学手稿》中的马克思对固定资本的发展所具有的重要意义进行了浓墨重彩的分析,主要包括以下内容:

1.固定资本的发展是"社会个人的发展"②。任何社会生产过程都是财富的生产和创造过程。在资本主义之前的社会生产过程中,劳动者是生产过程的主要作用者,劳动资料只具有辅助劳动者进行劳动的作用和意义。随着资本主义生产发展,特别是发展到机器大工业阶段,表现为劳动资料的固定资本在总资本中所占比例越来越高,在具体的生产过程中,表现为"单纯抽象物的劳动"(即作为劳动资料的固定资本)和新投入的工人的劳动"惊人的不成比例"。与此同时,"劳动表现为不再像以前那样被包括在生产过程中,相反地,表现为人以生产过程的监督者和调节者的身分同生产过程本身发生关系"③——对于劳动过程的这一变化,马克思给予高度重视,他认为,这一变化表明,构成现阶段生产和社会财富基石的东西,已经不再是劳动者在这种生产过程中所完成的直接劳动,同样也不是劳动者在这一生产过程中所耗费的时间,而是"人对自然界的了解和通过人作为社会体的存在来对自然界的统治"④,是"社会个人的发展"。实际上,固定资本的发展一方面表明了这种"社会个人的发展",另一方面又为其创造着实现这种发展的条件。

---

① 《马克思恩格斯全集》第31卷,人民出版社1998年版,第102页。
② 《马克思恩格斯全集》第31卷,人民出版社1998年版,第101页。
③ 《马克思恩格斯全集》第31卷,人民出版社1998年版,第100页。
④ 《马克思恩格斯全集》第31卷,人民出版社1998年版,第101页。

2. 固定资本的发展改变或重塑着社会生产力的结构。在马克思看来,作为资本主义生产过程中的固定资本的机器、铁路、电报等不仅仅是一种人造的物质,更是人的"对象化的知识力量"和"人的手创造出来的人脑的器官"。因此,固定资本越发展,科学知识在社会生产中越重要,以至于成为"直接的生产力"。社会生产力在这里于是展现出其新的结构,它包括两个部分:一部分是作为科学知识的人类的智力因素,另一部分是有形的参与到社会生产过程中的直接的物质器官。后者是前者的对象化。这表明,随着固定资本的发展,人们在社会生产过程中所依赖的各种条件越来越受到"一般智力"①的控制和改造,从而使得人们的社会生产和生活过程越来越具有科学的性质。

3. 固定资本的发展表明了"财富一般发展的程度"②。迄今为止的社会生产,不论其目的是交换价值还是使用价值,其生产出的东西都是供人们消费的产品本身。但是,就固定资本的生产本身看,这种生产既不是直接生产消费品,也不是直接生产交换价值——至少不是直接实现的交换价值。因此,当一个社会中越来越大规模的生产时间被用来生产固定资本时,表明了这个社会的生产已经发展到了相当的高度——人们只需要很少部分的劳动时间就足以生产出能够满足他们需要的产品。在此意义上,固定资本的发展程度表明了财富一般发展的程度。

4. 固定资本的发展表明资本已经开始"违背自己的意志"。资本的意志是增殖,通过占有工人剩余劳动时间创造的价值来实现自身的增殖,是资本增殖的秘密,也是资本主义经济运行的客观规律。但是,在资本主义生产发展特别是在固定资本的发展过程中,资本无意中成为了"为社会可以自由支配的时间创造条件的工具"(它违背了自己的意志),因为它总是试图最大限度地创造出自由支配的时间并将其转化为剩余劳动时间,然而,"如

---

① 《马克思恩格斯全集》第31卷,人民出版社1998年版,第102页。
② 《马克思恩格斯全集》第31卷,人民出版社1998年版,第102页。

果它在第一个方面太成功了,那么,它就要吃到生产过剩的苦头"①。这表明,社会生产的发展特别是生产力的增长不能再受以占有他人剩余劳动为基础的资本主义生产方式的限制,"工人群众自己应当占有自己的剩余劳动"。而当这一状况实现之后,"社会的个人的需要将成为必要劳动时间的尺度",随着生产力摆脱束缚,人们"可以自由支配的时间还是会增加"②。

正是基于对固定资本的以上分析,"真正的经济——节约"被马克思看作是"劳动时间的节约",它有赖于社会生产力和"个人才能的发展",在此基础上,马克思提出,"节约劳动时间等于增加自由时间","从直接生产过程的角度看,节约劳动时间可以看作生产固定资本,这种固定资本就是人本身"。③

(二)自由时间与人的发展:"固定资本就是人本身"所包含的寓意

在资本主义发展过程中,固定资本的发展压缩了劳动者在生产过程中直接劳动的量和劳动时间,这种生产的发展一方面造就了社会物质财富(使用价值)的丰富,另一方面实现了劳动时间的节约,在此过程中,以交换价值为目的的资本主义生产越来越表现出其历史局限性。与此同时,人类劳动的另一种可能性——成为在自由时间中进行的自由活动——也越来越得到显现。从固定资本发展的趋势及其带来的影响看,"固定资本就是人本身"所包含的寓意,指向的是自由时间与人的发展。具体而言,它包括如下三重寓意:

其一,劳动成为自由活动,自由内在于人的劳动之中。在资产阶级经济学的观点中,劳动被视为"牺牲",不劳动被视为自由和幸福,如亚当·斯密。在斯密看来,劳动是"耶和华对亚当的诅咒","你必须汗流满面地劳动!",而不劳动是"安逸",是与"自由"和"幸福"等同的东西。马克思认为,在资本主义和它之前的社会形态中,劳动确如斯密所认为的那样,是

---

① 《马克思恩格斯全集》第31卷,人民出版社1998年版,第104页。
② 《马克思恩格斯全集》第31卷,人民出版社1998年版,第104页。
③ 《马克思恩格斯全集》第31卷,人民出版社1998年版,第107—108页。

"令人厌恶的事情",如奴隶劳动、徭役劳动和雇佣劳动,它们始终表现为"外在的强制劳动",因此,不劳动是"自由和幸福"①。之所以如此,原因有两个方面:一是这种劳动是同自身"对立的劳动",即这种劳动不是实现自我、而是否定自我的活动;二是这种劳动还没有为自己创造出一定的条件,使之成为"吸引人的"、"自我实现"的活动。但是,从固定资本发展的趋势及其带来的影响看,随着劳动本身的"社会性"和"科学性"的发展以及相应的"主观的和客观的条件"的具备,劳动将不再是"用一定方式刻板训练出来的自然力的人的紧张活动","而是作为支配一切自然力的活动出现在生产过程中"②。这时,劳动将成为自由劳动,成为个人的自我实现的活动。实际上,在马克思看来,自由内在于人的劳动中,而无论这种劳动的尺度是外在的东西赋予的,还是这种外在的东西所赋予的尺度已经被克服——对于前者来说,这种外在的尺度的克服就是自由的实现过程;而对于后者即已经失去这种外在尺度的劳动来说,这种劳动的目的是劳动者自己所提出的,因而这种劳动是"主体的对象化"并具有"实在的自由"③的活动。

其二,直接的劳动时间同自由时间不再处于抽象的对立中。如果只是将劳动视为奴隶劳动、徭役劳动和雇佣劳动,那么,直接的劳动时间同自由时间当然处于对立之中。19世纪早期的空想社会主义者傅立叶希望未来的劳动能够像"游戏"④一样,成为"一种消遣,一种娱乐",以此来消解劳动时间同自由时间的对立,马克思批评说这是"以一个浪漫女郎的方式极其天真地理解"。在马克思看来,"真正的自由劳动"绝非像"游戏"一样,而是"非常严肃,极其紧张的事情"⑤;当生产方式发展到其高级形式之时,运用"不论是闲暇时间还是从事较高级活动的时间"即"自由时间"的过程会把使用它的人变为"另一主体":对于其中"正在成长"的人来说,直接的生产

---

① 《马克思恩格斯全集》第30卷,人民出版社1995年版,第615页。
② 《马克思恩格斯全集》第30卷,人民出版社1995年版,第616页。
③ 参见《马克思恩格斯全集》第30卷,人民出版社1995年版,第615页。
④ 《马克思恩格斯全集》第31卷,人民出版社1998年版,第108页。
⑤ 《马克思恩格斯全集》第30卷,人民出版社1995年版,第616页。

过程成为对其自身的"训练";而对于其中的"成年人"(即头脑中已经具有积累起来的各种社会知识的人)来说,直接的生产过程就是主体的对象化和知识的运用①。在此意义上,直接的劳动时间同自由时间不再是对立的关系,劳动成为了人自身的发展活动和人表现自身的活动。

其三,社会生产的最终结果是处于社会关系当中的人本身,人在社会生产的发展过程中实现自身的不断更新。马克思提出,"如果我们从整体上来考察资产阶级社会",那么,在整个社会运动过程中出现的"具有固定形式的一切东西",都只是"转瞬即逝的要素",其最终的结果是人本身,即"处于相互关系中的个人"②,他们在财富的生产过程中既再生产他们之间的相互关系,又不断地生产出新的相互关系。换言之,在这一过程中,人们不断地更新他们所创造的物质财富,同样也是在不断地更新他们自身。从人的角度发展,这种更新就是人本身的发展。因此,"固定资本就是人本身"指向的是社会运动过程中的人的发展。

第三节　剩余价值的再生产和资本积累

经过生产过程和流通过程,工人在剩余劳动过程中所生产的产品取得了价值的形式,成为剩余价值;在资本主义生产过程中,已经实现了的剩余价值中的一部分被资本家用于个人消费,另一部分则作为"剩余资本"③而再投入生产过程,用于进行新的剩余价值的再生产活动——剩余价值的资本化(从剩余价值到剩余资本)即资本积累,而剩余价值的再生产过程也就是资本积累的过程。作为描述和分析这一过程的理论——马克思的资本积累理论是其剩余价值理论的重要组成部分,这一理论在《1857—1858年经济学手稿》中已经得到了较为深入的阐述。从人的发展的角度看,资本积

---

① 参见《马克思恩格斯全集》第31卷,人民出版社1998年版,第108页。
② 《马克思恩格斯全集》第31卷,人民出版社1998年版,第108页。
③ 《马克思恩格斯全集》第30卷,人民出版社1995年版,第432页。

累理论不仅深刻地阐明了资本主义社会"物役迷局"的形成机理,通过对资本积累的历史趋势的分析,马克思在这里还指出资本积累过程中生成的走出这一"物役迷局"的客观条件。在此过程中,他还对资本的原始积累问题进行了探究。

一、资本积累与资本主义"物役迷局"的形成机理

前面已经指出,"物役迷局"最直接的表现形式是劳动者受到其劳动产品的奴役,这种劳动产品本质上是劳动者剩余劳动所生产的、被统治阶级所占有的劳动产品。具体而言,在资本主义社会,工人的剩余劳动通过生产过程形成被资本家所占有的剩余劳动产品,再通过流通过程取得其价值形式,最终表现为剩余价值;当剩余价值作为"剩余资本"再投入生产过程中进行资本积累时,作为生产条件的"剩余资本"成为对劳动者来说的"异己的、外在的权力"而同活劳动相对立,资本主义"物役迷局"由此形成。在《1857—1858 年经济学手稿》中,马克思从以下三个方面来说明这种"物役迷局"的形成机理。

第一,剩余劳动是"剩余资本"的来源和本质。虽然"剩余资本"现在表现为一种把活劳动能力作为自己的特有的使用价值而与之相对立的交换价值,但"剩余资本"连同剩余价值和剩余劳动产品在本质上都是"活劳动能力自身的产品和结果",它们"无非是对象化了的活劳动的一定数额——剩余劳动的数额"[①]。剩余劳动现在以对象化的形式表现为剩余劳动产品,剩余劳动产品为了作为资本即"剩余资本"来增加价值而采取了以下两种形式:一是作为劳动的客观条件,即劳动的材料和工具;二是劳动的主观条件,即现在必须开始劳动的活劳动所需的生活资料。这些都是剩余劳动本身的特殊形式。

第二,在资本积累过程中,社会经济运行整体上统摄于资本自身的运行

---

① 《马克思恩格斯全集》第 30 卷,人民出版社 1995 年版,第 442 页。

逻辑,表现为资本自身的行为而与活劳动无关。在"剩余资本"转化为劳动的主观条件和客观条件之后,活劳动就可以在这种转化为"剩余资本"的剩余劳动的结果中不断地对象化,即在资本积累的过程中不断地进行剩余劳动和剩余价值的再生产,于是,剩余劳动的客观条件"现在表现为即设定为剩余劳动本身的产品、结果、客观形式、外部存在"①,整个生产过程现在表现为资本本身的行为而与活劳动无关。而此前在阐明剩余价值的来源及其如何实现的过程中,价值规定是其基本前提,由价值规定到货币,再到作为资本规定的货币,因而这种生产的前提条件表现为外部条件,这些外部条件"不能用资本的内在本质加以解释"②。但当剩余价值作为"剩余资本"、作为对象化劳动进入同活劳动相交换的过程时,社会生产的客观条件就已经成为资本本身了。

第三,对象化劳动作为资本对活劳动的全面支配的形成。在持续的资本积累过程中,"剩余资本"(它由工人的剩余劳动转化而来)成为同活劳动相对立的价值的"自为存在",在其运动过程中形成了对活劳动的全面的支配:1. 首先是劳动的客观条件对活劳动的支配。对于活的劳动能力即工人来说,劳动的客观条件现在以"资本家的人格的形式,即作为具有自己的意志和利益的人格化,同工人的人格相对立"③,在生产的组织过程中,活劳动受到执行资本意志的资本家的支配。2. 其次是劳动内容对活劳动的支配。由于活劳动能力和自身的实现条件的对立,劳动内容对工人本身来说也表现为一种异己的东西,在劳动过程中,劳动的内容也成为对工人来说的一种支配力量。3. 最后是劳动的产品对活劳动的支配。由剩余价值转化成的"剩余资本"再投入生产过程中,通过工人的活劳动生产出的剩余劳动产品和剩余价值又表现为资本,最终成为他人对活劳动进行支配的权力。在资本对活劳动的这种全面的支配下,作为活劳动的工人再进入生产过程之后,

---

① 《马克思恩格斯全集》第 30 卷,人民出版社 1995 年版,第 443 页。
② 《马克思恩格斯全集》第 30 卷,人民出版社 1995 年版,第 441 页。
③ 《马克思恩格斯全集》第 30 卷,人民出版社 1995 年版,第 443 页。

作为工人活劳动的劳动能力"不仅没有比它进入时更富有,反而更穷了",对此,马克思指出,"这是因为,劳动能力不仅把必要劳动的条件作为属于资本的条件创造出来,而且潜藏在劳动能力身上的增殖价值的可能性,创造价值的可能性,现在也作为剩余价值,作为剩余产品而存在"①。总之,在这种持续的生产过程中,劳动者一方面生产出他人的财富和自身的贫穷,另一方面又生产出导致这一结果不断出现的社会关系,即"自我发生关系的财富的财富同作为贫穷的劳动能力之间的关系"②,由此形成资本主义社会特有的"物役迷局":即不断转化为资本的剩余劳动及其产品对劳动者的支配和奴役。

以上述分析为基础,马克思在《资本论》第 1 卷中明确地将"资本积累"界定为"把剩余价值当做资本使用"和"把剩余价值再转化为资本"③,并指出,通过资本积累,资本主义生产过程变成扩大再生产过程,在这一过程中,物质资料的生产过程不仅生产出了占有越来越多社会财富的资产阶级,而且再生产出了靠工资过活的阶级——工人阶级;从整个社会经济运行过程看,伴随资本积累而来的是与之"相适应的贫困积累",由此形成了这个社会的两极:"在一极是财富的积累,同时在另一极,即在把自己的产品作为资本来生产的阶级方面,是贫困、劳动折磨、受奴役、无知、粗野和道德堕落的积累"④。资产阶级的资本积累及其与之相适应的广大劳动者的贫困积累,是马克思基于资本主义经济运行规律(剩余价值规律)得出的科学结论,它深刻地揭示出了资本主义社会两极分化的原因,也是我们科学理解资本主义社会"物役迷局"的理论依据。

二、资本积累的趋势与走出"物役迷局"的条件

通过源源不断地生产出剩余价值并将剩余价值再投入生产过程,资本

① 《马克思恩格斯全集》第 30 卷,人民出版社 1995 年版,第 444 页。
② 《马克思恩格斯全集》第 30 卷,人民出版社 1995 年版,第 444 页。
③ 《马克思恩格斯文集》第 5 卷,人民出版社 2009 年版,第 668 页。
④ 《马克思恩格斯文集》第 5 卷,人民出版社 2009 年版,第 743—744 页。

在其中实现了自身的持续积累,资本主义生产过程(同时是剩余价值的生产和再生产过程)由此表现为资本积累过程。在《1857—1858 年经济学手稿》中,马克思对资本积累的历史趋势进行了分析,指出资本积累的如下趋势:1. 创造世界市场的趋势;2. 创造新的需要的趋势;3. 创造出普遍利用自然属性和人的属性的体系的趋势;4. 克服一切外在限制的趋势;5. 限制生产力发展及资本否定自身趋势。在此过程中,资本积累也生成了人走出"物役迷局"的物质条件和主体条件。

(一)创造世界市场的趋势。工人剩余劳动所创造的剩余价值构成资本积累的源泉,只有创造出更过的剩余劳动,资本才能够最大限度地实现自身的积累。就绝对剩余价值的生产和实现来说,它首先需要的条件是市场(包括生产和流通)范围的不断扩大,"不管是直接扩大这个范围,还是在这个范围内把更多的地点创造为生产地点"①,因为它关乎不断增加的剩余劳动的实现。实际上,只有通过剩余劳动的不断补充,进而使流通中的价值的量不断地扩大,资本积累才能顺利进行。正是在此意义上,马克思说:"资本一方面具有创造越来越多的剩余劳动的趋势,同样,它也具有创造越来越多的交换地点的补充趋势"——概括起来看,就是"创造世界市场的趋势"。② 资本创造世界市场的趋势,实质上是在世界范围内推广以资本为基础的生产方式,或者说是在世界范围内造就与资本相适应的社会生产方式。

(二)创造新的需要的趋势。就相对剩余价值的生产和实现来说,除了通过不断提高生产力水平生产出更多的剩余劳动产品之外,它同时需要不断地生产出新的需要即消费,这是资本积累过程中具有的创造新的需要的趋势。具体而言,相对剩余价值的实现有赖于以下几点:1. 是否能够在量上扩大现有的消费;2. 是否能够把现有的消费推广至更大的地域范围来造就新的需要;3. 是否能够生产出新的需要,也就是发现和创造出新的使用价

---

① 《马克思恩格斯全集》第 30 卷,人民出版社 1995 年版,第 387—388 页。
② 《马克思恩格斯全集》第 30 卷,人民出版社 1995 年版,第 388 页。

值。这意味着剩余劳动在这里已经不仅仅是"量"上的剩余,而且同时是"质"的多样化发展——这有赖于分工的发展所推动的新的产业部门的不断出现。对此,马克思曾举例说:假定以前在一个使用100资本的地方,由于生产力提高了一倍,那么现在只需要使用50资本了,因而就会有50资本和相应的必要劳动游离出来,由此将形成新的生产部门并向社会提供新的需要。[①]

(三)创造出普遍利用自然属性和人的属性的体系的趋势。由于新的需要、新的消费必须要被不断地生产出来,所以,1.尽可能地去探索自然界以便发现新的有用物以及物的新的有用属性;2.尽可能地去实现不同地域、不同国家的产品的普遍交换;3.尽可能地去创新加工自然物的技术和方法等,就成为以资本为基础的社会生产发展的必然要求。在此过程中,资本主义生产会竭尽全力地推动自然科学的发展并将其尽可能地发展到"它的最高点",由此将最终创造出一个普遍地、全面地利用物的自然属性的生产体系的趋势。与此同时,与这种普遍地、全面地利用物的自然属性的生产体系相适应的是一个普遍而全面的需要的体系。为此,需要"培养社会人的一切属性"和他们尽可能广泛的"需求"[②]——这也成为资本积累推动的社会生产发展的内在趋势。因此,资本积累所具有的这一趋势,被马克思概括为"创造出一个普遍利用自然属性和人的属性的体系"[③]的趋势。

(四)克服一切外在限制的趋势。无论是"创造世界市场的趋势"、创造新的需要的趋势,还是创造出"普遍利用自然属性和人的属性的体系"的趋势,都是资本在积累过程中克服各种外在限制的表现。因为对于资本来说,它内在地具有一种无限制和无止境的积累欲望,一切外在的限制都是资本在积累过程中试图克服的东西。例如,为了自身增殖的需要,它不仅要克服一定界限内的闭关自守、打破各种民族的界限和偏见,而且力图使自然界真

---

① 参见《马克思恩格斯全集》第30卷,人民出版社1995年版,第389页。
② 《马克思恩格斯全集》第30卷,人民出版社1995年版,第389页。
③ 《马克思恩格斯全集》第30卷,人民出版社1995年版,第389—390页。

正成为人的对象、成为对人来说的有用物,等等。总之,资本在无止境的积累欲望的驱动下,它破坏一切阻碍自身积累的东西或条件"并使之不断革命化,摧毁一切阻碍发展生产力、扩大需要、使生产多样化、利用和交换自然力量和精神力量的限制"①。

(五)限制生产力发展及资本否定自身趋势。在资本无休止的积累的推动下,生产力得到了快速发展,这是马克思所说的资本的"伟大的文明作用"。然而,资本在驱动生产力发展的过程中也在一定程度上损害着主要的生产力,即人本身,如它使人本身的片面化程度不断加深,人的活动受到越来越多的限制,等等。因此,马克思认为,资本并不是生产力发展的绝对形式,"只有当生产力需要外部的刺激而这种刺激同时又表现为对生产力的控制的时候"②,它才表现为生产力发展的促进因素。而当资本积累到一定阶段,人们会逐步认识到资本本身正是资本进行积累的最大限制,这就是以资本为基础的社会生产的内在界限③,它使以资本为基础的社会生产一次次陷入过剩性危机(马克思在这里是通过梳理古典政治经济学特别是李嘉图、西斯蒙第、马尔萨斯等人的观点来阐述这种危机的),资本试图突破这种限制,但其遭到的是"一次比一次更大的崩溃"④。因此,当资本积累发展到一定程度的时候,资本就表现出其限制生产力发展的趋势,它将促使人们"利用资本本身来消灭资本"⑤,并在此基础上形成新的生产方式。

资本积累的上述趋势共同构筑出了未来社会的景象:由世界市场所推动的世界历史的正在或者已经形成,人的多方面的需求以及满足这种需求的产品的量与质日益丰富,科学技术的不断进步和生产力发展水平的极大

---

① 《马克思恩格斯全集》第 30 卷,人民出版社 1995 年版,第 390 页。
② 《马克思恩格斯全集》第 30 卷,人民出版社 1995 年版,第 396 页。
③ 这种内在的界限包括:"(1)必要劳动是活劳动能力的交换价值的界限;(2)剩余价值是剩余劳动和生产力发展的界限;(3)货币是生产的界限;(4)使用价值的生产受交换价值的限制。"(参见《马克思恩格斯全集》第 30 卷,人民出版社 1995 年版,第 397 页)
④ 《马克思恩格斯全集》第 30 卷,人民出版社 1995 年版,第 397 页。
⑤ 《马克思恩格斯全集》第 30 卷,人民出版社 1995 年版,第 390—391 页。

提高,阻碍社会生产发展的各种限制的破除,等等。在《资本论》中,对"资本主义积累的历史趋势"①的分析正是马克思预见未来社会的重要依据。如果说未来社会是一个人的自由全面发展的社会,那么,物对人的奴役的状况也将消除,而这种消除的条件正是在资本主义积累的过程中所孕育的。前面已经指出,劳动者受到其劳动产品的奴役是"物役迷局"最直接的表现形式,这种劳动产品本质上是劳动者剩余劳动所生产的、被统治阶级所占有的劳动产品。而资本主义时代"物役迷局"的特殊性就在于,剩余劳动在这里形成的剩余价值再次被投入生产过程中进行资本积累。实际上,资本积累一方面加剧着物对劳动者的奴役程度,另一方面也生成着劳动者走出这种"物役迷局"的各种条件。首先是物质条件,即由资本积累所推动的科学技术和生产力的高度发展所带来的物质产品的极大丰富,它使人不再受制于物成为可能。其次是部分主体条件,主要体现为人自身各个方面的发展,包括人能够全面利用自然物的各种属性来进行生产的能力的发展、人在世界历史进程中所形成的各种社会关系的发展、人的需求的多方面的发展等,它使人驾驭物并按照自主的方式来组织社会生产成为可能。这也是马克思在这里提出的"利用资本本身来消灭资本"的题中应有之义。

三、"剩余资本Ⅰ"与资本的原始积累

讨论马克思的资本积累理论,不能忽略资本的原始积累这一十分特殊且重要的环节。说它特殊,是因为它不是在资本和雇佣劳动的关系中进行的,因而不同于一般的资本积累;而说它重要,是因为它所揭示的是资本主义生产方式的"起点"②、资本的"历史前提",或者说资本的"形成史"③。在《资本论》中,马克思对资本原始积累的分析以英国为例,如其所言:"只有

---

① 《马克思恩格斯文集》第5卷,人民出版社2009年版,第872页。
② 《马克思恩格斯文集》第5卷,人民出版社2009年版,第820页。
③ 《马克思恩格斯全集》第30卷,人民出版社1995年版,第451页。

在英国,它才具有典型的形式"①。但是,马克思在《1857—1858 年经济学手稿》中对这一问题的讨论是从区分"剩余资本Ⅰ"和"剩余资本Ⅱ"②开始的。

所谓"剩余资本Ⅰ",指的是资本家在最初的生产过程中就已经占有的对象化了的他人的劳动,但它现在已经成为一种"自为存在的价值",因为它当中的一部分要被用来同活劳动能力相交换,但它本身并不是从雇佣关系中产生的。"剩余资本Ⅱ"指的是剩余资本投入生产过程,在交换过程中实现了它的剩余价值,"并在第三次生产过程开始时又作为新的剩余资本出现"的东西,也即我们通常意义上所理解的再转化为资本的剩余价值。剩余资本Ⅰ不同于剩余资本Ⅱ,"剩余资本Ⅰ的前提是归资本家所有的并由他投入流通的价值",而"剩余资本Ⅱ的前提无非就是剩余资本Ⅰ的存在"③。马克思认为,只有当剩余资本Ⅰ生产出剩余资本Ⅱ时,剩余资本Ⅰ才设定为或实现为剩余资本,它意味着"正在转化为资本的货币的那些还处于现实资本的运动之外的前提已经消失"④,而以资本为基础的生产开始成为社会生产的前提。换言之,资本的原始积累进程,就是从剩余资本Ⅰ到剩余资本Ⅱ的历史进程。

在讨论剩余资本Ⅰ到剩余资本Ⅱ的过程中,马克思首先指出,从剩余资本Ⅰ到剩余资本Ⅱ,表明的是"资本家在这里已经作为资本同活劳动相对立":对于资本家来说,他的资本得到了保存和增长,他的权力不断扩大;而对于劳动来说,它日益将贫穷中的、丧失了物质实体的活劳动能力"重新变为活劳动能力的唯一条件"⑤。其次是对这一过程中发生的所有权的变化的分析。所有权在最初都是以自己的劳动为基础的,但在从剩余资本Ⅰ到

---

① 《马克思恩格斯文集》第 5 卷,人民出版社 2009 年版,第 823 页。
② 《马克思恩格斯全集》第 30 卷,人民出版社 1995 年版,第 448 页。
③ 《马克思恩格斯全集》第 30 卷,人民出版社 1995 年版,第 448—449 页。
④ 《马克思恩格斯全集》第 30 卷,人民出版社 1995 年版,第 451 页。
⑤ 《马克思恩格斯全集》第 30 卷,人民出版社 1995 年版,第 449 页。

剩余资本Ⅱ的过程中,出现了一种奇异的结果:一方面,资本家的所有权转化为了占有他人劳动的权利;另一方面,劳动者具有了一种"必须把自身的劳动的产品和自身的劳动看作属于他人的价值的义务"。而在这一过程开始之前,剩余资本Ⅰ在其形式上是其占有者通过一般交换过程即简单交换创设出来的,这种交换从法律上看是每个人对自己产品的所有权和自由支配权的交换。但经过从剩余资本Ⅰ到剩余资本Ⅱ这一过程,在法律上表现所有权的最初行为的等价物交换成了"纯粹的假象",所有权成了占有他人劳动的权利,所有权(财富)与劳动已经完全分离了。[①] 最后,剩余资本Ⅰ到剩余资本Ⅱ的过程已经变成生产过程和价值增殖过程的统一,它同时生产出了以资本家和雇佣工人之间关系为核心的生产关系。在马克思看来,这种生产关系的产生依赖于历史上产生的或者必须存在的种种条件。具体而言,这些条件包括:(1)活劳动能力作为单纯主体的存在,同它的客观要素相分离;(2)以价值形式存在的对象化劳动不仅为再生产或保存活劳动能力提供对象条件,而且为新吸收的剩余劳动提供对象条件;(3)双方之间的自由交换;(4)以自为存在的价值形式表现劳动的对象条件的一方,必须把创造价值和价值增殖作为最终目的。[②]

　　为了考察这些条件是如何形成的,马克思返回到资本主义之前的社会形式,他主要考察了资本主义之前的三种(所有制)形式,并认为:1. 在所有这些形式中,经济制度的基础是土地财产和农业,生产使用价值是经济的最终目的。2. 这些形式具有的共同特点是:个人对劳动的客观条件的这种关系要以个人作为某一公社成员为中介,他不能改变自己对公社的关系,否则就破坏了"公社的经济前提"[③],因此,这种生产的基础是个人对公社的被当作前提的关系的再生产。3. 这种生产的基础具有自身的局限性,它只是同生产力的有限发展相适应。换言之,这种基础或前提在生产力的发展中必

---

① 参见《马克思恩格斯全集》第30卷,人民出版社1995年版,第450页。
② 参见《马克思恩格斯全集》第30卷,人民出版社1995年版,第456页。
③ 《马克思恩格斯全集》第30卷,人民出版社1995年版,第478页。

然要被扬弃。4.雇佣劳动同资本的关系形成于这些形式的解体过程。在此过程中,马克思还谈到了加速这一过程的两个助推因素:一是货币或交换价值的发展,它"加速"了劳动者同劳动条件的"分离"①;二是政治权力。马克思在这里以英国为例,指出政府在这一过程中的助推作用:大量的贫农被驱赶到劳动力市场上,他们唯一的活路,或是出卖劳动力,或是"行乞、流浪或抢劫",他们最初力图走后一种道路,但最终被"绞架、耻辱柱和鞭子"驱赶到前一种道路上,例如英国亨利七世、亨利八世时期的政府。② 这些分析,为他在《资本论》中更加深刻地阐明资本的原始积累准备了条件。

---

① 《马克思恩格斯全集》第 30 卷,人民出版社 1995 年版,第 502 页。
② 参见《马克思恩格斯全集》第 30 卷,人民出版社 1995 年版,第 502 页。亨利七世开始颁布惩治流浪者的血腥法律。亨利八世(1509—1547)在位期间,曾有 7200 个小偷被处以绞刑。1536 年颁布的法令宣布"强健的流浪汉"将被割掉耳朵,第三次流浪被发现将被处以死刑。1572 年伊丽莎白女王统治时期通过一项法令:未经许可的 14 岁以及 14 岁以上的乞丐要受到鞭刑并打上烙印,除非有人愿意雇佣他们;若第二次触犯,如果没有人愿意雇佣他们,他们将被处死;若第三次触犯,他们将被视为重罪犯而被毫不留情地处死(参见[美]斯坦利·L.布鲁、兰迪·R.格兰特:《经济思想史》,邸晓燕等译,北京大学出版社 2014 年版,第 13 页)。马克思在《资本论》中叙述这一问题时补入了更加详细的材料。

第六章 资本的历史使命与人的
解放条件的生成

    北京大学仰海峰教授在多篇文章①中表述了一个观点:《1857—1858 年经济学手稿》与《资本论》在哲学逻辑上存在着差异,前者以劳动本体论为基础,强调人的主体性;后者的真正主体是资本,人成为资本增殖的工具;两者具有完全不同的哲学框架:前者的主导逻辑是生产逻辑,后者则是资本逻辑。为此,仰海峰教授呼吁学界去探究资本逻辑场域中的主体性问题。在我们看来,《1857 1858 年经济学手稿》与《资本论》虽然存在着某些差异,但这种差异并非"哲学框架"意义上的差异。且不说前者所讨论的大多数议题在后者中被继续加以讨论并深化完善,单就主体性问题而言,后者即《资本论》在揭示资本运行规律的过程中,不仅深刻地阐明了资本积累带来的劳动者的贫困及其受奴役程度的不断加深,同时阐明:资本在运行过程中还造成了"日益壮大的、由资本主义生产本身的机制所训练、联合和组织起来的工人阶级的反抗"②的不断增长,最终导致的结果即剥夺剥夺者的社会革命的爆发——这些都是关于主体性问题的具体描述。实际上,主体并不是无对象的主体,表现人的主体性的生产活动也是在一定的生产关系中的

---

① 仰海峰:《〈资本论〉与〈政治经济学批判大纲〉的逻辑差异》,《哲学研究》2016 年第 8 期;《马克思资本逻辑场域中的主体问题》,《中国社会科学》2016 年第 3 期。
② 《马克思恩格斯文集》第 5 卷,人民出版社 2009 年版,第 874 页。

活动,正如马克思在"导言"中指出的,任何一种生产都是"一定社会性质的生产"①。在《1857—1858 年经济学手稿》中,马克思已将主体性问题的讨论置于资本主义生产方式之下,并试图通过揭示这一生产方式的内在规律来探究人的解放问题,它集中体现为马克思在这里提出的"资本的历史使命"②这一议题。该议题在《1857—1858 年经济学手稿》中已经有了较为充分地展开,在《资本论》中被加以继续讨论并深化完善。本章将结合《资本论》中的相关论述,集中讨论马克思在《1857—1858 年经济学手稿》中提出的这一议题。

第一节　资本的历史使命及其人学向度

讨论"资本的历史使命",首先要明确的是何谓"资本"。应当说,在人类思想史上,马克思是对"资本"作出最深刻、最系统阐释之人。在转向政治经济学研究之后,"资本"逐步成为马克思政治经济学批判理论的聚焦点——其政治经济学批判巨著最终被命名为"资本论"就是明证。在一系列相关的著作与手稿中,马克思深入考察了资本的起源、本质、内在矛盾、运行规律、基于资本运动所生成的各种精神现象等内容。其中,资本在运行过程中对人的多方面的塑造是一个不应被忽视的重要问题,它凸显了马克思政治经济学批判的人学向度。此外,基于社会发展和人的发展的维度,马克

---

① 《马克思恩格斯全集》第 30 卷,人民出版社 1995 年版,第 22 页。
② 关于"资本的历史使命",马克思在《1857—1858 年经济学手稿》中写道:"资本的伟大的历史方面就是创造这种剩余劳动,即从单纯使用价值的观点,从单纯生存的观点来看的多余劳动,而一旦到了那样的时候,即一方面,需要发展到这种程度,以致超过必要劳动的剩余劳动本身成为普遍需要,成为从个人需要本身产生的东西,另一方面,普遍的勤劳,由于世世代代所经历的资本的严格纪律,发展成为新的一代的普遍财产,最后,这种普遍的勤劳,由于资本的无止境的致富欲望及其唯一能实现这种欲望的条件不断地驱使劳动生产力向前发展,而达到这样的程度,以致一方面整个社会只需用较少的劳动时间就能占有并保持普遍财富,另一方面劳动的社会将科学地对待自己的不断发展的再生产过程,对待自己的越来越丰富的再生产过程,从而,人不在从事那种可以让物来替人从事的劳动,——一旦到了那样的时候,资本的历史使命就完成了。"(《马克思恩格斯全集》第 30 卷,人民出版社 1995 年版,第 286 页)

思在这种考察过程中既表达了他对资本的肯定性理解,也表达了他对资本的否定性理解。

一、马克思关于资本概念的三重规定

在早期的政治经济学研究如《1844 年经济学哲学手稿》中,马克思对其所使用的资本概念有过初步的界定,如"资本是对劳动及其产品的支配权力"①"资本是积蓄的劳动"②等等,这些理解事实上都源自于古典政治经济学。随着研究的深入,马克思逐步形成了其对资本的理论自觉,具体而言,马克思赋予其资本概念有以下三重规定。

首先是其本质规定。马克思认为,从本质上看,资本是一种生产关系,雇佣与被雇佣关系构成这种生产关系的内核。在《雇佣劳动与资本》中,马克思对"经济学家们"只是将"资本"理解为原料、生产工具和生活资料等进行了批评,他指出,这些东西"只有在一定的关系下"才成为资本③。在这里,他已经明确提出资本是一种"生产关系",是资产阶级社会和"资产阶级的生产关系"④。在《1857—1858 年经济学手稿》中,马克思从词源学的角度对"资本"这一概念进行了考察,指出"资本最初的含义是牲畜",并认为:"普通经济学"只是看到资本运动过程中所生产出的物质产品,而没有看到它其中所包含的社会关系以及对这种社会关系的再生产,"这种错误丝毫不比谈论古代的资本,谈论罗马、希腊的资本家的那些语言学家所犯的错误大"。在此基础之上,他再次强调资本是而且只能是生产关系。⑤ 在《资本论》中,以劳动二重性学说为基础,马克思在对资本进行了全方位地揭示(包括资本如何形成、价值增殖的秘密、资本的内在矛盾特别是其运行规律),之后又一次指出:"资本不是物,而是一定的、社会的、属于一定历史社

---

① 《马克思恩格斯全集》第 3 卷,人民出版社 2002 年版,第 238 页。
② 《马克思恩格斯全集》第 3 卷,人民出版社 2002 年版,第 239 页。
③ 《马克思恩格斯文集》第 1 卷,人民出版社 2009 年版,第 723 页。
④ 《马克思恩格斯文集》第 1 卷,人民出版社 2009 年版,第 724 页。
⑤ 参见《马克思恩格斯全集》第 30 卷,人民出版社 1995 年版,第 508—510 页。

会形态的生产关系"①。因此,我们将生产关系视为马克思对其资本概念的本质规定。但到这里只是第一步,我们还要继续追问:这种生产关系究竟是一种什么样的生产关系?按照人们对生产关系的一般理解,它主要包括三个方面的内容,即生产资料归谁所有、人们在生产过程中的相互关系如何、生产出的产品如何分配。其中,生产资料归谁所有最为根本,它决定着人们在生产过程中的相互关系如何以及产品的分配。在马克思生活的时代及其语境中,资本所代表的生产关系即资本主义社会的生产关系,具体来说:从所有制角度看,生产资料归资产阶级或资本家所有;从人们在生产过程中的相互关系看,资本家(或资产阶级)同工人(或工人阶级)的关系是雇佣与被雇佣的关系;从产品的分配看,工人生产出的产品全部归占有生产资料的资本家所有,工人所得到的是其出卖自己的劳动力的价格即工资。在这三者当中,生产资料所有制固然起着基础性的作用,但却不是这种生产关系的内核——因为在资本主义社会之前的奴隶制社会和封建社会中,生产资料都是归社会中的一小部分人(即在总人口中占少数的统治阶级,如奴隶制社会中的奴隶主阶级、封建社会中的地主阶级)私人占有,社会产品也主要由他们所支配。真正将这种社会同以往社会区别开来的东西,正是人们在生产过程中的相互关系,即雇佣和被雇佣的关系。正是在表现这种雇佣与被雇佣关系的生产活动中,占有生产资料并最终支配劳动产品的人才被称之为"资本家",靠出卖自己劳动力为生的劳动者被称之为"雇佣工人",而不是奴隶主和奴隶、地主和佃农。因此,资本的本质是生产关系,其内核则是人们在生产过程中所形成的雇佣与被雇佣关系。

其次是其结构规定。在马克思看来,资本的本质是生产关系,但这种生产关系要通过一定的物质形式体现出来,这说明资本有其自身的结构规定,如果说以雇佣和被雇佣关系为内核的生产关系构成的是资本的"灵魂",那么,承载这种社会关系的物质形态(如各种生产资料)则构成资本的"躯体"

---

① 《马克思恩格斯文集》第 7 卷,人民出版社 2009 年版,第 922 页。

和"肉身"。换言之,资本是生产关系和承载这种生产关系的物质形式的统一体。对于资本的这种结构规定,马克思在《雇佣劳动与资本》中已经进行了初步表述,他指出,资本"不仅包括物质产品",还包括"交换价值","不仅是若干物质产品的总和,并且也是若干商品、若干交换价值、若干社会量的总和"①。在这里,马克思对"交换价值"的分析尚未充分展开,特别是尚未对交换价值背后的价值问题进行深入讨论。通过 1857 年到 1858 年的政治经济学研究,马克思对交换价值背后的"价值"问题(或称交换价值的"实体")已经形成较为成熟的看法,并在 1859 年 6 月正式出版的《政治经济学批判。第一分册》中得到了较为清晰地表述,其基本思想是:使用价值是交换价值的物质载体,"构成交换价值实体的劳动"是"抽象一般的劳动",它可以用"必要劳动时间"来计量。② 到了《资本论》中,马克思对这一思想又进行了更为精确地表述:其一,交换价值背后的价值被明确地提了出来;其二,由抽象劳动所形成的价值实体的计量也被明确为生产该商品的"社会必要劳动时间"③。至此,我们再来看资本的结构规定的话,其可以被简单地表述如下:资本是一种负载于物上的社会关系,而这种负载物作为价值实体可以用社会必要劳动时间进行计量。实际上,明确价值实体可以被计量对理解资本具有非常重要的意义,因为如果价值的量不能够被计量,价值增殖也就无从谈起。在此过程中,马克思还对价值形式及其发展进行了分析,特别是对货币这种价值形式进行了全方位揭示,它一方面使价值实体的计量转化为用货币来计量,即货币化,另一方面为马克思分析货币向资本的转化进行了理论准备。

最后是其性质规定。马克思认为,增殖性是资本的本性,即资本在运动过程中能够实现价值增殖。马克思在《雇佣劳动与资本》中就已指出:资本虽然表现为"交换价值的总和",但并非任何"交换价值的总和"都是资本;

---

① 《马克思恩格斯文集》第 1 卷,人民出版社 2009 年版,第 725 页。
② 参见《马克思恩格斯全集》第 31 卷,人民出版社 1998 年版,第 421—424 页。
③ 《马克思恩格斯文集》第 5 卷,人民出版社 2009 年版,第 52 页。

资本之所以是资本,是因为"它作为一种独特的社会力量"同"直接的、活的劳动力"相交换,并在自身运动过程中"保存并增大自身"。换言之,资本除了具有本质和结构规定以外,还具有性质方面的规定,这种性质规定就是资本的增殖性。那么,资本如何实现自身的增殖?在这里,马克思已经非常明确地指出,资本增殖的"必要前提"是"除劳动能力以外一无所有的阶级的存在"[1]。从《1857—1858 年经济学手稿》开始到《资本论》,马克思对这一问题的讨论开始建立在其货币理论的基础之上。具体而言,马克思从区分"作为货币的货币"和"作为资本的货币"开始,继而来探究货币转化为资本的条件以及资本实现自身增殖的具体过程:首先,"作为资本的货币"之所以不同于"作为货币的货币",是因为前者在运动过程中实现了价值增殖;其次,货币之所以能够转化为资本,是因为货币的所有者在市场上购买到了一种特殊的商品——劳动力商品,它由"除劳动能力以外一无所有的阶级"所提供;最后,在生产过程也即对劳动力商品的使用过程中,劳动者创造出了一个高于其劳动力商品价值的价值额,即剩余价值,它由货币所有者即出资人(在这里是资本家)所占有。正是通过剩余价值的生产和占有,货币所有者实现了其货币价值的增殖。

以上关于资本的本质规定、结构规定、性质规定相互联系,互为支撑。其中,马克思关于资本概念的本质规定是其区别于古典政治经济学以及现代主流经济学的最鲜明特征。

二、资本对人的塑造:一种人学的向度

明确了何谓"资本"之后,再来看资本的"历史使命"。依据马克思对人类社会及其发展规律的理解:一定的社会形态建立在一定的物质生产方式的基础之上,而物质生产方式是由一定的生产力发展水平及其与之相适应的生产关系所构成的,其中,生产力决定着某种生产关系的产生和发展,并

---

[1] 《马克思恩格斯文集》第 1 卷,人民出版社 2009 年版,第 726 页。

最终(当这种生产关系开始成为生产力发展的阻碍因素时)推动这种生产关系走向解体和与之发展相适应的新的生产关系的产生。前面已经指出,从本质上看,资本是一种生产关系。作为一种生产关系,资本同样是社会生产力发展到一定阶段的产物,而随着生产力的发展,这种生产关系也必然要走向解体。因此,资本的"历史使命"可以理解为:资本在社会历史进程中从其产生到解体的存续期间对社会历史进程所发挥的作用和所产生的影响。从马克思在《1857—1858年经济学手稿》中对"资本的历史使命"所做的表述看,他强调的是资本对人的塑造,所凸显的是一种鲜明的人学向度。

《1857—1858年经济学手稿》中的马克思在表述"资本的历史使命"这一议题时首先指出:"资本的伟大的历史方面就是创造这种剩余劳动",资本的历史使命完成的重要标志之一就是"剩余劳动本身"成为从人们需要本身所产生的东西(或称人们的"普遍需要"①)。前面已多次谈到,在马克思那里,必要劳动是人类生存的基础,剩余劳动是人类发展的前提;剩余劳动不仅具有重要的社会历史功能,它使人从动物界走出来并且还是人区别于其他动物的重要标志,剩余劳动还蕴含着人的发展的价值追求(剩余劳动及其产品的量的发展可视为人的自由发展水平的量度;剩余劳动及其产品的质的多样性发展可视为人的全面发展水平的量度),对人的解放具有重要的意义。在这里,马克思不仅指出创造剩余劳动是"资本的伟大的历史方面",而且认为,在人类社会历史进程中,资本的历史使命的一个重要方面就是推动人的需要的发展,并最终将"剩余劳动本身"塑造为从人们需要本身所产生的东西。那么,资本何以能够塑造出人的这种需要? 回到马克思对资产主义生产方式的分析可知,一个重要的原因是资本能够极大地推动社会生产力的发展。在此基础上,人们进行必要劳动的时间会缩短至最短,由此形成大量的剩余劳动时间——在资本主义生产方式下,这种剩余劳动时间被用来进行剩余价值的生产,但随着资本这种生产关系的解体,这

---

① 《马克思恩格斯全集》第30卷,人民出版社1995年版,第286页。

种剩余劳动时间将转化为劳动者的自由时间,剩余劳动将成为表现人的个性的自由活动,由此使这种剩余劳动作为从人们需要本身所产生的东西成为可能。这是马克思在表述"资本的历史使命"时谈到的资本对人的塑造的重要体现之一。

资本对人的塑造的重要体现之二,是马克思在表述"资本的历史使命"时所谈到的所谓的人的"普遍的勤劳"。在资本主义生产方式之前,社会生产的主要目标是为了满足人们生存和发展需要,因而人们的勤劳有一定的限度。但在资本主义生产方式下,劳动成为雇佣劳动,社会生产的目标变成获取货币这种一般的财富形式,转化为资本的货币作为价值的代表,其价值增殖永无止境,在资本永无止境的增殖运动中,"作为目的的货币在这里成了普遍勤劳的手段"①,由此导致人的勤劳的永无止境。因此,通过以资本增殖运动为主轴的社会经济运行过程的塑造,"普遍的勤劳"将成为在这一过程中成长起来的劳动者的普遍特征。对此,马克思在这里指出,"勤劳是富有发明创造才能的",勤劳可以"为社会需要等创造新的对象"②。因此,这种"普遍的勤劳"又成为推动社会生产力向前发展以及人的需要的发展的重要原因和条件。

资本对人的塑造的重要体现之三,是马克思在表述"资本的历史使命"时所谈到的所谓的"资本的严格纪律"③,它使从这一过程中成长起来的人具有高度的组织纪律性。资本之所以能够形成对人的这种塑造,主要在于竞争是资本主义生产方式的内在规律——在获取剩余价值的内在动机和各资本之间竞争所产生的外在压力的共同作用下,资本在组织社会生产(例如生产过程中的分工与协作)以及流通和周转的过程中必须执行最严格的组织纪律,从而要求参与这一社会过程的劳动者具备高度的组织纪律性。总之,通过以资本增殖运动为主轴的社会经济运行过程的塑造,高度的组织

---

① 《马克思恩格斯全集》第30卷,人民出版社1995年版,第176页。
② 《马克思恩格斯全集》第30卷,人民出版社1995年版,第176页。
③ 《马克思恩格斯全集》第30卷,人民出版社1995年版,第286页。

纪律性将成为在这一过程中成长起来的劳动者的又一个普遍特征。

马克思在表述"资本的历史使命"时还指出,无论是由资本所塑造出的人的"普遍的勤劳",还是"资本的严格纪律"所塑造出的人的高度的组织纪律性,都将"发展成为新的一代的普遍财产",并共同促使社会生产力不断向前发展。当生产力以及社会生产发展到"人不再从事那种可以让物来替人从事的劳动"、"整个社会只需用较少的劳动时间就能占有并保持普遍财富"并能够自主而"科学地对待"日益丰富的再生产过程的时候,资本的历史使命才能够最终完成。① 具体来看,要实现整个社会只需用较少劳动时间就能占有并保持普遍财富,社会生产力就必须发展到一定的高度,特别是缩短必要劳动时间来进行的资本主义相对剩余价值的生产要经过充分发展;而要使"劳动的社会"能够"科学地对待"自身的再生产过程,主要取决于社会中的人的发展——它要求人不仅能够洞察并把握社会生产发展的基本规律,而且能够在社会生产过程中自觉地遵从和运用这些基本规律。这是在社会中进行生产的人从"自在"的状态向"自为"的状态的飞跃,它主要依赖于在资本主义生产过程中的工人阶级成长为先进生产力的代表。因此,实现这种飞跃同样离不开以资本运动为主轴的社会生产过程的塑造。最后,随着资本主义生产过程中固定资本特别是机器的发展和应用,人在生产过程中的作用和状态也发展了改变:社会生产的主体不再是人,而是机器这种人手和人脑创造出来的生产的物质器官,人成为站在生产过程之旁的机器活动的看护者或监控者;与此同时,人不再从事能够用机器来代替的繁重劳动,因而在很大程度上从繁重的劳动中解放了出来,这就为人的丰富个性的形成及自身的全面发展创造了条件。

虽然马克思在表述"资本的历史使命"时强调的是资本对人的塑造,凸显的是一种鲜明的人学向度,但毫无疑问的是,资本在社会历史进程中所发挥的作用和所产生的影响是多方面的,即使就其对人的塑造来说,资本在运

---

① 参见《马克思恩格斯全集》第 30 卷,人民出版社 1995 年版,第 286 页。

行过程中不仅塑造出了以工人阶级为主要代表的劳动者的"先进性",如上述谈到的人的"普遍的勤劳"、高度的组织纪律性,以及身处资本主义社会化大生产一线的工人阶级成为先进生产力的代表等,同时也造成了人的片面化发展和贫困化,表现为"局部工人"①的形成、劳动者受资本压迫和奴役程度的加深等。实际上,在深入考察资本主义生产方式的过程中,马克思既表达了他对资本的肯定性理解,也表达了他对资本的否定性理解——需要指出的是,这里的肯定性理解和否定性理解并非一种道德评价或道德说教,而是对事物本身辩证运动过程的客观考察。梳理马克思的这种考察,有助于我们更全面地理解"资本的历史使命"这一议题。

三、对资本的肯定性理解与否定性理解

所谓对资本的肯定性理解,指的是马克思对资本在运行过程中对人的发展和社会发展的促进(或推动)作用的理解。这种肯定性理解除了前面谈到的他在《1857—1858年经济学手稿》中所指出的资本对人的"先进性"的塑造作用之外,还突出地表现在他对资本促进社会生产力发展作用的高度肯定上。早在1848年发表的《共产党宣言》中,马克思和恩格斯就用热情洋溢的句子来描述资本所推动的社会生产力的巨大发展②;而在《资本论》及其手稿中,马克思更是多次谈到资本的这一"文明"③作用(也包括他说的"资本的伟大的历史方面"),在此过程中,他曾明确地提出:"发展社会

---

① 《马克思恩格斯文集》第5卷,人民出版社2009年版,第391页。

② 即"资产阶级在它的不到一百年的阶级统治中所创造的生产力,比过去一切世代创造的全部生产力还要多,还要大。自然力的征服,机器的采用,化学在工业和农业中的应用,轮船的行驶,铁路的通行,电报的使用,整个整个大陆的开垦,河川的通航,仿佛用法术从地下呼唤出来的大量人口——过去哪一个世纪料想到在社会劳动里蕴藏有这样的生产力呢?"(《马克思恩格斯文集》第2卷,人民出版社2009年版,第36页)

③ 例如他在《资本论》第3卷中指出:"资本的文明面之一是,它榨取这种剩余劳动的方式和条件,同以前的奴隶制、农奴制等形式相比,都更有利于生产力的发展,有利于社会关系的发展,有利于更高级的新形态的各种要素的创造。"(《马克思恩格斯文集》第7卷,人民出版社2009年版,第927—928页)

劳动的生产力,是资本的历史任务和存在理由。"①也就是说,推动社会生产力的发展是资本的重要历史使命之一,从社会发展角度看,这是其"历史任务和存在理由"。

对资本的否定性理解,也即马克思对资本的批判性理解,主要体现在以下方面:

一是对资本主义生产方式形成过程中的资本的原始积累过程的批判。在《1857—1858年经济学手稿》中,马克思试图通过对"剩余资本Ⅰ"的形成的追问来阐明资本的原始积累问题,为此,他回到对"资本主义生产以前的各种形式"的考察,并初步揭示出了从"剩余资本Ⅰ"到"剩余资本Ⅱ"即资本的原始积累的条件——劳动者和劳动资料的分离。在《资本论》第1卷中,马克思通过"货币转化为资本"和劳动力转化为商品的分析,从理论上阐明了资本的形成条件,并以英国为例,对资本的原始积累过程进行了考察。这种考察表明,资本的原始积累过程并不是资产阶级经济学家们描述的"田园诗式"的过程,而是在"征服、劫掠、杀戮"等暴力的作用下迫使劳动者同劳动资料相分离的过程,这是一个充满了血与火的过程,是一个对劳动人民来说充满了血泪和苦难的过程。因此,马克思在考察这一现实历史的过程中写道:"资本来到世间,从头到脚,每个毛孔都滴着血和肮脏的东西。"②

二是对资本残酷压榨活劳动的批判。在运动过程中不断增殖自身,是资本唯一的"生活本能",而其基本途径是用作为不变资本的"死劳动"去最大限度地获得"活劳动"。因此,马克思把资本比作"吸血鬼",他说:资本"吮吸的活劳动越多,它的生命就越旺盛"③。在剩余价值的生产过程中,正像资本家在这里是人格化的资本一样,雇佣工人在这里成为了"人格化的

---

① 《马克思恩格斯文集》第7卷,人民出版社2009年版,第288页。
② 《马克思恩格斯文集》第5卷,人民出版社2009年版,第871页。
③ 《马克思格斯文集》第5卷,人民出版社2009年版,第269页。

劳动时间"①,为了尽可能多地吮吸剩余劳动,资本会像"狼"一般凶狠地去侵占人们的劳动和生活时间,甚至于"人体的成长、发育和维持健康所需要的时间"②。毫无疑问,马克思在这里对资本所持的是一种批判的态度,但与此同时,他也指出了在这种情境的逼迫下产生的工人进行联合的自觉:"为了'抵御'折磨他们的毒蛇,工人必须把他们的头聚在一起,作为一个阶级"③来进行行动。换言之,资本对活劳动的残酷剥削无意间造就了工人的组织和联合,它不自觉地成为工人阶级的形成及其成长的条件。

三是对资本主义生产过程中资本所造成的人的片面化发展的批判。资本在促进社会生产力发展的同时,也造成了人的片面化发展,因为生产力的发展是与分工的发展联系在一起的。具体而言,分工有两种形式:一种是社会分工,它与交换相对应;一种是劳动分工(或称技术分工),它与协作相对应。在《德意志意识形态》中,马克思和恩格斯曾讨论了分工带来的对人的活动范围的限制和影响。④ 在《资本论》第1卷中,马克思参考斯卡尔培克《社会财富的理论》1839年巴黎第2版第1卷第84、85页中的描述,将分工划分为"一般的分工"、"特殊的分工"、"个别的分工"⑤,但他在这里所关注的主要是工场手工业内部的分工即"个别的分工",这种分工大体上表达的是同协作相对应的劳动分工(或称技术分工)的含义。对于这种分工,马克思在"相对剩余价值的生产"部分给予了详细地描述:通过简化工人的操作、提升劳动的强度、带动工具的改进,一方面促进了生产力的发展和生产效率的提高,另一方面,这种分工又造成了工人"某种智力上和身体上的畸形化"⑥,使工人成为"局部工人"。因此,马克思在评述这种资本所推动的技术分工的发展时指出:在这里,"一切提高社会劳动生产力的方法都是靠

---

① 《马克思恩格斯文集》第5卷,人民出版社2009年版,第281页。
② 参见《马克思恩格斯文集》第5卷,人民出版社2009年版,第306—307页。
③ 《马克思恩格斯文集》第5卷,人民出版社2009年版,第349页。
④ 参见《马克思恩格斯文集》第1卷,人民出版社2009年版,第537页。
⑤ 参见《马克思恩格斯文集》第5卷,人民出版社2009年版,第406—407页。
⑥ 《马克思恩格斯文集》第5卷,人民出版社2009年版,第420页。

牺牲工人个人来实现的",它"使工人畸形发展","使劳动失去内容";由于劳动过程中各种操作的简化使得资本在生产过程中使用女工和童工成为可能,因此,资本所推动的这种分工的发展还导致了"工人的妻子儿女"被"资本的札格纳特车轮"所碾压①,等等。由此可见,马克思对资本主义生产过程中资本所造成的人的片面化发展有充分的认识,并且对这些现象作出了不同程度地描述与揭示。

综上,作为一种生产关系,并且是一种"发展社会生产力的重要关系",马克思对资本的肯定性理解主要体现在肯定它对生产力发展的促进作用上。从人的发展的角度看,马克思既肯定了资本对人的先进性的塑造作用,同时也客观地指出了资本在形成和运行过程中对劳动者进行野蛮掠夺和残酷剥削的事实,包括资本造成的人的片面化发展等状况——这些都是资本在社会历史进程中所发挥的作用和所产生的影响,因而都应当纳入马克思在《1857—1858年经济学手稿》中提出的"资本的历史使命"这一议题。到此,对这一议题的进一步讨论应该面对的问题是:在马克思那里,生产力的发展同人的发展特别是人的解放之间究竟是一种什么关系?

第二节 生产力:人的本质力量的客体表现

根据历史唯物主义基本原理,生产力是推动社会发展最活跃最革命的因素——对此,列宁曾明确提出,"生产力的发展","这是社会进步的最高标准"②。而社会是由人组成的,由此而产生的问题是:在社会历史进程中,生产力的发展和人的发展究竟是一种什么关系? 或者说,将生产力的发展视为社会进步的最高标准是否意味着人的发展已经被降至一个相对次要的位置? 回答这一问题,需要我们重新检视马克思的生产力范畴。

---

① 参见《马克思恩格斯文集》第5卷,人民出版社2009年版,第743页。
② 《列宁全集》第16卷,人民出版社1988年版,第209页。

一、人的本质力量的对象化与生产力

毫无疑问,生产力范畴是马克思主义理论中最重要的范畴之一。在最新出版的《马克思主义大辞典》中,生产力被表述为"人们在劳动生产中利用自然、改造自然以使其满足人的需要的客观物质力量"[①];在全国通过本科生教材《马克思主义基本原理概论》中,生产力被表述为"人类在生产实践中形成的改造和影响自然以使其适合社会需要的物质力量"[②]。实际上,不管人们对生产力范畴作出什么样的具体表述,生产力都是人在改造自然界的过程中所展示出的客观物质力量,而这种力量首先是人所具有的力量——在此意义上,生产力的发展就是人自身力量的发展。但需要注意的是:起初的马克思(在《1844 年经济学哲学手稿》中)曾用"人的本质力量"来描述人自身的力量。实际上,从"人的本质力量"到"生产力"预示着:马克思开始将人的发展同社会发展联系了起来,或者说,他试图在探究社会发展规律的过程中来考察人的发展及其解放问题。

马克思在《1844 年经济学哲学手稿》中认为:人类劳动的历史和通过劳动而生成现实世界(人化的自然界),是"人的本质力量"的公开展示,而劳动过程就是人的本质力量的展示过程——只不过,在"工业"这种劳动过程中,人的本质力量的对象化成果及其过程以异己的形式呈现在人们面前。[③]由于他此时尚未深入社会历史的深处,只是用"私有财产即人的自我异化的积极的扬弃"[④]来描述人类历史的走向,因此,人的发展过程只能被抽象地理解为人在劳动中的异化和异化的人向"合乎人性的人"的复归过程。至于人的本质力量为何以异己的形式呈现在人们面前、私有财产即人的自我异化如何进行积极的扬弃等问题,马克思在这里尚未给出科学的说明。

---

① 《马克思主义大辞典》,崇文书局 2017 年版,第 58 页。
② 《马克思主义基本原理概论》,高等教育出版社 2018 年版,第 116 页。
③ 参见《马克思恩格斯全集》第 3 卷,人民出版社 2002 年版,第 306—307 页。
④ 《马克思恩格斯全集》第 3 卷,人民出版社 2002 年版,第 297 页。

在《1844 年经济学哲学手稿》与《德意志意识形态》之间,马克思还为我们留下了一个了解其对生产力态度的重要文本,即他在 1845 年 3 月所写的《评弗里德里希·李斯特的著作〈政治经济学的国民体系〉》。李斯特的《政治经济学的国民体系。第 1 卷。国际贸易,贸易政策和德国关税同盟》一书于 1841 年出版①,该书出版后在德国被大肆宣扬,一度成为追求财富和渴望统治的年轻的德国资产阶级的宣言书。在这部著作中,李斯特吹嘘自己要对当时的政治经济学中流行的国际贸易理论、贸易政策理论的错误的实质和原因进行研究,其目的是要创造一种所谓的"新的财富理论"②。不同于建立在交换价值基础上的以前的国民经济学体系,李斯特宣称他的国民经济学建立在"生产力"的基础之上,但这种"生产力"是什么呢? 用他自己的话来说,就是"创造财富的能力"③。对此,马克思指出:"李斯特先生装腔作势,似乎他不顾恶的交换价值,处处为了生产力本身而关心生产力",但在当前制度下,这种生产力"从一开始就是由交换价值决定的"④。马克思认为,李斯特借赞美"生产力"之名而行对劳动者的侮辱之实,因此,必须破除其赋予的"生产力"的"神秘灵光"。而这是很简单的事情,因为他将"人同马、蒸汽、水全都充当'力量'的角色"、赋予人以"生产力"的荣誉,实际上是把人贬低为一种创造财富的力量,这是对作为劳动者的人的最大的侮辱。因为这意味着:"如果你的弯腰驼背,四肢畸形,某些肌肉的片面发展和加强"使你更具有生产能力,那么,弯腰驼背、四肢畸形等就是一种生产力。⑤ 这里表现出马克思对生产力的审慎态度,但至少有两点是基本明确的:其一,他反对将作为劳动者的人视为生产力的一个要素;其二,他并不认可李斯特将生产力理解为创造财富的能力的做法。

---

① 恩格斯曾在 1844 年 11 月 19 日致信马克思,信中提到他打算写几本批判这本书的小册子,但是最终未能如愿。参见《马克思恩格斯全集》第 27 卷,人民出版社 1972 年版,第 11 页。
② 《马克思恩格斯全集》第 42 卷,人民出版社 1979 年版,第 241 页。
③ 转引自《马克思恩格斯全集》第 42 卷,人民出版社 1979 年版,第 252 页。
④ 《马克思恩格斯全集》第 42 卷,人民出版社 1979 年版,第 263 页。
⑤ 参见《马克思恩格斯全集》第 3 卷,人民出版社 2002 年版,第 306—307 页。

马克思对生产力范畴第一次自觉地运用,出现在其与恩格斯共同写作的著作《德意志意识形态》中。在这部著作中,关于生产力的表述主要有以下几点:1. 它是人们"共同活动方式"①;2. 它是"受分工制约的不同个人的共同活动"所生产的"一种社会力量"②;3. "各个人——他们的力量就是生产力";4. 它是一种对个人来说的"异己"的力量。总之,马克思和恩格斯强调它是人们基于一定的社会联系而在共同的活动所展示出的社会力量。在这里,他们还进一步指出了这种力量之所以成为一种对个人来说的"异己"的力量的原因,即在现实历史进程中,特别是在商品经济日益占据主导地位的情况下,各个人之间是彼此分散和对立的,所以生产力对个人本身来说似乎不再是他们自身的力量;生产力好像具有了一种物的形式,成为一种同个人相分离的东西;生产力表现为私有制的力量,因而只有在个人是私有者的情况下才表现为他的力量;等等。在此基础上,马克思和恩格斯还用生产力同"交往形式"的矛盾运动来解释人类历史发展的一般规律,并在此过程中探究人的发展和人的解放问题。

因此,可以将"人的本质力量"视为马克思生产力范畴的"前史"。之所以要强调这一点,是因为在后来人们对生产力范畴的理解中,作为主体的人仅仅被当作构成生产力的要素之一,并最终造成了生产力的发展及其所推动的社会发展同人的发展的可能对立的嫌疑。

二、生产力的构成要素:三大自然力

生产力是人们在改造自然界的过程中所展示出的"人的本质力量",然而在后来的马克思主义教科书体系中,构成生产力的基本要素被表述为劳动资料、劳动对象和劳动者,而随着科学技术在生产过程中发挥的作用越来越大,科学技术也逐渐被当作构成生产力的重要因素。③ 在这种理解方式

---

① 《马克思恩格斯文集》第 1 卷,人民出版社 2009 年版,第 532—533 页。
② 《马克思恩格斯文集》第 1 卷,人民出版社 2009 年版,第 537—538 页。
③ 参见《马克思主义基本原理概论》,高等教育出版社 2018 年版,第 116—117 页。

的影响下,生产力作为"人的本质力量"的维度逐渐被淡化或者说被遗忘了——人们谈到生产力,立刻想到的是这几个基本要素,而作为主体的人即劳动者只是其中的要素之一。对于这种理解,许多马克思主义的研究者曾提出过不同程度的质疑,例如,法国著名马克思主义者艾蒂安·巴里巴尔(Etienne Balibar)就曾指出,对生产力的这种理解"具有表面的简单性,而在实际上却包含着许多难题"①,其中,最直接的难题就是在描述生产力时,"我们遇到了所要集合的各个要素时不同质的情况"②。换言之,生产力作为一种客观物质力量,理应由各种"力"来构成,而不是由与之不同质的劳动资料、劳动对象等要素简单组成——尽管作为劳动资料的劳动工具可以标示出生产力发展水平的程度。

实际上,马克思并没有将构成生产力的基本要素规定为劳动资料、劳动对象、劳动者以及科学技术,相反,我们可以找到马克思在集中论述上述要素时所要阐明的问题。马克思在《资本论》第 1 卷第 5 章讨论"劳动过程"时指出:"劳动过程的简单要素是:有目的的活动或劳动本身,劳动对象和劳动资料。"③其中,"有目的的活动或劳动本身"指向的就是劳动者;劳动对象既包括"土地"和天然存在的一些东西,如河里的鱼、森林中的树木、地下的矿石等,也包括已经过了人类劳动而形成的各种"原料",它们都是人劳动的对象;劳动资料是劳动者用来将自己的活动"传导到劳动对象上去的物或物的综合体"④——劳动者利用这些物的各种属性并把它们当作手段。就此看来,被当作构成生产力的基本要素的劳动资料、劳动对象、劳动者以及科学技术,实际上是构成劳动过程的基本要素。然而,生产力毕竟不同于劳动过程,因此,构成劳动过程的基本要素并不能作为构成生产力的基本

---

① ［法］路易·阿尔都塞、艾蒂安·巴里巴尔:《读〈资本论〉》,李其庆、冯文光译,中央编译局出版社 2017 年版,第 276 页。
② ［法］路易·阿尔都塞、艾蒂安·巴里巴尔:《读〈资本论〉》,李其庆、冯文光译,中央编译局出版社 2017 年版,第 277 页。
③ 《马克思恩格斯文集》第 5 卷,人民出版社 2009 年版,第 208 页。
④ 《马克思恩格斯文集》第 5 卷,人民出版社 2009 年版,第 209 页。

要素。

那么,构成生产力基本要素的究竟是什么东西? 按照巴里巴尔关于生产力构成要素必须"同质"的提示,结合马克思在《资本论》中对资本主义社会如何实现生产力巨大发展的分析,可以将生产力的构成要素概括为如下三大"自然力":

一是人自身的"自然力"。对于这种自然力,马克思曾指出,"自然力、生命力"是人这一"作为有生命的自然存在物"所具有的基本的东西,它们作为"天赋和才能、作为欲望存在于人身上",使人成为一种"能动的自然存在物"①。因此,人自身的自然力可以简单地理解为人自身的自然中所蕴藏的各种潜在力量,包括人的体力、智力以及意志力等内容。为了从自然界中获取生活和生产资料来维持自身的生存和发展,"人就使他身上的自然力——臂和腿、头和手运动起来",这里所运用的不仅是潜藏在人自身的自然中的体力和智力,还包括人的意志力——对此,马克思说,在劳动过程中,"劳动者越是不能把劳动当做他自己体力和智力的活动来享受,就越需要这种意志"②。需要指出的是,人自身的这些"自然力"并不是一成不变的东西,特别是人的智力和意志力,它能够通过后天的学习和训练不断地提升和发展。当人在劳动过程中把这些"自然力"运用和展示出来的时候,这种"自然力"就成为了现实的生产力。因此,人自身的"自然力"是构成生产力的基本要素之一。

二是社会劳动的"自然力"。马克思在《资本论》中描述资本主义社会生产力的巨大发展时指出:"由协作和分工产生的生产力,不费资本分文。它是社会劳动的自然力。"③对于这种社会劳动的"自然力",他在《资本论》第 1 卷第 11 章"协作"和第 12 章"分工和工场手工业"中有比较详尽的说明。在第 11 章"协作"中,马克思认为,通过在劳动过程中的协作,不仅提

---

① 《马克思恩格斯全集》第 3 卷,人民出版社 2002 年版,第 324 页。
② 《马克思恩格斯文集》第 5 卷,人民出版社 2009 年版,第 208 页。
③ 《马克思恩格斯文集》第 5 卷,人民出版社 2009 年版,第 443 页。

高了个人生产力，而且创造出了一种新的生产力，这种新的生产力是聚集到一起的劳动者通过彼此间的协作而形成的新力量，同单个人力量的机械总和相比，不仅有量的差别（前者大于后者），而且有质的差异（前者可以完成许多后者不能完成的操作），因此，马克思又把这种新的生产力称为"集体力"①。在第 12 章"分工和工场手工业"中，马克思对建立在日益精细化分工和协作基础上而形成的社会劳动的一定组织进行了细致的描述，他指出，通过对手工业活动尽可能地分解——它同时带来了劳动工具的分化和专门化（从而为形成组成机器的工具机创造了物质条件），在此基础上形成了一种"社会劳动的一定组织"，从而"发展了新的、社会的劳动生产力"②，等等。显然，这种社会劳动的"自然力"的大小同劳动组织的大小特别是其内部结构的优化有关。同样，当人们在劳动过程中将这种"自然力"开发并运用出来的时候，这种"自然力"就成为了现实的生产力。因此，社会劳动的"自然力"可视为构成生产力的基本要素之二。

　　三是人自身之外的自然界的"自然力"。在人类生产实践的历史发展过程中，除了人自身的"自然力"、社会劳动的"自然力"之外，人自身之外的自然界中的许多力量开始越来越多地被人们自觉地运用到生产过程，如最初的畜力、风力、水力（水流的力量），直到资本主义大工业时代的蒸汽力和电磁力等，这些都是人自身之外的自然界的"自然力"。马克思在《资本论》第 1 卷第 13 章"机器和大工业"部分详述了这种"自然力"在资本主义生产过程中的运用，并认为，像社会劳动的"自然力"一样，自然界的这些"自然力"在资本主义生产过程中也不费资本分文，但要在生产过程中使用这些自然界的"自然力"，就需要一种装置，这种装置构成机器的动力机或发动机。总之，通过这些装置，自然界的"自然力"被开发和运用到生产过程中，从而成为人类在改造自然界的过程中所展示出的客观物质力量。因此，人

---

① 《马克思恩格斯文集》第 5 卷，人民出版社 2009 年版，第 378 页。
② 《马克思恩格斯文集》第 5 卷，人民出版社 2009 年版，第 422 页。

自身之外的自然界的"自然力"可视为构成生产力的基本要素之三。

将上述三种"自然力"看作构成生产力的基本要素,并没有排除科学技术在生产力发展中的作用;相反,科学技术在生产力发展过程中的巨大作用恰恰得到了凸显,原因是:无论是社会劳动的"自然力",还是自然界中的"自然力",在没有进入人类生产活动之前,它们只是一种潜在的物质力量,即还不是现实的生产力,而要使它们转化为现实的生产力,就必须借助于科学技术的力量。具体而言,要在生产过程中利用社会劳动的"自然力",就需要社会科学技术(比如管理学)的一定发展;而要在生产过程中利用自然界的"自然力",就需要相应的自然科学技术的一定发展。换言之,科学技术的发展水平,决定了人类在生产过程中开发利用这些"自然力"的可能程度。在此意义上,将科学技术视为"第一生产力"是恰如其分的。与此同时,将上述三种"自然力"看作构成生产力的基本要素,对于恢复或者说澄清生产力是"人的本质力量"是有重要意义的,因为无论是社会劳动的"自然力",还是自然界中的"自然力",通过人们在生产过程中的开发和使用,都转化为了人类改造自然界的力量,具有了属人的特征——这些力量作为"人的本质力量",正是马克思所强调的"自然界的人的本质"或者说"人的自然的本质"①。在此意义上,生产力的发展就是人自身力量的发展。

三、从人的本质力量到资本的生产力

在《1844 年经济学哲学手稿》中使用"人的本质力量"来表达生产力时,马克思就注意到"人的本质力量"的对象化过程及其结果成为一种对人来说的异己形式的现象;在之后的《德意志意识形态》当中,马克思和恩格斯探究了生产力成为一种对个人来说的异己的力量的原因②;在《1857—1858 年经济学手稿》中,马克思在分析资本主义生产过程时指出:因为生产

---

① 《马克思恩格斯全集》第 3 卷,人民出版社 2002 年版,第 307 页。
② 参见《马克思恩格斯文集》第 1 卷,人民出版社 2009 年版,第 580 页。

力的发展是资本"价值增殖的必要条件",所以资本"力图无止境地提高劳动生产力并且使之成为现实",在这种情况下,生产力的任何提高都成为"资本的生产力的提高"①。那么,作为人的本质力量,生产力在资本主义生产方式下是如何成为"资本的生产力"的? 从构成生产力基本要素的三大"自然力"来看,这一问题就不难理解了。

首先,作为构成生产力基本要素之一的人自身的"自然力",在资本主义生产方式下以劳动力商品的形式存在,要使之进入生产过程,需首先同作为资本的货币相交换,即在劳动力商品市场上被购买。而一旦被购买后进入劳动过程,他们就"已经不再属于自己了",这种人自身的"自然力"此时属于谁呢? 当然属于资本。对此,马克思说:"他们一进入劳动过程,便并入资本","他们本身只不过是资本的一种特殊存在方式"②,并由此成为为资本而存在的一个要素,即可变资本。换言之,由于作为构成生产力基本要素之一的人自身的"自然力"被并入资本之中,所以这种"自然力"在生产过程中展示为资本的力量,或称资本的生产力。

其次,作为构成生产力基本要素之二的社会劳动的"自然力",实质上是由聚集到一起的劳动者通过分工和协作而形成的客观物质力量,其载体是在生产过程中由许多个人通过分工与协作而形成的一定的生产组织。在资本主义生产方式下,因为这种生产组织是由资本来推动形成的,所以也表现为资本的一种特殊存在方式,因此,劳动者在资本组织下通过分工与协作在劳动过程中所展示出的客观物质力量相应地也表现为资本的力量。对此,马克思在《资本论》中说,在资本主义社会,工人被置于一定的生产条件下,他们在这里作为"社会工人"在劳动中所展示出的客观物质力量,是"资本的生产力"——这是因为"工人在他的劳动本身属于资本以前不能发挥这种生产力,所以劳动的社会生产力好像是资本天然具有的生产力,是资本

① 《马克思恩格斯全集》第30卷,人民出版社1995年版,第305页。
② 《马克思恩格斯文集》第5卷,人民出版社2009年版,第386—387页。

内在的生产力"①。换言之,由于承载这种社会劳动的"自然力"的一定的生产组织也被资本化了,所以这种"自然力"在资本主义生产方式下表现为资本的力量、资本的生产力。

最后,作为构成生产力基本要素之三的自然界的"自然力",是人本身之外的自然界中所蕴藏的各种客观物质力量,要把这种"自然力"运用到人类生产活动中,就需要有开发利用这些"自然力"的相关的装置,正如马克思所说:"正像人呼吸需要肺一样,人要在生产上消费自然力,就需要一种'人的手的创造物'。"②因此,这些开发和利用这种自然界的"自然力"的一定的装置可视为其物质载体。在资本主义生产方式下,这些开发利用自然界的"自然力"的物质装置或物质载体是由资本购买并运用到生产过程中的,因而也成为资本的一种特殊的存在方式,即不变资本或固定资本。由于承载这种"自然力"的物质装置或物质载体也被资本化了,所以这种"自然力"在资本主义生产方式下表现为资本的力量、资本的生产力。

从人的本质力量到资本的生产力,表明的是人在创造历史的过程中还没有获得自身的解放,劳动者仍在受到人的本质力量的对象化过程及其结果(即其产品)的统治、正在受到资本的统治——资本在这里以物的形式呈现在人们面前,它表现为"庞大的商品堆积"③、复杂的生产组织体系、以机器为代表的发达的生产工具系统等等。由这些作为资本的物质载体所形成的人工物质世界,实质上是人的本质力量的对象化结果,因而可视为人的本质力量的客体表现。它同时表明,基于当前的生产关系以及在这种生产关系基础之上而形成的共同体还不是"真正的共同体"④,这是因为由个人力量通过分工而转化为物的力量(在这里是资本的力量)还未能够被自由联合起来的个人进行自觉地控制和驾驭。正因为如此,社会生产力的发展

---

① 《马克思恩格斯文集》第 5 卷,人民出版社 2009 年版,第 387 页。
② 《马克思恩格斯文集》第 5 卷,人民出版社 2009 年版,第 444 页。
③ 《马克思恩格斯文集》第 5 卷,人民出版社 2009 年版,第 47 页。
④ 《马克思恩格斯文集》第 1 卷,人民出版社 2009 年版,第 571 页。

并不表现为人的本质力量的发展,而表现为统治人的物的力量的不断加剧。但要使人从这种统治中解放出来,进而能够对这种力量进行自觉的控制和驾驭,以资本运动为主轴的社会生产过程还需要进一步发展,正所谓"自我异化的扬弃同自我异化走的是一条道路"①。实际上,正是在对资本主义生产方式及其历史发展趋势的分析中,马克思揭示出了在此过程中生成的人的解放的物质条件和主体条件,而这些条件的生成,同以资本运动为主轴的社会生产过程的进一步发展息息相关。

第三节　人的解放的物质条件和主体条件的生成

作为呈现在我们面前的两个文本,《1857—1858 年经济学手稿》同《资本论》之间当然存在着表述内容上的种种差异,但在资本主义经济运行过程中探究人的发展和人的解放如何可能是它们共同的主题,只不过,前者侧重于对在这一历史进程中作为主体的劳动者的分析,而对资本运行过程及其规律的具体分析在这里尚有待充分展开,后者则更加聚焦于对资本运行规律的详细揭示,并在此基础上来讨论无产阶级的解放问题。因此,虽然我们不应当仅仅将《1857—1858 年经济学手稿》视为"一个专门被用来从文献学角度研究《资本论》的构思的文本"②,进而去忽略这一文本所具有的独特的理论价值,但更需要警惕的是在研究过程中人为地夸大两者之间的异质性,甚至制造出两者之间的所谓对立。无论如何,《1857—1858 年经济学手稿》都是马克思在创作《资本论》的过程中所留下的手稿,这是铁一般的事实。回到它们共同的主题(事实上也是贯穿于整个马克思主义理论学说的主题)上来,我们将在这两个相互联系、互为补充的文本中看到马克思对这一主题较为完整的研究和阐释。实际上,也正是通过这种研究和阐释,马克

---

①　《马克思恩格斯全集》第 3 卷,人民出版社 2002 年版,第 294 页。

②　[意]奈格里:《〈大纲〉:超越马克思的马克思》,张梧等译,北京师范大学出版社 2011 年版,第 24 页。

思的人学思想才真正成为"关于现实的人及其历史发展的科学"①。

一、资本与人的解放的物质条件的生成

毫无疑问,讨论人的解放并不是马克思的专利,但马克思对这一问题的讨论至少具有如下两个鲜明的特征:其一,他的讨论始终同一定的生产方式以及以此为基础的社会制度联系在一起;其二,他讨论的核心问题是人的解放所需的各种条件——这些条件可简单地归为两类,即物质条件和主体条件。例如,在《1844 年经济学哲学手稿》中,马克思就将人的解放同共产主义联系在一起进行讨论,并且,他批评那种在条件尚未成熟情况下试图用"强制的方法"消灭私有财产的做法,认为这种做法是"用普遍的私有财产来反对私有财产"的"粗陋的共产主义"②。又如,在《德意志意识形态》中,马克思和恩格斯认为,要消除"异化"实现人的解放,"只有在具备了两个实际前提之后"才有可能:一是这种"异化"要发展成为一种对社会上的大多数人来说的"不堪忍受的"力量;二是社会上的这些大多数人成为"完全'没有财产的'人"。对此,他们提出:"这两个条件都是以生产力的巨大增长和高度发展为前提的",不然的话,"全部陈腐污浊的东西又要死灰复燃","人的普遍交往"也无法真正建立起来,因而人的解放也无法真正实现。③ 再如,恩格斯在他为共产主义者同盟起草的纲领性文件——《共产主义原理》中也明确提出:"共产主义是关于无产阶级解放的条件的学说。"④

在这里,我们首先关注的是马克思揭示出的人的解放所需的物质条件及其如何生成。依据马克思在多个文本中的相关表述,可以将这种物质条件简要地概括为"高度发达的、社会化的生产力发展水平以及由此而带来的物质生活资料的极大丰富"。众所周知,资本主义生产方式在人类历史

---

① 《马克思恩格斯文集》第 4 卷,人民出版社 2009 年版,第 295 页。
② 《马克思恩格斯全集》第 3 卷,人民出版社 2002 年版,第 295 页。
③ 参见《马克思恩格斯文集》第 1 卷,人民出版社 2009 年版,第 538 页。
④ 《马克思恩格斯文集》第 1 卷,人民出版社 2009 年版,第 676 页。

上被确立之后,社会生产力在非常短的时间内实现了巨大的发展——对于这一状况,马克思和恩格斯在他们 1848 年出版的《共产党宣言》中作出过精彩的描述。但由于当时的马克思还没有对政治经济学进行系统地研究,所以,对资本主义生产方式为什么能够推动生产力的巨大发展,或者说关于这种物质条件究竟是如何生成的,马克思和恩格斯在这里尚没有进行详细的回答。实际上,要对这一问题作出科学的回答,必须回到政治经济学中去。

在《1857—1858 年经济学手稿》中,马克思已经开始了他对资本主义生产方式的系统研究,并在这一文本中初步阐明了资本主义社会的经济运行规律。具体而言,资本主义社会生产以生产剩余价值为核心,通过占有雇佣工人创造出的剩余价值来实现资本自身的增殖,是这一生产方式的内在规律。在追求剩余价值的内在动机和各资本之间相互竞争所产生的外在压力的共同作用下,每个资本家不仅要生产剩余价值,而且要最大限度地生产出更多的剩余价值,不仅要最大限度地生产出生产价值,而且要最大限度地将生产出的剩余价值再投入生产过程中进行资本积累。在此过程中,资本家不仅会通过延长工人的劳动时间来进行"绝对剩余价值"的生产,而且会通过"提高和发展生产力"的方式来进行"相对剩余价值"的生产。[1] 而无论是通过延长工人劳动时间,还是每一单个的资本家对自身生产效率的提升,最终都在客观上促进了社会生产力的发展和社会物质生活资料的丰富。而资本对剩余价值的无限追求为这种生产方式提供了无穷的动力。因此,马克思在《1857—1858 年经济学手稿》中谈到"资本的历史使命"时指出:资本是"发展社会生产力的重要关系";在资本主义生产方式下,"资本的无止境的致富欲望及其唯一能实现这种欲望的条件不断地驱使劳动生产力向前发展"[2];等等。换言之,正是在资本所赋予的无限动力的推动下,资本主义

---

① 参见《马克思恩格斯全集》第 30 卷,人民出版社 1995 年版,第 388 页。

② 《马克思恩格斯全集》第 30 卷,人民出版社 1995 年版,第 286 页。

生产方式得以在较短的时间内实现了生产力的巨大发展。

马克思在《资本论》中对资本主义社会生产力的发展的描述更为生动和详细。相较于《1857—1858 年经济学手稿》,在对绝对剩余价值的生产过程进行分析时,马克思的剩余价值理论不仅在这里得到了进一步完善,而且他补充了大量的素材(这些素材大部分都来自于当时英国官方公布的调查报告)来说明这一过程。总之,通过延长劳动时间、发明换班制度、无限度地消耗人自身的自然力甚至直至其枯竭,资本在最大限度地增殖自身的过程中无意识地带来了生产力的发展和社会财富的增加,但劳动者却为此付出了巨大代价。在描述相对剩余价值的生产过程中,马克思在这里详细地分析了资本主义社会是如何实现其社会生产力的巨大发展的,他将资本主义生产的发展划分为三个阶段,即资本主义初期的"简单协作"阶段、资本主义生产方式进一步发展的"工场手工业"阶段,以及资本主义"机器大工业"阶段。具体而言,在资本主义生产发展的"简单协作"阶段,劳动者自身的自然力不仅在生产过程中得到了进一步地开发和利用,这种生产组织形式还实现了对社会劳动的自然力的初步开发和使用,由此提升了原有的劳动生产力发展水平。"工场手工业"这种生产组织形式则将生产活动建立在专业化分工的基础上,它一方面深化和发展了分工,另一方面实现了在更大范围内进行分工,由此使社会劳动的自然力在生产过程中被极大地开发和利用,从而大大提高了资本主义社会的生产力发展水平;资本主义"工场手工业"这种生产组织形式的深度发展创造出了机器的部分技术条件,例如组成机器的工具机就是由"工场手工业"阶段劳动分工的发展所带来的工具的改进和多样化经过集合而成的。到了资本主义"机器大工业"阶段,这些经过改进了的工具的集合所形成的工具机不再由人力所推动,而是由机器的动力机所推动——这种动力机正是开发和利用自然界的自然力的物质装置(如蒸汽机)。换言之,通过机器的使用,自然界的巨大的自然力被开发和利用于生产过程,由此使资本主义社会的生产力水平得到了巨大发展和提高。资本主义社会生产发展的上述过程,本质上是资本增殖运动所驱动的过程,它无意间带来了社会生产力发展水平及其社会化程度的大幅度提升,从而在客观上为人的解放提供了物质条件,正因为如此,马克思在《资本论》中将"发展社会劳动的生产力"视为"资本的历史任务和存在理由",并指出,"资本正是以此不自觉地创造着一种更高级的生产形式的物质条件"①。在这里,"资本的历史任务和存在理由"和"资本的历史使命"表达的是同样的含义。

因此,在马克思那里,无产阶级的解放(它同时是人的解放)的物质条件是在资本所推动的社会生产发展过程中、是在资本无休止的积累过程中生成的,而这种物质条件同时是产生新的生产方式、形成新的社会制度的物质条件。

二、资本与人的解放的主体条件的生成

如果说资本在无休止的积累过程中所生成的"高度发达的、社会化的生产力发展水平以及由此而带来的物质生活资料的极大丰富"构成人的解放的物质条件的话,那么,在此过程中同时生成的"日益壮大的、由资本主义生产过程本身的机制所训练、联合和组织起来的工人阶级"②及其反抗的不断增长则构成人的解放的主体条件。在当前对《1857—1858 年经济学手稿》进行研究和解读时,一些国外学者倾向于将其视为一个独立的文本,并且特别关注其中的主体性思想,例如,意大利学者安东尼奥·奈格里(Antonio Negri)在其所著的《〈大纲〉:超越马克思的马克思》中将这一文本解读为"一个确立革命主体性的文本"③;日本学者内田弘在其《新版〈政治经济学批判大纲〉的研究》中则指出,"雇佣工人为了在生产过程中能干更好的工作,接受教育,充分掌握资本要求的判断能力。但是这种能力并不只

---

① 《马克思恩格斯文集》第 7 卷,人民出版社 2009 年版,第 288 页。
② 《马克思恩格斯文集》第 5 卷,人民出版社 2009 年版,第 874 页。
③ ［意］奈格里:《〈大纲〉:超越马克思的马克思》,张梧等译,北京师范大学出版社 2011 年版,第 25 页。

是为资本服务,而是成为一种更普遍的能力",接着,他引用马克思的话——"生产力的增长再也不能被占有他人的剩余劳动所束缚了,工人群众自己应该占有自己的剩余劳动"①——尔后接着指出说,"这样,资本内部出现自觉的生产主体","生产诸要素和成为普遍交流的主体的人出现了"②。在此,如果说奈格里所关注的主要是主体的革命性的话,那么,内田弘不仅关注主体的革命性,而且关注主体的先进性。有鉴于此,我们可以将人的解放的主体条件的生成划分为两个方面分别加以讨论:一方面是主体的先进性的生成;另一方面是主体的革命性的生成。

首先来看第一个方面,即主体的先进性的生成——这里的主体当然是以工人阶级为主要代表的广大无产阶级。前面已经提到过,在《1857—1858 年经济学手稿》中叙述"资本的历史使命"时,马克思主要谈及的就是资本对主体的先进性的塑造,具体而言,这里主要包括以下四个方面的内容:一是人的需要的发展或者说全面的需要的形成。在资本所推动的社会生产力巨大发展的同时,资本主义经济运行机制也必然要塑造出社会成员的"普遍需要",这种普遍需要是社会成员的需要的广度和深度的巨大发展,之所以如此,是因为在生产力巨大发展基础上所形成的丰富的产品需要通过市场来实现其价值,否则资本的增殖运动、资本的积累进程就会受阻,资本主义社会的再生产过程就会中断。二是劳动者的"普遍的勤劳"。劳动者的"普遍的勤劳"也是在资本的无休止积累过程中形成的,因为资本所推动的社会生产的目的是交换价值(货币)而非使用价值——作为使用价值的产品的生产有其界限,界限之一是人对这种产品的需要的界限,界限之二是这种产品本身的存在时间界限,如一种产品或长或短的保质期;但是,作为交换价值的货币的积累是没有界限的,所以资本积累表现为一种无止境的积累,正因为资本增殖永无止境,所以作为生产目的的货币在这里成为

---

① 《马克思恩格斯全集》第 31 卷,人民出版社 1998 年版,第 104 页。

② [日]内田弘:《新版〈政治经济学批判大纲〉的研究》,王青等译,北京师范大学出版社 2011 年版,第 329 页。

了普遍勤劳的手段,并在资本的无休止积累过程中塑造出了劳动者的"普遍的勤劳"。三是工人阶级高度的组织纪律性。对剩余价值最大限度地追求以及资本间激烈的竞争,迫使每一个资本必须对其所雇佣的工人施以最严格的组织和纪律,在这种生产组织形式的长期作用下,在"世世代代所经历的资本的严格纪律"①的塑造下,高度的组织纪律性成为在这一过程中逐步成长起来的工人阶级的内在品质。四是人们科学地对待社会生产与再生产过程的能力的提升。在资本最大限度地追逐剩余价值的过程中,特别是在相对剩余价值的生产过程中,为了开发利用自然界的自然力以提高生产力发展水平以缩短工人的必要劳动时间,"把自然科学发展到它的最高点"②成为资本的客观诉求;与此同时,为了开发利用社会劳动的自然力以及应对复杂多变的经济状况,探索经济社会的运行规律、推动各门社会科学的发展也必然成为资本的客观诉求。随着资本所推动的社会生产的发展,在这一过程中成长起来的广大无产者,特别是身处资本主义社会化大生产一线的工人阶级,必然要学会"科学地对待自己的不断发展的再生产过程,对待自己的越来越丰富的再生产过程"③,由此将逐步成长为社会先进生产力的代表,并最终肩负起建设新世界的历史使命。以上四个方面的内容,都建立在资本主义经济运行客观规律的基础之上,而对这些规律的深入研究,集中体现在马克思的《资本论》中。

再来看第二个方面,即主体的革命性的生成——这里的主体是包括工人阶级在内的广大无产阶级。虽然奈格里、内田弘等国外学者倾向于从《1857—1858年经济学手稿》中探究主体的革命性的生成,但对这一问题最全面、最深入的探究集中体现在《资本论》对资本主义经济运行规律的科学揭示中。在《资本论》中,马克思对资本主义生产方式的基本规律——剩余价值规律进行了全面而深入地揭示,作为剩余价值规律的重要组成部分,资

① 《马克思恩格斯全集》第30卷,人民出版社1995年版,第286页。
② 《马克思恩格斯全集》第30卷,人民出版社1995年版,第389页。
③ 《马克思恩格斯全集》第30卷,人民出版社1995年版,第286页。

本积累规律同样是马克思重点阐述的内容,也正是通过对这一规律的揭示,马克思在《资本论》中科学地指出了"资本主义积累的历史趋势"[1],并在此基础上预言了"剥夺""剥夺者"[2]的社会革命。具体而言,建立在生产资料私人占有基础上的资本主义经济运行过程不仅是一个剩余价值的生产过程,还是一个源源不断地将生产出的剩余价值再投入生产过程中进行资本积累的过程,由此使得这一过程表现为一个不断扩大的再生产过程(这也是资本主义社会能够实现生产力巨大发展的重要原因之一)。在此过程中,为了能够最大限度地进行资本积累,资本家必然要最大限度地压低工人的工资,由此带来了工人阶级的反抗,在一定程度上塑造出了工人阶级的革命性。不仅如此,更为重要的是:资本积累的不断进行为生产过程中资本有机构成的不断提高创造了条件,特别是机器的广泛应用使得雇佣工人不断地从生产过程中被排挤了出来。换言之,随着资本有机构成的不断提高,资本积累过程又成为一个"相对过剩人口或产业后备军的累进生产"[3]过程,由此造成的是资本主义生产方式下的无产者之间的生存竞争加剧,其生存环境日趋恶化。而对于资产者来说,他们之间的竞争同样在加剧,借助于在这一过程中发展起来的信用制度和信用技术,资本集中(作为资本积累的补充手段)被加速,"一个资本家打倒许多资本家",其结果是:一方面,巨大的资本在少数资本家的手中集中起来;另一方面,许多小资本家因竞争失败导致破产而被抛入到无产阶级的队伍,由此使无产阶级队伍在一定程度上得以壮大。在《资本论》中,马克思将这一规律称为"同资本积累相适应的贫困积累"[4]规律,即一方面是资本的积累,另一方面是无产阶级的贫困积累,其最终结果必然如恩格斯所说:"资本主义生产方式日益把大多数居民变为无产者,从而就造成一种在死亡的威胁下不得不去完成这个变革的力

---

[1] 《马克思恩格斯文集》第 5 卷,人民出版社 2009 年版,第 872 页。
[2] 《马克思恩格斯文集》第 5 卷,人民出版社 2009 年版,第 874 页。
[3] 《马克思恩格斯文集》第 5 卷,人民出版社 2009 年版,第 725 页。
[4] 《马克思恩格斯文集》第 5 卷,人民出版社 2009 年版,第 743 页。

量。"①因此,在马克思的讨论中,主体的革命性的生成也是建立在他所揭示出的资本主义经济运行规律的基础上的,特别是上述谈到的"同资本积累相适应的贫困积累"规律。

三、关于现实的人及其历史发展的科学

科学研究旨在发现并揭示规律,并在此基础上作出论断。我们知道,马克思关于人类社会发展的理论被称为"科学社会主义",对于这一"称谓",马克思曾专门谈到过,他说:"'科学社会主义',也只是为了与空想社会主义相对立才使用,因为空想社会主义力图用新的幻想欺蒙人民,而不是仅仅运用自己的知识去探讨人民自己进行的社会运动"②。就这一表述看,科学社会主义之"科学",首先就在于它是马克思运用"自己的知识"去讨论人民自己进行的社会运动所形成的理论成果。这里的"自己的知识",集中体现为他通过科学研究所发现并揭示出的两大规律,即人类社会发展的一般规律和资本主义社会运行的特殊规律,前者被简称为唯物史观,后者被简称为剩余价值规律。马克思关于未来社会(社会主义社会以至共产主义社会)的生成以及人的解放的实现的论断,就建立在这两大规律基础上。

其次,科学之为科学,还在于它在规律基础上所作出的论断是一种科学论断,而这种论断之所以是一种科学的论断,很大程度上在于它阐明了这一论断的实现条件——这一点在马克思对空想社会主义的评论中有非常清晰的体现。马克思认为:空想社会主义之所以是"空想",因为它是在"无产阶级尚未发展到足以确立为一个阶级"、"生产力在资产阶级本身的怀抱里尚未发展到足以使人看到解放无产阶级和建立新社会必备的物质条件"之前,由无产者的理论家们为满足被压迫阶级的需要而建立起来的理论。由于彼时各种条件尚不具备,所以空想社会主义者只能在头脑中"想出各种

---

① 《马克思恩格斯文集》第3卷,人民出版社2009年版,第561页。
② 《马克思恩格斯文集》第3卷,人民出版社2009年版,第407页。

各样的体系",由此使这一理论成为一种"空想";但是,"随着历史的演进以及无产阶级斗争的日益明显",建立这一理论"只要注意眼前发生的事情,并且把这些事情表达出来就行了"①。换言之,由于受到时代的局限,空想社会主义者无法揭示出人的解放及未来社会的生成条件,所以只能在头脑中建构这种理论;科学社会主义之所以是科学,就在于它表达的是"眼前发生的事情",并在此过程中阐明了正在生成的人的解放及未来社会得以建立的主要条件。

这些在资本主义社会发展过程中正在生成的人的解放及未来社会得以建立的主要条件是什么呢? 如前所述,一是人的解放及未来社会得以建立的物质条件,即在资本的无休止积累过程中所生成的"高度发达的、社会化的生产力发展水平以及由此而带来的物质生活资料的极大丰富";二是在"资本积累"及其与之"相适应的贫困积累"过程中所生成的主体条件,即"日益壮大的、由资本主义生产过程本身的机制所训练、联合和组织起来的工人阶级"及其反抗的不断增长。正是基于资本主义社会所孕育出的、并不断趋向于成熟的这两大条件,马克思作出了"资本主义积累的历史趋势"的科学论断,即当资本积累及其与之相适应的贫困积累发展到顶点,"资本主义私有制的丧钟就要响了"②——通过"剥夺""剥夺者"的社会革命,生产资料资本主义私人占将为社会所有所取代;在此基础上,"联合起来的生产者,将合理地调节他们和自然之间的物质变换","而不让它作为一种盲目的力量来统治自己"③。在这一状态下,生产力的高度发展使必要劳动时间极大地缩短、剩余劳动时间极大地延长,并且剩余劳动在这里"不再表现为劳动,而表现为活动本身的充分发展"④、表现为"作为目的本身的人类能力的发挥"⑤。马克思认为,一旦到了这样的时候,资本的历史任务、资本的

---

① 参见《马克思恩格斯文集》第 1 卷,人民出版社 2009 年版,第 616 页。
② 《马克思恩格斯文集》第 5 卷,人民出版社 2009 年版,第 874 页。
③ 《马克思恩格斯文集》第 7 卷,人民出版社 2009 年版,第 928 页。
④ 《马克思恩格斯全集》第 30 卷,人民出版社 1995 年版,第 286 页。
⑤ 《马克思恩格斯文集》第 7 卷,人民出版社 2009 年版,第 929 页。

历史使命也就完成了。

　　关于马克思的政治经济学研究对于其唯物史观的意义,列宁曾作过如此表述:"自从《资本论》问世以来,唯物主义历史观已经不是假设,而是科学证明了的原理。"①同理,如果将马克思的人学理解为关于现实的人及其历史发展的学说,那么,通过其政治经济学研究,这种人学也已经是关于现实的人及其历史发展的科学了。

---

① 《列宁选集》第1卷,人民出版社2012年版,第10页。

第三篇 《1857—1858 年经济学手稿》人学思想的当代意义

　　本篇集中阐述《1857—1858 年经济学手稿》人学思想的当代意义，主要围绕三个方面的内容来展开：一是马克思在《1857—1858 年经济学手稿》中提出的"资本的历史使命"。前面已经阐明，通过对"资本的历史使命"的追问，马克思在其政治经济学研究中阐明了资本主义经济运行过程中所生成的人的解放的物质条件和主体条件，并预言了"剥夺"剥夺者的社会革命的爆发。然而在现实历史进程中，剥夺剥夺者的社会革命并未在物质条件相对成熟的发达资本主义国家取得成功；相反，一些经济文化落后的国家和地区却通过革命率先建立起了社会主义制度，由此而产生的问题是：其原因是什么？资本的历史使命完成了吗？如果说社会主义制度的建立（特别是在经济文化相对落后条件下）并不意味着资本历史使命的终结，那么在建设社会主义的过程中，是否能够、如何能让资本在社会主义条件下继续其历史使命？以及在此过程中它应采取什么形式、承担什么使命？等等。在此，我们试图通过对资本历史使命的这种当代追问来阐明我国社会主义市场经济体制的生成、本质与完善等问题，并以此来彰显这一思想的当代意义。二是马克思在《1857—1858 年经济学手稿》中明确提出的"固定资本就是人本身"的观点。这是马克思在政治经济学研究过程中形成的一个全新的、重要的人学观点，但由于种种原因，该观点长期被忽视，其理论价值并未引起研究者们的重视。在此，我们首先通过回到马克思提出这一观点的原初语境、借助于他在《1857—1858 年经济学手稿》中赋予固定资本的一系列社会历史内涵来激活这一观点，特别是固定资本的生产被其明确视为一种"用时间去消灭空间"的活动，并由此参与到当代学人对"空间生产"问题的讨论中——通过这种讨论会发现：空间生产源于资本扩张的空间悖论，走出这一悖论，核心是通过"节约劳动时间"来生产作为"固定资本"的"人本身"，即进行人的发展空间的生产，这不仅是马克思通过该观点所提示的社会生产发展的最终出路，也是他对新社会生产作出的内在规定。在此意义上，通过"以人民为中心的发展思想"和"五大发展理念"所规划的空间生产之路,可视为马克思这一人学观点所承载思想在当代中国的具体体现。三是讨论《1857—1858 年经济学手稿》中的人学思想对构建中国特色社会主义政治经济学的意义。作为详细记录马克思创立其政治经济学理论过程的重要文献,《1857—1858 年经济学手稿》中关于马克思政治经济学研究的出发点、研究内容、理论归宿等内容,不仅对构建中国特色社会主义政治经济学、将中国特色社会主义政治经济学的理论成果上升为系统化经济学说具有直接启示,这些内容所表明的政治经济学的根本立场、展始的探究人的解放和实现人的自由全面发展的独特的问题域,还为构建中国特色社会主义政治经济学提供了一种科学的人学指引。

　　基于上述内容,本篇也分为三个部分:第一部分为"资本历史使命的当代追问与社会主义市场经济"(第七章);第二部分为"'固定资本就是人本身'的理论价值及当代意义"(第八章);第三部分为"构建中国特色社会主义政治经济学的人学指引"(第九章)。

第七章　资本历史使命的当代追问与
社会主义市场经济

　　马克思在《1857—1858 年经济学手稿》中提出"资本的历史使命"至今已有 160 多年,在这 160 多年间,人类社会和世界的面貌发生着巨大的变化,其中最重要的变化之一是:尽管遇到了诸多问题,并且这些问题日渐呈现出愈演愈烈之势,但发达资本主义国家依然在资本的无休止积累过程中蹒跚行进;与此同时,1917 年,在资本主义生产方式并未得到充分发展、经济文化相对落后的俄国爆发的无产阶级革命却率先取得了成功,紧随其后的是,包括中国在内的一批具有相似社会经济状况的国家也先后通过革命取得政权,并在此基础上建立起社会主义制度。从"资本的历史使命"看,上述现实历史进程留给我们的思考是:资本的历史使命完成了吗? 如果说资本主义制度的继续存在表明的是资本历史使命的未完成,那么,社会主义制度的建立是否意味着资本历史使命的终结? 继续回到现实历史进程中。当社会主义制度在不同国家和地区确立之后,如何建设社会主义的问题便成为当时人们所思考的首要问题。在探索这一问题的实践进程中,产生了对后世具有深远影响的苏联社会主义模式,然而,随着实践发展,这一模式的弊病不断暴露,社会主义制度内部的体制机制改革被提上日程。令人遗憾的是,苏联以及东欧的改革最终以社会主义制度的改旗易帜告终,而与此形成鲜明对照的是中国共产党领导下的改革开放事业。党的十一届三中全会之后,中国在建设社会主义的过程中启动了以市场为导向的经济体制改革,通过建立和完善社会主义市场经济体制,中国在短短 40 多年间取得了举世瞩目的发展成就,由此使社会主义重新焕发出勃勃生机。这一历史进程留给我们更为切近的思考是:如果说资本的历史使命并没有因社会主义制度的建立而终结,那么,在社会主义制度条件下是否能够让资本继续其未完成的历史使命? 如何才能够让资本在社会主义条件下继续其未完成的历史使命? 资本在这一条件下应当采取什么样的形式? 承担什么样的使命?等等。本章试图通过对这些问题的讨论来理解我国社会主义市场经济体制的生成与本质,并从资本历史使命所蕴含的人学思想角度探究如何完善我国社会主义市场经济体制等相关问题,在此过程中彰显《1857—1858 年经济学手稿》人学思想的当代意义。

第一节　资本历史使命的完成与未完成

如前所述,基于资本主义经济运行的客观规律,特别是生产资料私人占有基础上的资本积累规律,马克思在《资本论》中指出了资本主义社会发展的历史趋势,即当资本积累及其与之相适应的贫困积累发展到顶点时,通过剥夺剥夺者的社会革命,资本主义将被一种更高级的生产方式和社会制度所取代。然而,自马克思在《资本论》中宣布这一"资本主义积累的历史趋势"①至今,剥夺剥夺者的无产阶级革命并没有在发达资本主义国家取得成功,发达资本主义国家的资本积累仍在持续进行;相反,在资本主义生产方式并未得到充分发展、经济文化相对落后的一些国家和地区却率先通过革命建立起了社会主义制度。就这一现实历史进程看,它似乎构成对马克思相关理论的"证伪"——如在俄国十月革命成功之后,意大利共产党领袖、后被视为西方马克思主义开创者之一的安东尼奥·葛兰西(Antonio

---

① 《马克思恩格斯文集》第 5 卷,人民出版社 2009 年版,第 872 页。

Gramsci）将其称为是"反对卡尔·马克思的《资本论》的革命"①。然而，更为细致地审视这一现实历史进程时可以发现，它不仅不是对马克思相关理论的"证伪"，而恰恰是马克思所揭示出的相关原理在现实历史进程中的逻辑展开。

一、资本的全球积累与社会主义生成条件的分离

应当指出的是，马克思关于"资本主义积累的历史趋势"的判断并不是对资本主义发展进程的具体描述，而是基于资本运动的客观规律对资本主义发展进程的一般分析。在这种分析中，马克思早已注意到的资本主义全球化进程在这里并未充分展开，一个明显的例证就是他在《资本论》第 1 卷指出"资本主义积累的历史趋势"后，又加上了最后一章"现代殖民理论"②。因此，从某种程度上说，马克思的这一判断大体上局限于当时欧洲的发达资本主义国家。但自资本主义诞生之日起，资本的积累活动就试图打破任何疆界的限制，如对外进行殖民掠夺就被马克思视为"原始积累"的重要手段之一。而随着资本主义生产方式的深入发展，资本积累的触角迅速伸向世界各地，特别是那些经济文化相对落后的国家和地区。

在这里，一个不容忽视的现实条件是：由于各国各地区发展的不平衡，在欧洲发达资本主义国家一路高歌猛进之时，欧洲之外的广大经济文化相对落后国家和地区尚处于前资本主义生产方式时代。从资本主义的发展看，正是这些经济文化相对落后国家和地区的存在，为发达资本主义国家资本积累的持续进行提供了广阔的空间。这种空间的生成，在根本上源自于发达资本主义国家所进行的资本积累的推动，它集中表现为其向经济文化落后国家和地区所进行的资本输出活动。基于马克思在政治经济学研究中阐明的相关原理，我们可以将这一历史进程在理论上进行如下表述。

----

① 李鹏程编：《葛兰西文选》，人民出版社 2008 年版，第 8 页。
② 《马克思恩格斯文集》第 5 卷，人民出版社 2009 年版，第 876 页。

首先,发达资本主义国家之所以要向经济文化相对落后的国家和地区进行资本输出,有两个主要原因:一是内在动力,即资本对利润(本质上是剩余价值)的渴求。哪里有利润、哪里有更高的利润,资本就会出现在哪里,因此,如果经济文化相对落后的国家和地区可以实现更高的利润,资本便会涌向那里。二是外在压力,这种外在压力主要来自于国内市场和利润空间的压力。就某种商品的生产来说,当这种生产发展到一定程度,该产品在市场上的需求就会趋于饱和,由此使从事这一商品生产的资本丧失进一步存在的空间;与此同时,各资本间充分而激烈的竞争必将导致资本的利润率下降,进一步压缩了其存在空间。在这种内在动力和外在压力的共同作用下,发达资本主义国家向经济文化相对落后国家的资本输出成为两者之间经济互动的主要内容。

其次,依据马克思对产业资本形态①的划分,可以将发达资本主义国家向经济文化相对落后国家和地区的资本输出具体化为以下三种形式:一是商品资本的输出。商品资本的输出是资本输出的最初形式。通过将商品销售到广大经济文化相对落后的国家和地区,发达资本主义国家一方面缓解了其国内市场上商品过剩的压力,另一方面实现了其资本的持续积累。二是生产资本的输出。生产资本的输出是商品资本输出的升级版。通过在经济文化相对落后的国家直接开办企业、就地取材进行生产并销售产品,发达资本主义国家在此过程中一方面获得了较为廉价的生产材料,包括廉价的劳动力和自然资源;另一方面,作为资本输入地的经济文化相对落后的国家和地区又成为其稳固的产品销售市场,这两个方面都有益于发达资本主义国家资本积累的持续进行。三是货币资本的输出。货币资本的输出是商品资本输出、生产资本输出的再升级版,是资本输出的高级形式。通过直接将货币借贷给经济文化相对落后国家和地区的政府或企业,发达资本主义国

① 马克思在《资本论》第2卷描述"资本形态变化及其循环"时认为,产业资本在循环过程中要经历三个不同阶段,依次采取三种职能形式,即货币资本的形式、生产资本的形式和商品资本的形式。

家获得了高额的资本利润,一方面使得其资本积累得以持续进行,另一方面,通过这种借贷活动,发达资本主义国家对这些资本输入地区的政治、经济等方面的控制力、影响力得到进一步加强。

最后,通过上述各种形式的资本输出活动,发达资本主义国家实现了其自身资本的全球积累,并在此过程中塑造出了一个畸形的全球经济结构:资本积累主要集中在发达资本主义国家,与这种资本积累相适应的贫困积累则在很大程度上被转移到了经济文化相对落后国家和地区的劳动者身上。具体而言,在商品资本输出过程中,发达资本主义国家借助于自身的资本、技术等优势,其所输出的往往是有一定技术含量的、价格相对较高的工业制成品,而经济文化落后的国家和地区购买这些制成品所支付的只能是价格相对低廉的资源或经过简单加工的工农业产品,通过这种贸易过程中的价格"剪刀差",经济文化相对落后国家和地区的劳动者所创造的价值部分回流到发达资本主义国家,由此使其财富得到增加、资本积累得以持续进行。在生产资本输出过程中,通过使用资本输入地区廉价的原料,特别大量地使用其廉价的劳动力资源,发达资本主义国家在实现其自身资本的持续积累。与此同时,与这种资本积累相适应的贫困积累在很大程度上被转嫁给了资本输入区域的劳动者——这种情况在货币资本的输出活动中得到了进一步加强。通过货币资本的输出,发达资本主义国家直接通过收取资本的借贷利息来进行自身的积累,而同这种资本积累相适应的贫困积累则完全被转嫁到了经济文化相对落后国家和地区的劳动者身上。因此,通过上述资本输出活动,发达资本主义国家的资本积累活动得以延续,与这种资本积累相伴随的贫困积累并没有在本国劳动者身上以相同程度加深,而是在很大程度上被转移到了资本输入区域。总之一句话:资本积累和贫困积累在空间上分离了。

上述内容并不是凭空产生的,而是基于马克思在政治经济学研究中所阐明的相关原理、结合资本主义发展的现实历史进程所进行的分析。这里需要指出的是:在现实历史进程中,发达资本主义国家向经济文化相对落后国家和地区的资本输出过程并非是一个单纯的经济过程,而是伴随着各种暴力和血腥,甚至直接诉诸军事行动,其实质是发达资本主义国家对经济文化落后国家和地区的殖民统治的建立。正是敏锐地看到了资本主义的这一系列变化,罗莎·卢森堡(Rosa Luxemburg)、鲁道夫·希法亭(Rudolf Hilferding)、列宁等人将具有上述特征的资本主义发展阶段称为"帝国主义"阶段。而由帝国主义通过资本输出所塑造的全球化进程,本质上是其对世界上其他国家和地区进行殖民统治的过程。回到马克思关于"资本主义积累的历史趋势"的判断。应当说,在作出这一判断的过程中,马克思尚未对资本主义出现的资本输出活动及其影响进行详细分析,因而是基于资本积累及其导致的贫困积累处于同一空间区域的条件下所形成的判断——关于这一判断,当代西方马克思主义学者大卫·哈维(David Harvey)表达他的肯定意见,他说:"如果没有内在于地理扩张、空间重组和不平衡地理发展的多种可能性,资本主义很早以前就不能发挥其政治经济系统的功能了。"①

与上述过程紧密联系在一起的是社会主义生成条件的变化。在马克思那里,取代资本主义社会的未来社会形态(在此,我们将这种社会形态称为社会主义)得以建立的条件是在资本主义社会生成的。具体而言,资本积累生成社会主义社会得以建立的物质条件,即高度发达的、社会化的生产力发展水平及其所带来的物质生活资料的极大丰富;资本积累及其与之相适应的贫困积累生成社会主义得以建立的主体条件,即日益壮大的、由资本主义生产过程本身的机制所训练、联合和组织起来的工人阶级及其反抗的不断增长(也即具有先进性和革命性的无产阶级)。但是,随着资本积累和贫困积累在空间上发生分离,社会主义得以建立的这两大条件也相应地产生了分离:在发达资本主义国家,由于资本积累的持续进行,社会主义得以建立的物质条件相对成熟,但由于同这种资本积累相适应的贫困积累被转移到了作为资本输入区域的经济文化相对落后的国家和地区,由此使社会主

① [美]大卫·哈维:《希望的空间》,胡大平译,南京大学出版社2005年版,第23页。

义得以建立的主体条件特别是主体的革命性相对贫乏。在经济文化相对落后的国家和地区,由于资本主义生产方式尚未得到充分发展,资本积累相对不足,所以社会主义得以建立的物质条件相对贫乏,但由于同发达资本主义国家资本积累相适应的贫困积累被转移到了经济文化相对落后的国家和地区,由此使作为社会主义得以建立的主体条件之一的主体的革命性在这里率先成熟——前者可以概括为贫困积累不足而资本积累有余,后者可以概括为资本积累不足而贫困积累有余。在此情况下,社会主义制度的建立还有可能吗?对于这一问题,历史和实践已经作出了明确的回答。

二、资本积累不足而贫困积累有余条件下的抉择

在资本积累和贫困积累相分离的情况下,也即在社会主义制度得以建立的物质条件和主体条件相分离的情况下,这一制度的建立还有可能吗?若可能,这一过程应当如何理解?在这里,我们依然用马克思在政治经济学研究中所阐明的相关原理来分析这一过程,并试图在这种分析中阐明这一过程的内在逻辑。

首先来看发达资本主义国家及其所在区域。依据马克思对人的解放和社会主义制度得以建立的物质条件的分析,应当说,发达资本主义国家由于其资本积累的深入进行,形成了社会主义制度得以建立的相对充足的物质条件,特别是其通过各种形式的资本输出活动,在使其资本积累得以持续进行的过程中进一步加强了这种物质条件。但是,就主体条件特别是主体的革命性来说,在发达资本主义国家及其所在区域,以工人阶级为代表的广大无产阶级并没有在这种资本积累过程中陷入贫困积累的极端境地,原因有二:其一,通过各种形式的资本输出活动,发达资本主义国家在资本积累过程中所产生的贫困积累并没有完全施加到本国劳动者身上,而是将其转移到了资本输入区域,因而对于本国的劳动者来说,其贫困积累程度并没有因这种持续的资本积累而导致绝对贫困境地;其二,通过资本积累的持续进行,特别是从资本输入区域获得了大量剩余价值,发达资本主义国家积累起

了大量的财富,在此基础上,为了缓和阶级矛盾,发达资本主义国家采取了一系列的改革措施来缓和劳资之间的对立,如职工开始参与决策、职工持股等;此外,为了维持社会稳定,发达资本主义国家建立并实施了普及化、全民化的社会保障制度,在一定程度上使本国无产阶级的生活状况得到保障甚至有所改善。在此情况下,作为主体条件之一的无产阶级的革命性被抑制了(这也是西方马克思主义学者之所以关注无产阶级"阶级意识"问题的重要原因之一)。因此,虽然物质条件相对充足,但由于主体条件并不具备,所以剥夺剥夺者的社会革命并没有在发达资本主义国家及其所在区域发生,资本主义国家依然在资本的持续积累过程中蹒跚行进。

再来看经济文化相对落后的国家和地区。依据马克思对人的解放和社会主义制度得以建立的物质条件和主体条件的分析,应当说,由于在经济文化相对落后的国家和地区资本主义生产方式并未得到充分发展、资本积累相对不足,所以在这些区域建立社会主义制度的物质条件相对贫乏。但是,从主体条件尤其是主体的革命性方面看,特别是在这些国家和地区成为发达资本主义国家的资本输入区域之后,相对于发达资本主义国家,这一区域的主体的革命性却得到了迅速成熟,原因是:在未成为发达资本主义国家资本输入地之前,由于生产力发展水平相对较低,再加上原有的社会统治阶级的剥削和压迫,身处社会底层的广大劳动者本身已经处于非常贫困的境地,因而经常会进行或大或小规模的、激烈程度不同的反抗活动,其革命性已然初步具备;而在被动甚至被迫地成为发达资本主义国家资本输入地之后,身处底层的广大劳动者被剥削和压迫的程度进一步加深——他们不仅要承受原有统治阶级的剥削和压迫,而且还要承受国外资本的剥削和压迫,由此使其贫困积累程度迅速增加,革命性率先成熟。在这种资本积累不足而贫困积累有余的条件下,如果社会革命获得成功,那么按照历史唯物主义所阐明的社会历史的趋向性与主体的选择性的辩证关系原理,这种革命的性质以及革命成功后的抉择主要有如下几个方面。

第一,革命的性质是资产阶级革命,因而革命成功后选择的是资本主义道路。社会历史发展的趋向性决定了在资本积累不足而贫困积累有余的条件下社会革命的性质和方向:它不能够退回到前资本主义时代,因而要么是资产阶级领导的社会革命,革命成功后走资本主义道路,要么是无产阶级领导的社会革命,革命成功后走社会主义道路。这是社会历史发展的趋向性为主体所框定的选择空间。至于主体如何抉择,则取决于主体所处的具体环境以及主体自身的状况。具体而言,要使革命成为资产阶级所领导的社会革命,除了要看外部环境和内部环境是否允许,还要看该国或该地区资产阶级自身的状况,如阶级本身的力量是否足够强大、是否有革命的强烈意愿,特别是是否能够得到广大群众的支持等,这既是该国或该地区资产阶级能否成为革命的领导阶级的关键,也是革命能否成功、革命是否彻底的关键。倘若具备上述条件,即该国或该地区的资产阶级力量足够强大、革命的意愿非常强烈、能够得到广大革命群众的支持,并且国内外环境允许(如发达资本主义国家并不干涉甚至基于自身某些利益的考量还给予某种支持)的情况下,革命在很大程度上能够取得成功,并在此基础上走上资本主义道路。

第二,革命的性质是无产阶级革命,因而革命成功后选择的是社会主义道路。同样的道理,要使革命成为无产阶级所领导的社会革命,除了国内外具体环境之外,最重要的是无产阶级自身的状况。在资本积累不足而贫困积累有余的条件下,特别是在受到多方交叉叠加的势力的巨大重压下,应当说,无产阶级进行革命的意愿最为强烈,其自身的革命性为其他阶级所无法企及,并且这一阶级还是人数最为众多的阶级。但是,由于身处经济文化相对落后的国家和地区,特别是这一阶级当中的大多数成员并未经过发达"资本主义生产过程本身的机制所训练、联合和组织"[1],在此情况下,要承担起领导社会革命的历史重任,无产阶级首先就要从一个"自在"的阶级成长为一个"自为"的阶级,即明确自身的历史使命,并且自觉担负起这一历

---

[1] 《马克思恩格斯文集》第 5 卷,人民出版社 2009 年版,第 874 页。

史使命。在此意义上,对马克思主义理论的了解、学习和掌握是非常必要的环节。其次,要将人数众多的无产者动员、组织和联合起来,形成强大的战斗力,必须有一个强有力的组织,这一组织由本阶级的先进分子组成,他们不仅要具有较为深厚的马克思主义理论素养,较为强大的组织动员能力,而且能够在马克思主义的指导下根据国内外条件和形势的变化,制定出切实可行的路线、方针、政策,团结带领广大底层群众进行斗争并最终取得胜利。现实历史进程中无产阶级革命成功的经验也表明了这一点:正是在马克思主义的广泛传播下,一些经济文化相对落后国家和地区的先进分子率先接受马克思主义,并在这一理论的指导下建立起无产阶级政党,通过政党强有力地组织、动员和领导,无产阶级革命才最终取得成功,并在此基础上走上社会主义道路。

在上述两个选项中,历史的天平有极大的可能向后者倾斜,原因是:在资本积累不足而贫困积累有余的条件下,经济文化相对落后国家和地区的资产阶级(即该国家或地区的民族资本阶级)本来就发育不足、力量软弱,而在成为发达资本主义国家的资本输入地之后,在同具有资本和技术等多方面优势的国外资本的竞争过程中,他们要么在竞争中失败而遭遇破产,要么成为强大的国外资本的附庸得以留存,这种状况在很大程度上造成了民族资产阶级的软弱性:他们一方面想要革命,另一方面又惧怕革命,无论是对于他们附庸于其上的国外资本势力,还是对于底层群众的革命要求,他们都陷入一种矛盾心理,而这一切都根源于他们所处的经济地位和自身的利益。在此情况下,民族资产阶级自然很难成为这一社会革命的领导阶级。即使在各方条件特别是某些发达资本主义国家的支持下走上资本主义道路,这些国家和地区也通常只能作为发达资本主义国家的附庸,人民无法获得真正的独立和解放。后者则不同。无产阶级不仅是人数最为众多、革命性最为强烈的阶级,而且他们本身就是革命的主体,他们自身所处的经济地位和自身的利益决定了他们所进行的革命的彻底性以及革命成功之后所走的道路。

因此,在资本积累和贫困积累相分离,也即社会主义制度得以建立的物质条件和主体条件相分离的情况下,社会主义制度最终在现实中得以建立起来的内在逻辑可以简要概括如下:1. 在资本积累有余而贫困积累不足的发达资本主义国家,虽然物质条件较为充足,但由于主体的革命性被消解,由此使资本主义制度得以延续;2. 在资本积累不足而贫困积累有余的经济文化相对落后的国家和地区,虽然物质条件不足,但主体的革命性率先成熟,由此导致革命的爆发势在必行;3. 由于身处经济文化相对落后国家和地区(特别是作为发达资本主义国家的资本输入地区)的民族资产阶级自身的软弱性,无法承担起革命的领导任务;4. 在马克思主义的传播和指导下,在当地无产阶级政党强有力地组织领导下,一些经济文化相对落后的国家和地区获得了革命的成功,并在此基础上建立起社会主义制度。

三、革命成功后的思考:资本的历史使命完成了吗?

革命获得成功之后,借助于国家政权力量,社会主义制度得以在一些国家和地区迅速确立,在此之后,如何建设社会主义就成为这些地区的无产阶级政党及其人民所面临的首要问题。1881 年 1 月 6 日,作为荷兰社会民主党的创建者和领导者人之一的斐迪南·多梅拉·纽文胡斯(Ferdinand Domela Nieuwenhuis)致信马克思,信中说:"社会党人如果取得政权,为了保证社会主义的胜利,他们在政治和经济方面的首要立法措施应当是什么?"[1]马克思回信说:"对这个问题的唯一的答复应当是对问题本身的批判",这个问题"提得不正确",因为"在将来某个特定的时刻应该做些什么,应该马上做些什么,这当然完全取决于人们将不得不在其中活动的那个既定的历史环境"[2]。如果说如何建设社会主义的问题在 1881 年还是一个"幻想的"、"不着边际的"[3]问题,那么自 1917 年之后,这一问题就成为了一个必须面对的问题。然而,这是一个完全崭新的课题,它既没有已有的模式

---

① 《马克思恩格斯文集》第 10 卷,人民出版社 2009 年版,第 791 页。
② 参见《马克思恩格斯文集》第 10 卷,人民出版社 2009 年版,第 458 页。
③ 《马克思恩格斯文集》第 10 卷,人民出版社 2009 年版,第 458 页。

可供借鉴,也没有现成具体方案可直接拿来实施,一切都有赖于人们在实践中探索。

对这一问题首先进行探索的是列宁领导下的苏维埃俄国。十月革命取得成功之后,经过几个月的时间(1917 年 11 月至次年春),苏维埃俄国很快完成了剥夺剥夺者的任务,以生产资料公有制为主要特征的社会主义制度得以初步确立。然而,从 1918 年下半年起,新生的社会主义政权遭到了西方列强的围攻,国内战争同时爆发,为了捍卫政权和建设社会主义新社会,列宁领导下的苏维埃政权启动并实施了"战时共产主义政策"(以取消商品货币关系和实行余粮收集制为主要特征)。通过这一政策,1920 年年底,外部武装干涉力量被击退,国内战争也取得了胜利,但此时的苏维埃俄国也陷入了严重的经济和政治危机。在此情况下,俄共(布)在 1921 年 3 月召开大会,决定由"战时共产主义政策"转向"新经济政策"。"新经济政策"内含有利用国外资本来建设社会主义的思想,其制定和实施正如马克思所说,这"完全取决于人们将不得不在其中活动的那个既定的历史环境"。具体而言:第一,这种社会主义制度是在经济文化相对落后的条件下建立起来的,资本积累不足是其重要原因,在无产阶级政党掌握政权的情况下,要发展社会生产,借助于资本的力量来推动工业化和经济的发展是重要选项之一。第二,这种社会主义制度存在于其中的环境,依然是资本在其自身的运动过程中所塑造出的世界经济体系,这种社会主义制度就存在于资本主义国家体系中。因此,在面对国内农民发出的疑问——即"怎么回事?我国的资本家、说俄国话的资本家被赶走了,而外国资本家现在却要到我们这里来?"——时,列宁指出:之所以要这样做,首先是因为"我们的落后、我们的贫弱";其次是因为"我们并不是孤零零地生存在世界上",而是"生存在资本主义国家的体系中"。因此,我们需要通过这样做来改善目前的状况,以"保证我们的工业得到恢复"①。通过"新经济政策"的实施,苏维埃俄国走

_____

① 参见《列宁全集》第 42 卷,人民出版社 1987 年版,第 51 页。

出了危机,群众的物质文化生活得到了改善。

然而,"新经济政策"并没有在苏维埃俄国持续很长时间。列宁离逝后,联共(布)党内出现了关于如何建设社会主义问题的严重分歧,最终,斯大林提出的政策主张占据了主导地位,苏联开始实行以优先发展重工业为中心来建立社会主义大工业的经济计划,并试图在商品生产和流通环节中通过经济核算和计划调节来取消资本。一个明显的体现是:斯大林要求在政治经济学教科书中对《资本论》中的经济范畴进行时代转换,例如,在社会主义政治经济学内容部分,凡是涉及"资本"这一范畴的地方,都用"资金"或"基金"等进行了替换。通过这种高度集中的计划经济体制的实施,苏联在短时间内实现了社会生产力的高速发展,为处在帝国主义包围之中的苏联社会主义建设奠定了物质基础,并形成了日后具有深远影响的关于社会主义建设的"苏联模式"。这种模式在第二次世界大战及其结束后的几年时间中为社会主义赢得了巨大的声誉,但随着经济社会的进一步发展,其弊端也越来越凸显出来,如体制僵化、集中过多、管得过死、否定市场作用、企业和劳动者的积极性被严重束缚等,最终成为经济社会发展的制约因素。为此,苏联从20世纪50年代中期开始进行改革,但不幸的是,在西方资本主义国家对其施行的"和平演变"战略下,在内部各种复杂因素的交织作用下,这种改革最终演变成了"改向",导致苏共解散、苏联解体。

苏联关于社会主义建设的实践探索留给我们诸多思考,其中有经验,更有教训。就马克思提出的"资本的历史使命"来说,面对这一实践探索历程,我们首先应当思考的是:资本的历史使命完成了吗?如果说资本主义的继续存在表明的是资本历史使命的未完成,那么社会主义制度的建立是否意味着资本历史使命的终结?特别是在经济文化相对落后条件下(也即资本积累不足而贫困积累有余条件下)建立起的社会主义。回到马克思对"资本的历史使命"的相关阐述,应当说,在资本积累不足而贫困积累有余的经济文化相对落后的国家和地区,资本对无产阶级的革命性的塑造的任务已经完成,但资本推动生产力发展以及对无产阶级的先进性的塑造的历史任务并没有终结。更进一步说,社会主义制度的建立并不意味着资本历史使命的终结,特别是在经济文化相对落后条件下建立起来的社会主义。在此基础上,问题转化为:如果说社会主义制度的建立并不意味着资本历史使命的完成,那么在社会主义制度下,也即在无产阶级政党掌握政权、以生产资料公有制为特征的基本经济制度得以建立的条件下,是否能够以及如何才能够让资本继续其未完成的历史使命? 对于这一问题的明确回答,则是由中国共产党领导下的中国人民建设社会主义的实践所作出的。

第二节　资本历史使命的当代中国论域

在发达资本主义国家资本的全球积累进程中,中国并没有、也不可能置身事外。自 1840 年开始,中国社会开始由一个闭关锁国的封建社会一步步沦为半殖民地半封建社会,被迫成为发达资本主义国家资本积累所带来的贫困积累的转嫁对象之一。在外部的资本——帝国主义势力、国内的封建势力以及之后产生的反动的官僚资本势力(即"三座大山")的多重重压之下,广大底层群众政治上毫无权利、生活上饥寒交迫,其贫困积累迅速达到顶点,由此使主体的革命性率先成熟。就在国内各种形式的反抗活动不断爆发而又屡屡陷入困境、中国社会的先进分子苦苦探求救国救民的真理而郁郁不得之时,"十月革命一声炮响,给我们送来了马克思列宁主义"[①]。1921 年,中国共产党成立,自此肩负起带领中国人民进行革命和建设的历史重任。在中国共产党人的推动及领导下,中国人民经过艰苦卓绝的努力推翻了"三座大山",并在此基础上建立起新中国。此后,通过"三大改造",以生产资料公有制为基本特征的社会主义制度得以在我国正式确立。在当时的环境下,中国的社会主义建设曾一度以苏联为师(一个微观的例子如前面提到的,苏联在政治经济学教科书社会主义部分将"资本"替换为"资

---

① 《毛泽东选集》第四卷,人民出版社 1991 年版,第 1471 页。

产"或"基金",受其影响,中国理论界也避免讲"资本",而用"资产"、"资金"、"基金"等代之①),但以毛泽东同志为主要代表的中国共产党人很快察觉到了苏联社会主义建设中的缺陷和不足。因此,毛泽东同志在 1956 年提出将马克思列宁主义同中国实际进行"第二次结合"。在其后召开的中国共产党第八次全国代表大会通过的决议中,中国共产党人对当时的国内主要矛盾作出了科学的判断,即这一主要矛盾"已经是人民对于建立先进的工业国的要求同落后的农业国的现实之间的矛盾,已经是人民对于经济文化迅速发展的需要同当前经济文化不能满足人民需要的状况之间的矛盾"。从马克思所阐明的社会主义生成的物质条件看,这实际上是对资本积累不足条件下建立起的社会主义面临的实际状况的指认。党的十一届三中全会之后,中国共产党带领人民在实践中走出了一条具有中国特色的社会主义建设之路,特别是通过改革开放,取得了举世瞩目的发展成就,从而为我们在理论上澄清一些问题(包括:在社会主义制度条件下是否能够让资本继续其未完成的历史使命? 如何才能够让资本在社会主义条件下继续其未完成的历史使命? 资本在这一条件下应当采取什么样的形式、承担什么样的使命?)提供了坚实的实践依据。

一、从公有制基础上有计划的商品经济到社会主义市场经济

社会主义制度条件下是否能够让资本继续其未完成的历史使命? 如何才能够让资本在社会主义条件下继续其未完成的历史使命? 从当代中国改革开放的实践进程看,我们可以对这两个问题作出初步地回答。

中国共产党领导下的改革开放的历史进程的开启,首先从明确当代中国社会主义所处的历史阶段开始。党的十一届三中全会之后,以邓小平同志为主要代表的中国共产党人在总结实践经验基础上经过艰辛的理论探

---

① 参见庞庆明、郭志伟:《中国特色社会主义资本观:历史溯源、当代发展与新时代阐释》,《西北大学学报》(哲学社会科学版)2018 年第 1 期。

索,作出了我国处于并将长期处于社会主义初级阶段的科学论断。从马克思政治经济学研究所揭示出的社会主义的生成条件看,这一论断包含两层含义:其一,由于贫困积累有余,导致主体的革命性率先成熟,通过无产阶级政党领导下的社会革命,无产阶级已经掌握国家政权,并建立起以生产资料公有制为基本特征的社会主义制度,在此意义上,我国社会的性质已经是社会主义社会;其二,由于资本积累不足,我国的社会生产力水平发展相对低下,人民群众所需要的物质、文化生活资料相对贫乏,在此意义上,我国社会尚处于社会主义社会的初级阶段。立足于社会主义初级阶段这一最基本的国情和条件,在建设社会主义的过程中,中国共产党人带领中国人民启动了以市场为导向的经济体制改革,从而为资本在社会主义条件下继续其历史使命创造了条件。在这一过程中,由于受到苏联社会主义模式及当时的意识形态教条的影响,人们对资本的认知程度更多地停留于资本对劳动者的剥削、资本来到人世间时每个毛孔都滴着血和肮脏的东西等,以至于出现了谈资本色变的状况。在此状况下,处于社会主义初级阶段的中国的市场化改革采取了渐进式的、增量式的改革方式。依据实践发展所推动的标志性的共识的形成,我们可以将这一过程划分为以下三个阶段。

第一个阶段是"公有制基础上有计划的商品经济"共识的形成阶段。记录这一阶段的有如下标志性事件:1978 年 10 月,安徽省凤阳县梨园公社小岗生产队 18 户农民冒着风险搞大包干,一年后,小岗队获得了大丰收。面对农民群众的首创精神,党中央给予了尊重和肯定。此后,各地干部和群众纷纷行动,在农村农业生产中探索并创造出了多种形式的生产责任制。1982 年,中国共产党制定了其历史上第一个关于农村工作的"一号文件",文件中明确提出:"包产到户、到组,包干到户、到组,等等,都是社会主义集体经济的生产责任制"。在这一新的体制形式下,广大农民进行生产自主性、积极性得到显著提高,生产效率大大改进。在此基础上,农产品市场得以初步建立,后通过个体经济与乡镇企业的发展逐步建立起小商品市场,在一定程度上使群众的生活水平得到了改善和提高。农村的这些做法为城市经济体制改革奠定了基础并提供了经验,从 1980 年开始,一些地区探索在部分企业(包括国营企业和"社队企业")经营中实行以"利润包干"为特征的"经济责任制",并取得了较好的效果。次年 10 月,工业生产经营责任制作为企业改革的正式政策由国务院批准在全国范围内实行。到 1982 年 10 月,全国 80% 以上的全民所有制工业企业和 35% 的全民所有制商业企业实行了不同形式的经济责任制。① 通过给予企业更大更多的经营自主权和实行不同形式的经济责任制等措施,企业的活力得到了增强、生产经营效率大大提升。这些做法和经验,在 1984 年 10 月召开的党的十二届三中全会上得到了总结和确认,此次会议通过的决议中明确指出,商品经济的充分发展是我国社会经济发展的不可逾越的阶段,并用"公有制基础上的有计划的商品经济"来表达这种改革的共识。这一共识的形成,反映出人们对人类社会发展规律和社会主义建设规律的理解的不断深化。

第二个阶段是"社会主义市场经济体制"这一经济体制改革目标的确立阶段。在公有制基础上有计划的商品经济这一改革共识的引领下,从 1984 年年底开始,我国经济体制改革的重心从农村转向城市,通过一系列具有明显市场取向的改革措施的实施,建立社会主义市场体系所需的各种要素在我国经济体制改革过程中得到快速孕育。1987 年 10 月召开的中国共产党第十三次全国代表大会,从社会主义初级阶段这一基本国情出发,大会明确要求加快建立和培育社会主义市场体系。值得注意的是,同十二届三中全会相比,此次大会没有再提以计划经济为主,而是将"计划"和"市场"看作同一层次的范畴。为了加快推进经济体制改革和打破人们思想上的束缚,邓小平同志在 1992 年年初提出了判断姓"资"还是姓"社"问题的"三个有利于"标准,并明确指出:"计划和市场都是经济手段。"② 这一论断为社会主义市场经济体制在我国的建立和发展扫清了思想上的障碍。同年

---

① 参见邱东主编:《中国经济体制改革与发展研究》,中国人民大学出版社 2009 年版,第 14 页。
② 《邓小平文选》第三卷,人民出版社 1993 年版,第 373 页。

10 月,"建立社会主义市场经济体制"在党的十四大上被明确为我国经济体制改革的目标①,之后的党的十四届三中全会明确了社会主义市场经济体制的基本框架。此后,社会主义市场经济体制被不断完善,成为助力我国经济发展的重要机制,并在党的十九届四中全会上被提升到基本经济制度的层次。

第三个阶段是社会主义市场经济体制的发展与完善阶段,其中最具标识性的是"公有资本"(包括国有资本和集体资本)范畴的提出。社会主义制度的经济基础是生产资料的公有制,公有制企业特别是国有企业的发展关乎改革的方向。我国自改革伊始就开始了对国有企业改革的探索,如打破"大锅饭"分配制度、让利放权、"拨改贷、利改税"等。党的十四大之后,我国国有企业改革的重心开始转向股份制,并大力推动现代企业制度的建立。在此基础上,为了推动国有企业改革,特别是使之同社会主义市场经济体制相适应,党的十五大报告中提出,"股份制是现代企业的一种资本组织形式","国家和集体控股,具有明显的公有性,有利于扩大公有资本的支配范围,增强公有制的主体作用"②。这里首提"公有资本",为社会主义与市场经济的有机结合提供了重要思路,同时也在一定程度上促进了我国国有企业(也包括集体企业)在社会主义市场经济体制下进行投资运营。具体而言,公有制企业特别是国有企业的资本形态,使其获得了一个适合于市场经济的存在形式、运营形式和收益形式,使社会主义和市场经济得到了有机融合,从而为我国公有制企业特别是国有企业在市场经济体制下健康发展以及引领经济发展的社会主义方向奠定了基础,同时也使我国的市场经济体制具有了鲜明的社会主义特征。

从"公有制基础上有计划的商品经济"共识的形成,到"社会主义市场经济体制"这一经济体制改革目标的确立,再到"公有资本"范畴的提出,中

---

① 《江泽民在中国共产党第十四次全国代表大会上的报告》,见 http://cpc.people.com.cn/GB/64162/64168/64567/65446/4526311.html。

② 《江泽民在中国共产党第十五次全国代表大会上的报告》,见 http://cpc.people.com.cn/GB/64162/64168/64568/65445/4526288.html。

国共产党带领中国人民立足于社会主义初级阶段的基本国情,在实践中走出了一条独特的社会主义建设之路,这是一条在社会主义条件下、社会主义框架中利用资本来发展社会生产,进而不断夯实社会主义制度的物质基础之路。实际上,社会主义制度条件下是否能够让资本继续其未完成的历史使命? 正如马克思所指出的,"这当然完全取决于人们将不得不在其中活动的那个既定的历史环境"①——对于处在社会主义初级阶段的中国来说,这一既定的历史环境之一,就是在资本积累不足而贫困积累有余的条件下建立起的社会主义,是一个生产力发展水平相对低下、物质条件相对贫乏的社会;这一既定的历史环境之二,就是我们依然"生存在资本主义国家的体系中"②。因此,利用资本来发展社会生产以不断夯实社会主义制度的物质基础,是在这一既定的历史环境下建设社会主义的必然选择。那么,如何才能够让资本在社会主义制度条件下继续其未完成的历史使命? 实践表明,以市场为导向的经济体制改革特别是社会主义市场经济体制的建立,为资本能够在社会主义制度条件下继续其历史使命创造了条件。但在这里,我们首先应当明确的是资本在当代中国的主要形式以及其历史使命。

二、资本在当代中国继续其历史使命的主要形态:公有资本

社会主义市场经济体制是中国人民在社会主义建设实践进程中的伟大创造,其经济治理效能已经并将继续被中国经济社会发展所取得的巨大成就所证实。如果说这一经济体制是一条利用资本来发展社会生产之路,那么,资本在社会主义制度下继续其历史使命的主要形态就是公有资本。作为资本在社会主义条件下的主要形态,一方面,它是由社会主义制度下生产资料所有制所决定的,另一方面,它又是社会主义制度同市场经济进行有机结合所要求的。那么,什么是公有资本? 特别是从马克思对资本的分析看,

---

① 《马克思恩格斯文集》第 10 卷,人民出版社 2009 年版,第 458 页。
② 《列宁全集》第 42 卷,人民出版社 1987 年版,第 51 页。

公有资本何以可能？

　　什么是公有资本？简单地说,公有资本即生产资料公有基础上的经济活动主体(主要是企业)同市场经济相适应的组织形式。具体而言,要使之与市场经济相适应,有以下几点必须具备:第一,清晰的产权。这里要指出的是,建立在生产资料公有基础上的经济活动主体并不意味着产权的不清晰,但要避免出现所谓的"公地悲剧",即公共资源的私人滥用导致的竭泽而渔,更要避免所谓的"反公地悲剧",即产权的多头管理导致的资源使用效率低下或浪费。第二,资产的可计量,即货币化,以便能够进行清晰的资产价值核算,它要求企业进行生产所需的各种生产要素以及其所提供的产品或服务能够通过市场来进行定价。第三,内在于经济活动过程的价值增殖目标,即以价值增殖为导向。这里需要指出的是,在社会主义条件下,价值增殖只是手段,特别是生产资料公有基础上的经济活动主体所进行的生产,其生产目的在根本上从属于社会主义生产的目的——即满足人民群众日益增长的美好生活需要。而之所以要确立价值增殖的目标或导向,一方面是为了与市场经济体制相适应,另一方面则是为了赋予其生产使用价值以内在动力和外在压力(市场竞争),以使其在保值与增值的内在动力和外在压力下,向人民群众提供更多更好的服务与产品。

　　公有资本何以可能？应当指出,马克思所分析的是资本主义生产资料私有占有基础上的资本及其运行规律,因此在《雇佣劳动与资本》中,他指出:资本是"资产阶级的"、"资产阶级社会的生产关系"①。之所以这样说,源于他在这里使用资本的具体语境,我们不能依此就断言凡涉及资本皆是在言资产阶级社会的生产关系,进而否认社会主义制度下公有资本的合法性——正如恩格斯在谈到彼·法尔曼对马克思思想的"误解"时所指出的那样:"事物及其相互关系"是不断变化的,不能将马克思的所使用的概念"限定在僵硬的定义中,而是要在它们的历史的或逻辑的形成过程中来加

────────────────

① 《马克思恩格斯文集》第1卷,人民出版社2009年版,第724页。

以阐明"①。恩格斯的这一表述为我们理解社会主义制度下的公有资本提供了基本遵循,即对资本的认识不能被限定在"僵硬的定义中",要阐明社会主义制度下的公有资本,应当回到其"历史的或逻辑的形成过程"。

实际上,只有走出关于资本的所谓的"僵硬的定义",讨论社会主义制度下的公有资本才有可能。在这里,我们依然从马克思所揭示的资本的要义出发来进行这种讨论。前面已经指出,通过对资本主义生产资料私人占有基础上的经济运行过程的分析,马克思在其著作和手稿中揭示出了资本的如下三重规定:从本质上看,资本是一种生产关系,其内核是一种雇佣与被雇佣的关系;从结构上看,资本是一种负载于物上的生产关系,如果说生产关系构成资本的"灵魂",那么,负载这种生产关系的物质存在(如各种生产资料)则构成资本的"躯体"或"肉身",并且它能够被计量即货币化(在能够被计量的基础上);从性质上看,价值增殖是资本的本性。如果说以上三重规定是马克思关于资本的一般规定,那么,对于社会主义制度下的公有资本而言,可以形成如下理解:

第一,从本质上看,社会主义制度下的公有资本是一种生产资料公有制基础上的雇佣与被雇佣关系。既为资本,其本质就是以雇佣与被雇佣关系为内核的生产关系,社会主义制度下的公有制资本也不例外。但是,不同于马克思在《资本论》以及其他著作和手稿中对资本主义生产资料私人占有基础上的雇佣与被雇佣关系的描述,这种雇佣与被雇佣的关系建立在生产资料公有制的基础之上,具体而言:劳动者被公有资本所雇佣,其必要劳动所得以工资的形式取得,其剩余劳动所创造的价值由国家或集体统一调配,或用于积累以扩大再生产的规模,或用于提高劳动者的福利,总之最终将复归于劳动者自身。在传统的理解中,公有制企业的劳动者(也包括企业的管理人员)被当作企业的主人,他们一度以主人公的精神进行生产活动,为我国国民经济的恢复和发展作出了巨大贡献。但需要区分的是,公有制企业的所有权归全

①　《马克思恩格斯文集》第7卷,人民出版社2009年版,第17页。

民或集体所有,企业的全体劳动者并非企业产权意义上的"所有"人,在此意义上,将公有制企业的劳动者理解为企业的主人,极易造成权利和义务的边界不明。在社会主义市场经济条件下,按照产权清晰的要求,公有资本雇佣劳动者(包括企业管理人员)进行劳动,并以其资本所有权收益的形式、按照法制经济规则来实现自身的保值增值,在此过程中,公有制企业要构建起现代化的企业运行制度,包括职业经理人制度,以适应市场经济的基本要求。

第二,从结构上看,社会主义制度下的公有资本具有如下结构:一是作为其本质的社会关系,即生产资料公有基础上的雇佣与被雇佣关系;二是承载这种社会关系的物质载体,即公有制企业这种生产组织形式。作为物质载体,公有制企业的所有资产必须能够被计量,这就要求公有制企业中的各生产要素以及其所提供的产品和服务能够被货币化。以作为生产要素的土地资源为例:土地资源的公有制是我国土地所有制的基本特征,大体上,城市土地资源归全民所有,农村土地资源归集体所有。在计划经济时代,土地资源通常由政府直接划拨给公有制企业使用,但市场经济的发展要求土地资源的市场配置,于是,土地由计划经济时代的无偿划拨使用发展为通过"招拍挂"的方式进行市场定价(政府则通过审批制度来对此进行宏观调控),从而赋予其市场价格,由此使公有制企业自身的资产得以被计量。与此同时,与市场经济体制相适应的公有制企业,其产品和服务也需要通过市场来定价,由此要求政府在使用一些公有制企业所提供的产品与服务时采用政府购买的方式。

第三,从性质上看,价值增殖是资本的本性,社会主义制度下的公有资本也不例外。在马克思的描述中,正是在竭尽全力追求价值增殖的过程中,资本家被迫地改进生产技术,改进经营管理方式,从而间接地促进了生产力的发展和社会物质生活资料的丰富。也正是在此意义上,马克思说:"发展社会劳动的生产力,是资本的历史任务和存在理由。资本正是以此不自觉地创造着一种更高级的生产形式的物质条件。"[1]公有制企业之所以要采用

---

① 《马克思恩格斯文集》第7卷,人民出版社2009年版,第288页。

公有资本的组织形式,就是要通过资本的这一本性来带动生产力水平的提升和社会生产的发展,在夯实社会主义制度物质基础的同时,为更高级的生产方式准备物质条件。此外,马克思还特别地指出:同以往的形式相比,资本榨取剩余劳动的方式和条件"更有利于生产力的发展,有利于社会关系的发展,有利于更高级的新形态的各种要素的创造",这是"资本的文明面之一"①。换言之,除了促进社会生产力的发展,更高级的社会关系以及新的社会形态的各种要素,有待于在资本增殖运动的客观历史进程中去孕育。总之,赋予公有制企业以资本的组织形式,就是要让其在保值与增值的内在动力和外在压力下,提高生产和运营效率,向人民群众提供更多更好的服务与产品。

概而言之,通过回到其"历史的或逻辑的形成过程"②可以发现:社会主义制度下公有资本的形成,不同于马克思在《资本论》及其手稿中所描述的资本主义的原始积累,而是源于社会主义革命过程中对"剥夺者"的"剥夺"。同样,在社会主义市场经济条件下,公有资本也并不意味着剥削——即不是那种资本主义制度下资本对劳动者的剥削(源于劳动者所创造的剩余价值被生产资料的所有者即资本家无偿占有);而在生产资料公有制条件下,资本的增殖部分由代表人民利益的党和政府统一调配,最终复归于劳动者自身,由此可以实现社会主义消灭剥削、消除两极分化之目标。

三、"做强做优做大"国有资本的背后:公有资本的历史使命

在我国进入新时代以来,做强做优做大国有企业一直是以习近平同志为核心的党中央的明确要求,这是因为:基于我国社会主义初级阶段的基本国情,在社会主义市场经济体制下,不仅有公有资本(国有资本和集体资本)投资运营的企业,还有部分国外资本以及在党和政府培育下成长起来

① 《马克思恩格斯文集》第 7 卷,人民出版社 2009 年版,第 927—928 页。
② 《马克思恩格斯文集》第 7 卷,人民出版社 2009 年版,第 17 页。

的民营资本投资运营的企业。其中,国有企业是中国特色社会主义的重要物质基础和政治基础,它不仅是保障我国广大人民群众共同利益的重要力量,而且是壮大国家综合实力和参与国际竞争的重要力量。党的十九大报告中明确提出"推动国有资本做强做优做大"[1],"国有企业"与"国有资本",两字之差但意义重大:首先,它意味着在代表人民利益的党和政府领导的国资监管机构监管目标的转换升级,即由管企业转向管资本为主;其次,它要求建立和落实国有资本授权经营体制,在促进国有经济活动主体更加适应市场机制的同时,能够将国有资本的控制力和影响力扩展到社会经济的各个方面;最后,它将进一步优化国有上市企业治理结构,国资监管机构可不再作为其直接委托人,而让其建立相对独立的委托—代理治理结构,以此来提升国有上市企业的治理结构效率,进而使整个经济体系的资源配置效能得到提升;等等。

　　前面已经指出,由于现实历史进程中社会主义制度建立的特殊历史条件和环境,资本的历史使命并没有因社会主义制度的建立而终结。基于当前的基本国情以及要实现的目标,在建设中国特色社会主义的实践进程中,我国的公有资本特别是国有资本必须承担起如下历史使命:第一,承担起促进社会生产力发展的主要任务。我国的社会主义是在经济文化相对落后的条件下建立起来的,因而发展社会生产力是我们当前的主要任务,这就要求公有资本特别是国有资本所主导的行业必须率先提高生产效率,积极进行创新,进而成为整个社会生产力向前发展的引领者,向社会提供优质的产品与服务,以满足人民群众日益增长的物质文化需要。第二,承担起引领发展的社会主义方向、促进社会公平的主要任务。当前我国尚处于社会主义初级阶段,走向更高级的阶段,不仅需要生产力发展水平的进一步提升,也需要生产关系的进一步发展。我国现阶段实行的包括社会主义市场经济体制

---

[1]　习近平:《决胜全面建成小康社会　夺取新时代中国特色社会主义伟大胜利——在中国共产党第十九次全国代表大会上的报告》,人民出版社 2017 年版,第 33 页。

在内的基本经济制度,是同我国社会主义初级阶段社会生产力发展水平相适应的经济制度,而通过公有资本把社会主义制度和市场经济有机结合起来的社会主义市场经济体制,具有"不断解放和发展社会生产力的显著优势"。在这一基本经济制度中,坚持公有制主体地位,是巩固党的执政地位、坚持我国社会主义制度的重要保证,是确保我国各族人民共享发展成果的制度保证——公有资本特别是国有资本的投资运营应当服务于上述目标,特别是应当在保障国家安全、支持科技进步、提供社会公共服务、保护生态环境等方面发挥主要作用,并通过其控制力和影响力,引导非公有资本服务于社会主义建设。除此之外,公有资本特别是国有资本还应当在促进社会公平方面发挥更大的功能——例如,党的十八届三中全会明确要求:"提高国有资本收益上缴公共财政比例,更多用于保障和改善民生。"①这一要求表明了公有制资本在促进社会公平方面所担负的使命与职责。

显然,公有资本特别是国有资本在我国的上述历史使命中能否完成,直接取决于我国公有资本发展状况,特别是国有资本能否在市场竞争中做强做优做大。因此,做强做优做大国有资本,不断提高国有资本的投资运营效率、控制力、影响力和抗风险能力,应成为推动我国社会主义市场经济发展的题中应有之义。

第三节 社会主义市场经济体制的生成、本质与完善

讨论"资本的历史使命"在现实历史进程中特别是当代中国所引出的上述问题,目的是通过辨明这些问题来理解我国的社会主义市场经济体制。基于上述讨论,我国社会主义市场经济体制的生成过程,可视为"资本的历史使命"所蕴含理论逻辑在现实历史进程中的展开过程,其本质即在社会主义基本制度下通过利用、驾驭和导控资本来发展社会生产的经济运行体

---

① 《习近平谈治国理政》,外文出版社 2014 年版,第 78 页。

制,其完善应以夯实我国社会主义制度的物质条件为基础、促进人的自由全面发展为目标。

一、社会主义市场经济体制的生成:逻辑与历史的统一

我国社会主义市场经济体制生成于改革开放以来我国建设社会主义的现实历史进程,特别是在经济建设过程中通过利用、驾驭和导控资本来发展社会生产的生动实践。从"资本的历史使命"看,对这一现实历史进程的理解主要聚焦于以下5个问题:

1.我国在社会主义建设过程中能不能利用资本? 从理论上深刻回答这一问题,首先需要明晰马克思的资本概念。如前所述,通过对生产资料私有制基础上的资本主义生产过程的分析,马克思揭示出了资本的三重规定性:第一,从本质上看,资本是一种生产关系,其内核是一种雇佣与被雇佣的关系;第二,从构成上看,这种关系负载于物上,作为负载物的东西能够被计量即货币化;在此基础上,第三,从本性上看,资本能够通过占有劳动者所创造的剩余价值而实现自身增殖,即价值增殖是资本的本性。此外,马克思在其政治经济学研究中关于资本的分析还给人们留下了两个极其深刻且顽固的印象:一是关于资本的原始积累的描述,"资本来到世间,从头到脚,每个毛孔都滴着血和肮脏的东西"[①];二是资本与剥削相联系,甚至成为剥削的同义语。那么,我国在建设社会主义的过程中能不能利用资本? 就资本的本质而言,马克思主要分析的是生产资料私有制基础上的雇佣与被雇佣关系,但这并不能否认生产资料公有制基础上雇佣与被雇佣关系的合法性,换言之,劳动者既可以被私人雇佣,也可以被国家和集体所雇佣,在此基础上形成一种公有制基础上的雇佣与被雇佣关系,即包括国有资本和集体资本在内的公有资本。就马克思对资本原始积累的批判而言,中华人民共和国成立之后的资本是通过"剥夺""剥夺者"而取得的(即通过"三大改造"的完

[①] 《马克思恩格斯文集》第5卷,人民出版社2009年版,第871页。

成),因此,它与马克思所分析的资本的原始积累有着本质的不同。就资本与剥削的关系而言,在生产资料私人占有的情况下,劳动者的剩余价值被生产资料的所有者(资本家)所占有,由此形成了剥削;而在以生产资料公有制为基础的社会主义条件下,劳动者的剩余劳动所创造的价值由代表人民利益的党委和政府统一调配,或用于提高劳动者的福利、或用于扩大再生产,最终复归于劳动者自身,由此可以实现社会主义消灭剥削、消除两极分化、最终达到共同富裕的本质。因此,秉承解放思想和实事求是的原则,我国在(社会主义初级阶段)建设社会主义的过程中当然可以利用资本。

2. 我国在建设社会主义的过程中为什么要利用资本?可以从现实和理论两个方面来回答这一问题。从现实历史情况看,我国的社会主义是在经济文化相对落后的条件下(即在资本积累不足而贫困积累有余的条件下)建立起来的,社会主义基本制度确立之后,通过大力发展生产力以夯实社会主义制度的物质基础就成为此后一个时期内的主要任务。从理论方面看,马克思在其政治经济学研究中不仅深入地阐明了资本对社会生产力发展的巨大促进作用、提出了"资本的历史使命"这一议题,更是在《资本论》中明确提出:"发展社会劳动的生产力,是资本的历史任务和存在理由。资本正是以此不自觉地创造着一种更高级的生产形式的物质条件。"[1]在此,如果说社会发展过程是"受一定规律支配的自然史过程"[2]、由资本驱动的社会生产阶段是一个"既不能跳过也不能用法令取消自然的发展阶段"的话,那么,利用资本来推动我国社会生产发展就应当成为一种理论自觉,它可以"缩短和减轻分娩的痛苦"[3]。由现实历史进程与理论结合起来可知,社会主义制度的建立并不意味着资本历史任务的终结和资本历史使命的完成——特别是在经济文化相对落后条件下建立起的社会主义。由此,利用资本来发展社会生产,成为社会主义初级阶段的中国在建设社会主义过程

---

① 《马克思恩格斯文集》第 7 卷,人民出版社 2009 年版,第 288 页。
② 《马克思恩格斯文集》第 5 卷,人民出版社 2009 年版,第 21 页。
③ 《马克思恩格斯文集》第 5 卷,人民出版社 2009 年版,第 10 页。

中的最终选择。

3.我国在建设社会主义的过程中为什么是"利用"资本? "利用"资本表明,资本(增殖)不是目的而是手段,其作用发挥要服务于一定的目标。我国在建设社会主义的过程中之所以是"利用"资本,首先是由社会主义生产的目的所决定的。不同于资本主义,社会主义生产以资本增殖为目的,社会主义生产以满足人民群众不断增长的需要、促进人的自由全面发展为目的,资本增殖只是发展社会生产的手段;其次,我国的社会主义制度特别是政治制度是基于中国社会实际、在中国共产党领导下、在马克思列宁主义的指导下建立起来的,其目标是保障人民当家作主,在此基础上促进人的自由全面发展——这一目标也决定了资本在我国社会主义建设过程中只能作为一种手段,因而是"利用"资本。

4.我国在利用资本来发展社会生产的同时为什么要对资本进行驾驭和导控? 主要原因有三。其一,对利润的渴求与追逐会使资本陷入疯狂。正如马克思在《资本论》注释中引用的《评论家季刊》中的表述那样,资本不能离开利润,它"害怕没有利润或利润太少,就像自然界害怕真空一样",资本拥有对利润异常灵敏的嗅觉,一旦嗅到利润的气息,资本就会变得胆大妄为起来,利润越大,资本就会越肆无忌惮,"为了100%的利润,它就敢践踏一切人间法律;有300%的利润,它就敢犯任何罪行,甚至冒绞首的危险。如果动乱和纷争能带来利润,它就会鼓励动乱和纷争"[①]。其二,在相对剩余价值的生产过程中,资本致力于通过劳动分工的深化来提升生产效率,由此带来的是劳动者的片面的发展,表现为马克思所描述的"局部工人"[②]的生成——为了提升生产效率,劳动者在生产过程中被资本塑造为了"弯腰驼背,四肢畸形,某些肌肉的片面发展和加强"以及"精神空虚"[③]的人等,以至

---

① 托·约·邓宁:《工联和罢工》,1860 年伦敦版,第 35、36 页,转引自《马克思恩格斯文集》第 5 卷,人民出版社 2009 年版,第 871 页,第 250 个注释。

② 《马克思恩格斯文集》第 5 卷,人民出版社 2009 年版,第 393 页。

③ 《马克思恩格斯全集》第 42 卷,人民出版社 1979 年版,第 261 页。

于被定型化而丧失了进一步发展的空间。其三，马克思在《资本论》及其手稿中阐明，生产资料私人占有基础上的资本积累会带来劳动者的贫困积累，表现为资本运动过程所带来的社会大众的贫富两极分化、相对过剩的经济危机的不断发生等。因此，在利用资本来发展社会生产的过程中，必须形成对资本强有力的驾驭和导控力量，使其在推动社会生产发展的同时，有效避免上述负面效应的出现或者将其降低到最小程度。

5.我国在建设社会主义的过程中如何利用、驾驭和导控资本？关于如何利用资本，简单来说就是通过对内改革和对外开放：一是通过对内启动以市场为导向的经济体制改革，特别是通过社会主义市场经济体制的建立和不断完善，为资本在社会主义条件下继续其历史使命创造出环境和条件，并在此过程中致力于培育和支持民营资本的发展，特别是通过改革来激活我国的公有资本；二是对外开放，通过"引进来"以及在自身成长壮大后"走出去"，使我国经济融入世界市场——而这也是建立在我国社会主义市场经济体制的形成以及不断完善的基础上的。因此，关于如何利用资本，核心是我国社会主义市场经济体制的建立和不断完善。随着我国社会主义市场经济体制的建立和不断完善，根据所有权归属，资本在当代中国主要表现为以下三种形态：一是公有资本（包括国有资本与集体资本），二是在党和政府支持下培育和发展起来的民营资本，三是部分投资于中国的国外资本。要使上述形态的资本在社会主义制度下发挥作用并服务于我国社会主义建设的目标，除通过启动以市场为导向的经济体制改革为其提供发挥作用的环境和条件外，还需构建出对其进行驾驭和导控的体制机制，并在实践中不断完善。就当前实践看，我国在建设社会主义的过程中对资本的驾驭和导控主要有三种途径，体现在三个层面：一是制度层面。中国特色社会主义基本政治制度确保国家政权掌握在人民手中，基本经济制度特别是生产资料所有制确保生产资料公有制的主体地位。在社会主义市场经济体制下，公有资本在代表人民利益的党和各级政府的组织领导下投资运营，在利用资本来发展社会生产的过程中，劳动者剩余劳动所创造的价值作为资本增殖部分由党和政府统一调配,用以服务国计民生,并最终复归于劳动者自身,由此从制度上避免了生产资料私人占有基础上的"资本积累"所带来的劳动者的"贫困积累"。这也是社会主义制度优越性的重要体现。二是法律层面。市场经济是法治经济。不同于资本主义制度下的法治以维护资产阶级的根本利益为目标,社会主义制度下的法治在根本上体现的是人民的意志和利益。在当代中国,无论是公有资本、民营资本还是投资于中国境内的国外资本,其投资运营都要在中国现行的法律法规下规范进行,任何违反现行法律法规的行为都会被惩处。三是经济层面。在市场经济体制下坚持公有制主体地位,必须做强做优做大国有资本。在此基础上,充分发挥国有资本的控制力和影响力,按照市场经济运行规则,通过股份制、混合所有制形式等引领非公有资本服务于我国的社会主义建设和国计民生。

对上述5个问题的回答,既是对前面在现实社会历史进程中讨论"资本的历史使命"所形成的系列思考的一个简要总结,也是对我国社会主义市场经济体制在现实历史进程中的生成所进行的逻辑说明。概而言之,通过利用、驾驭和导控资本来发展社会生产,是"资本的历史使命"所蕴含的思想在我国社会主义建设实践进程中的逻辑展开,在此过程中生成的社会主义市场经济体制,深刻体现出的是这一逻辑与现实历史的统一。

二、本质:利用、驾驭和导控资本的经济运行体制

在推进我国经济体制改革的实践进程中,建立社会主义市场经济体制之所以能够被确立为我国经济体制改革的目标,首先源于人们在观念上的两个突破:一是社会主义不等于计划经济、市场经济不等于资本主义;二是将计划和市场理解为配置资源的一种手段。在此基础上,社会主义市场经济体制通常被视为社会主义基本制度和市场经济的结合,即在社会主义基本制度下通过市场配置资源来发展社会生产的一种经济运行体制。应当承认,将社会主义同计划经济区分开来,特别是将市场视为资源配置的一种方式和手段,对于我国建立社会主义市场经济体制这一改革目标共识的形成

具有重要意义。但是,将市场视为资源配置的一种手段、进而将社会主义市场经济体制视为社会主义制度下通过市场来配置资源的经济运行体制,(这种认识)其实并没有深入到这一经济运行体制的内部,因而并没有阐明这一经济运行体制的本质,其中一个最基本的问题就是:作为资源配置的一种手段,市场究竟如何来配置资源?

实际上,市场只是商品交换活动所生成的空间场域,不论其是有形的还是无形的、固定的还是流动的,它都只是商品交易的某种场所,因而无法直接配置资源。人们通常所说的市场配置资源,其实指向的是市场中的价值规律及其作用的发挥——依据价值规律,商品的交换价值由其价值量(其衡量尺度是生产该商品的社会必要劳动时间)决定,商品交换遵循等价交换的原则;但是,由于受到市场上供求状况的影响,商品的价格(交换价值的货币表现形式)会围绕其价值上下波动,正是通过价格波动所传递的信号,商品生产者会调整投入该商品生产所需资源的比例和规模,以最大限度地获得利润和避免损失。因此,所谓市场配置资源,其实强调的是市场中的价值规律及其作用的发挥,即通过价值规律来配置资源。

我们知道,价值规律是商品经济运行的基本规律,而市场经济是商品经济发展的高级阶段、是商品经济的高级形态。毫无疑问,在市场经济运行过程中,价值规律在其中客观存在并发挥作用,但在此阶段,起根本作用、居于统摄地位的规律并非价值规律,而是在这一规律基础上的价值增殖规律,即马克思通过对资本主义生产方式的研究所揭示出的资本运行规律或者说剩余价值规律。因此,所谓市场配置资源,本质上是资本通过市场来配置资源。具体而言,追求价值增殖是资本的本性,要实现自身的价值增殖,资本(以其最基本的形式产业资本为例)首先需要在市场当中按照等价交换的原则购买用于生产某种产品所需的各种生产要素(包括劳动力),这有赖于一个比较发达和完备的市场的形成,即一切产品和要素都以商品的形式存在;资本通过购买各种生产要素并组织生产,特别是生产出包含着更大更多价值(剩余价值)的产品并将其在市场上销售出去,其价值增殖的目标才能最终实现。在此过程中,市场依然只是商品交换的某种场所,因而无法直接进行所谓的资源配置,各种资源如何配置取决于资本实现自身增殖的需要,服务于其价值增殖的目标。在此意义上,所谓市场经济,本质上是一种由资本通过市场来配置资源的经济运行体制。

通过对资本主义经济运行过程的考察,马克思在其政治经济学研究中深刻地阐明了在价值增殖这一目标的驱使下,资本对于生产力的发展、社会发展以及人的解放所具有的积极意义,并由此在《1857—1858 年经济学手稿》中提出了"资本的历史使命"这一议题。如果说市场经济的本质是一种由资本通过市场来配置资源的经济运行体制,那么,社会主义市场经济体制也不例外,也是一种由资本通过市场来配置资源的经济运行体制。与马克思所分析的资本主义市场经济体制的区别在于:资本主义市场经济体制建立在生产资料私人占有的基础之上,其上层建筑特别是政治制度在根本上服务于资本的增殖逻辑——马克思和恩格斯曾深刻指出,资本主义的国家政权"不过是管理整个资产阶级的共同事物的委员会罢了"①。就资本主义的政治制度而言,其所反映的是资本主义社会的经济关系,保障的是在经济上占统治地位的资产阶级的利益,执行的是资产阶级的意志,其在根本上服务于资本的增殖逻辑。无论是在自由竞争资本主义时代,还是当代资本主义,资本主义制度的这一性质并没有从根本上改变。社会主义市场经济体制则不同,它建立在以生产资料公有制为根本特征的所有制基础之上,是在社会主义基本制度下通过资本的价值增殖来发展社会生产的经济运行机制——在这里,价值增殖不是目标,而是用来发展社会生产以满足人民群众需要、服务于社会主义建设的手段,其最终的指向是促进每个人的自由全面发展。因此,社会主义市场经济体制首先是一种利用资本来发展社会生产的经济运行机制,同时还是一种通过社会主义制度来驾驭和导控资本、使之服务于我国社会主义建设目标的经济运行体制。所以,社会主义市场经济

①　《马克思恩格斯文集》第 2 卷,人民出版社 2009 年版,第 33 页。

体制中的"社会主义"不能丢,如江泽民同志所说:"'社会主义'这几个字是不能没有的,这并非多余,并非画蛇添足,而恰恰相反,这是画龙点睛。所谓'点睛',就是点明我们的市场经济的性质。"①在此意义上,所谓社会主义市场经济体制,其本质可以理解为社会主义制度下通过利用、驾驭和导控资本来发展社会生产的一种经济运行体制。

三、完善我国社会主义市场经济体制的根本遵循

如果说社会主义市场经济体制本质上是社会主义制度下通过利用、驾驭和导控资本来发展社会生产的经济运行体制,那么,完善社会主义市场经济体制,就是要在社会主义基本制度下通过对经济运行体制机制的变革和优化,实现对资本更好地利用、驾驭和导控。从资本历史使命所蕴含的人学思想看②,人的解放的物质条件和主体条件是在资本所推动的社会生产发展过程中塑造出来的——基于我国社会主义社会的历史生成过程及当前所处阶段,实现对资本更好地利用、驾驭和导控,目标是夯实我国社会主义制度的物质基础,为实现人的自由全面发展创造条件并在此过程中促进人的自由全面发展,为此,完善我国社会主义市场经济体制有如下根本遵循:

一是坚持社会主义市场经济改革方向,并致力于完善让资本在社会主义制度下继续其历史使命的条件与环境。自党的十四大提出我国经济体制改革的目标是建立社会主义市场经济体制以来,经过十年时间的努力,以公有制为主体、多种所有制经济共同发展的格局基本形成,与市场经济相适应的宏观调控体系、社会保障体系等初步建立,劳动力、技术、土地等生产要素市场初具规模,"市场"在资源配置中基础性作用的发挥日益明显,据此,党的十六大报告中提出我国的"社会主义市场经济体制初步建立"——社会主义市场经济体制的初步建立为我国在社会主义建设过程中利用资本提供

---

① 江泽民:《论社会主义市场经济》,中央文献出版社 2006 年版,第 203 页。
② 参见本书第六章"资本的历史使命与人的解放条件的生成"。

了基本的条件与环境。此后,让"市场"在资源配置中更好地发挥作用一直是党中央的明确要求——从"更大程度地发挥市场在资源配置中的基础性作用"(党的十六届三中全会)、到"更大程度更广范围发挥市场在资源配置中的基础性作用"(党的十八大)、再到"使市场在资源配置中起决定性作用"(党的十八届三中全会),深刻地体现了这一点。在此,如果说市场配置资源本质上是通过价值规律特别是在此基础之上的价值增殖规律即资本来配置资源的话,那么,要在社会主义建设过程中更好地利用资本,就必须坚持社会主义市场经济改革方向,并致力于完善让资本在社会主义制度下继续其历史使命的条件与环境,这也是通过完善产权制度、完善要素市场化配置和完善公平竞争制度来建设高标准市场体系的题中应有之义。

二是坚持公有制主体地位,并致力于在市场竞争中做强做优做大国有资本。公有制是社会主义制度的根本特征。改革开放之前的一段时间,我国工业企业基本上都是全民所有制和集体所有制。改革开放以来,基于我国社会主义初级阶段的基本国情,我们在实践中将公有制为主体、多种所有制经济共同发展确立为我国社会主义初级阶段的一项基本经济制度。在党和政府的鼓励、支持和引导下,我国的非公有制经济(包括个体经济、私营经济、外资经济)得到快速发展,并且在稳定增长、促进创新、增加就业、改善民生等方面发挥着十分重要的作用,成为支撑我国经济持续健康发展的重要力量。在此过程中,国有企业数量占比虽有所下降,但企业实力、影响力和控制力不断增强。完善我国社会主义市场经济体制,必须坚持公有制主体地位,这不仅是我国社会主义市场经济体制区别于资本主义市场经济体制的显著标志,也是我国各族人民共享发展成果的重要制度保证。要在市场经济条件下坚持公有制主体地位特别是发挥国有经济主导作用,关键是在市场竞争中做强做优做大国有资本,因为市场经济体制本质上是资本通过市场来配置资源的经济运行体制,它要求各市场主体、各资本在市场中依法平等地使用资源、公开公平公正地参与竞争——因此,致力于在市场竞争中做强做优做大国有资本,既是社会主义市场经济体制下坚持公有制主体地位的内在要求，也是我们完善社会主义市场经济体制的根本遵循。

三是坚持中国共产党的领导，并致力于提升党利用、驾驭和导控资本的能力和水平。我国社会主义市场经济的生成、社会主义市场经济体制的建立是在中国共产党的领导下进行的，完善我国的社会主义市场经济体制，同样必须坚持中国共产党的领导，因为党的领导是中国特色社会主义最本质的特征，是确保我国人民当家作主的根本政治保证。进一步看，如果说社会主义市场经济体制本质上是社会主义制度下通过利用、驾驭和导控资本来发展社会生产的一种经济运行体制，那么，在完善这一经济体制的过程中坚持党的领导，必须致力于提升党利用、驾驭和导控资本的能力和水平，这既是党在执政过程中通过总揽全局、协调各方来完善社会主义市场经济体制的客观需要，也是充分发挥我国社会主义制度优势、有效防范资本主义市场经济弊端的客观要求。提升党利用、驾驭和导控资本的能力和水平，一方面要加强对马克思主义政治经济学特别是作为其奠基之作的《资本论》及其手稿的学习、研究和运用——正如习近平总书记指出的那样，"越是发展社会主义市场经济，越是要求我们必须深刻地学习和掌握《资本论》所阐述的科学原理"①。实际上，加强对《资本论》及其手稿的学习、研究和运用，既是中国共产党作为马克思主义政党的性质要求，更是马克思主义政党的独特优势，因为在《资本论》及其手稿中，马克思对资本的本质、运行规律、内在矛盾以及历史使命等问题作出了最为深刻和详尽的阐释。另一方面，要不断总结、提炼我们在社会主义市场经济发展实践中的成功经验，将其上升为系统化的经济学说并用其来指导我国经济发展实践。

马克思在《资本论》第一版序言中谈到当时德国社会状况时非常矛盾

---

① 习近平：《对发展社会主义市场经济的再认识》，《东南学术》2001 年第 4 期。

地说,我们"不仅苦于资本主义生产的发展,而且苦于资本主义生产的不发展"①——之所以苦于资本主义生产的发展,是因为资本积累给劳动者所带来的诸多负面效应在德国已经出现,但当时的德国制度不仅不能够对其进行制约,且连一般资本主义国家规范资本运行相关的制度和法律也没有建立起来,如对资本无度压榨雇佣工人起到一定抗衡作用的英国的"工厂法";而之所以苦于资本主义生产的不发展,是因为在当时的德国,一些"古老的、陈旧的生产方式以及伴随着它们的过时的社会关系和政治关系还在苟延残喘"②、还在统治并压迫着人们,这种统治并压迫人们的力量有待资本所驱动的社会生产的充分发展去消除,实现人的自由全面发展以及人的解放所需的物质条件和主体条件,有待资本所驱动的社会生产发展过程去塑造。时过境迁,时空转换到当代中国,可以说,马克思当年所遭遇的矛盾正在我国社会主义市场经济的生动实践中消解——通过社会主义市场经济体制的建立,资本所具有的对社会生产发展的巨大推动作用、对人的自由全面发展的巨大促进作用得以在社会主义制度下继续发挥;而通过发挥社会主义制度优势(如公有制主体地位),资本运行所带来的负面效应(如资本积累带来的贫困积累)能够得到有效避免。因此,习近平总书记指出:"在社会主义条件下发展市场经济,是我们党的一个伟大创举。我国经济发展获得巨大成功的一个关键因素,就是我们既发挥了市场经济的长处,又发挥了社会主义制度的优越性。"③从资本的历史使命特别是其所蕴含的人学思想看,在完善我国社会主义市场经济体制的过程中,坚持社会主义市场经济改革方向并致力于完善让资本在社会主义制度下继续其历史使命的条件与环境,就是为了能够继续以及更好地发挥市场经济的长处,以夯实我国社会主义制度的物质基础;而坚持公有制主体地位并致力于在市场竞争中做强

---

① 《马克思恩格斯文集》第5卷,人民出版社2009年版,第9页。
② 《马克思恩格斯文集》第5卷,人民出版社2009年版,第9页。
③ 习近平:《不断开拓当代中国马克思主义政治经济学新境界》,载《十八大以来重要文献选编》(下),中央文献出版社2018年版,第5—6页。

做优做大国有资本,坚持中国共产党的领导并致力于提升党利用、驾驭和导控资本的能力和水平,就是为了能够继续以及更好地发挥社会主义制度的优越性,在为实现人的自由全面发展不断创造出条件的过程中促进人的自由全面发展。

第八章 "固定资本就是人本身"的 理论价值及当代意义

　　马克思在《1857—1858 年经济学手稿》中提出的"固定资本就是人本身"①,是其在政治经济学研究过程中形成的一个全新的、重要的人学观点,其内涵深刻、意义重大,对我们审视和更好推动当代的经济实践具有重要启示。遗憾的是,由于种种原因,自这一观点提出以来,马克思主义研究者们对其鲜有关注,其理论价值并未得到相应的阐发。在阐明其理论价值的过程中,我们首先要回到马克思提出这一观点的原初语境、借助于马克思赋予固定资本的一系列社会历史内涵来激活这一观点,特别是固定资本的生产被其视为一种"用时间去消灭空间"②的活动,并由此参与到当代学者对"空间生产"问题的讨论。在讨论中,我们会发现:空间生产源于资本扩张的空间悖论。要走出这一悖论,核心是通过"节约劳动时间"来生产作为"固定资本"的"人本身",即进行人的发展空间的生产,这不仅是马克思通过"固定资本就是人本身"所提示的社会生产发展的最终出路,也是他对新社会生产作出的内在规定,即在这种社会生产过程中,一切空间的生产都要以人的发展空间的生产为价值旨归。

---

① 《马克思恩格斯全集》第 31 卷,人民出版社 1998 年版,第 108 页。
② 《马克思恩格斯全集》第 30 卷,人民出版社 1995 年版,第 521 页。

第一节 固定资本的社会历史内涵与固定资本的生产

谈及固定资本,我们会很自然地想到机器及一些生产资料,进而想到这些生产资料的价值转移方式以及与之相关的经济核算等问题,这些固然重要,然而,如果仅仅聚焦于此,固定资本本身所具有的社会历史内涵就会被遮蔽。实际上,与固定资本相关的问题并非一个单纯的价值核算问题,它还是一个同社会历史发展和人的发展密切相关的范畴,对此,马克思在《1857—1858 年经济学手稿》中进行了集中阐述:"从直接生产过程的角度来看,节约劳动时间可以看作生产固定资本,这种固定资本就是人本身。"[①]理解马克思的这一观点,需要我们回到马克思提出这一观点的原初语境,深刻把握其赋予固定资本的一系列社会历史内涵,特别是其指出的通过固定资本的生产来实现的"用时间去消灭空间"。

一、固定资本的社会历史内涵:马克思的集中阐述

马克思对固定资本的讨论主要源于他对资本流通过程的分析。在《1857—1858 年经济学手稿》中,首先进入马克思视野的固定资本并非作为生产资料的机器,而是资本流通过程中涉及的交换的物质条件,如道路和交通运输工具等。与此同时,固定资本在马克思这里最初的含义也并非渐次地将自身价值转移到产品上的特殊资本,而是对同一资本在运动过程中的一种特殊形式的规定,如其所说:"流动资本和固定资本的区别,首先表现为资本的形式规定,即要看资本是表现为过程的统一体,还是表现为过程的特定环节。"[②]也就是说,在这种形式规定中,就资本从一个阶段过渡到另一个阶段而言,它表现为流动资本;就它居于某一个特殊的阶段而言,它表现

---

① 《马克思恩格斯全集》第 31 卷,人民出版社 1998 年版,第 108 页。
② 《马克思恩格斯全集》第 31 卷,人民出版社 1998 年版,第 8 页。

为固定资本。由于马克思视资本的运动过程为生产过程和流通过程的统一,所以,在进一步的考察过程中,他才将价值转移方式视为固定资本和流动资本的差别,并将固定资本规定为在生产过程中渐次地将自身价值转移到产品上的特殊资本。在此意义上,马克思对这种固定资本所具有的社会历史内涵进行了分析,主要包括如下内容:

第一,固定资本的形成有赖于社会财富和资本发展到一定程度。固定资本首先是生产资料,固定资本的形成,有赖于将一部分生产时间投入到生产资料的生产上。而作为固定资本的生产资料并不是直接的消费品,这就要求社会财富发展到一定程度,以使人们可以不必将全部的生产时间都投入到直接的消费品的生产上来。因此,在马克思看来,只有社会财富发展到一定的程度、即处在一个比较高的发展水平,固定资本的形成才成为可能。此外,要生产出规模巨大的固定资本,特别是铁路、运河等交通运输渠道,资本的发展也要达到一定的高度,因为它有赖于庞大的过剩人口、有赖于资本的集中和积聚等。正是在此意义上,马克思说,固定资本的形成表明了"财富一般发展的程度"、"资本发展的程度"①。

第二,固定资本表明了社会生产力的发展水平。固定资本不同于作为原料的一般生产资料。在分析固定资本的使用价值时,马克思说:"本来意义上的劳动资料只是在生产范围内并为了生产才被使用的,它没有任何其他的使用价值",但"固定资本作为在生产过程本身中逐渐耗尽的资本",其使用价值有着独特的规定,即它在更恰当的意义上是资本主义生产过程的"工艺条件"和"物质前提"②。因此,固定资本可以被视为社会生产力发展水平的"指示器"。在资本主义生产过程中,生产资料特别是劳动资料的形态不断变化,其最后的形态是"自动的机器体系",在马克思看来,"劳动资料发展为机器体系,对资本来说并不是偶然的,而是使传统的继承下来的劳

---

① 《马克思恩格斯全集》第 31 卷,人民出版社 1998 年版,第 102 页。

② 《马克思恩格斯全集》第 31 卷,人民出版社 1998 年版,第 88—89 页。

动资料适合于资本要求的历史性变革"①,"机器体系表现为固定资本的最适当的形式"②。机器体系不仅使自然界当中的自然力转化为生产力,而且还使人所具有的知识和技能特别是科学直接转化为了生产力,它一方面促进了社会生产力的发展,另一方面则"赋予生产以科学的性质"③。因此,马克思说:"社会的生产力是用固定资本来衡量的,它以物的形式存在于固定资本中"④。

第三,固定资本的发展加剧了工人的异化。作为固定资本的简单劳动工具发展到机器体系的过程,是一个工人的异化程度不断加剧的过程。首先,在使用简单劳动工具进行劳动的过程中,这些简单的劳动工具表现为单个工人的劳动资料,是工人的活动作用于劳动对象的中介;而在使用机器进行劳动的过程中,机器并不表现为单个工人的劳动资料,工人反倒表现为机器作用于原材料的中介。其次,在使用简单劳动工具进行劳动的过程中,这些简单的工具表现为工人身体的"器官",工人"通过自己的技能和活动赋予它以灵魂","掌握工具的能力取决于工人的技艺";而在使用机器进行劳动的过程中,机器本身就是具有力量和技巧的"能工巧匠","它通过在自身中发生作用的力学规律而具有自己的灵魂",由此使工人的活动成为由机器的运转来决定和调节的"单纯的抽象活动"⑤。再次,机器体系是"随着社会知识的积累、整个生产力的积累而发展"起来的,作为社会生产力的代表及其发展水平的指示器,"它以物的形式存在于固定资本中"⑥并同工人相对立,其中所体现出的科学和社会知识并不存在于工人的意识当中,而是作为一种同工人相对立的力量通过机器对他们发挥作用。最后,随着固定资本的发展,特别是在运用自动化的机器体系进行生产的过程中,工人运用自

---

① 《马克思恩格斯全集》第31卷,人民出版社1998年版,第92页。
② 《马克思恩格斯全集》第31卷,人民出版社1998年版,第93页。
③ 《马克思恩格斯全集》第31卷,人民出版社1998年版,第94页。
④ 《马克思恩格斯全集》第31卷,人民出版社1998年版,第93页。
⑤ 《马克思恩格斯全集》第31卷,人民出版社1998年版,第91页。
⑥ 《马克思恩格斯全集》第31卷,人民出版社1998年版,第93页。

身劳动力创造价值的力量无限缩小而趋于消失,导致工人同产品之间的直接联系也消失不见了。生产活动不仅越来越成为同工人相独立的活动,而且只要工人的活动不再为资本所需,他就会成为多余的人被抛出社会生产之外。

第四,固定资本的发展引起了劳动过程的深刻变革。主要体现在以下两个方面:1. 由于社会生产力在资本主义生产方式下表现为资本固有的属性、表现为固定资本的生产力,而这种生产力中"既包括科学的力量,又包括生产过程中社会力量的结合,最后还包括从直接劳动转移到机器即死的生产力上的技巧"①,因此随着固定资本的发展,劳动过程越发具有"科学的性质"②,体现为劳动过程在广度和深度上越来越受到科学规律的强制。2. 随着固定资本的形态发展到自动的机器体系,工人的活动即劳动越来越被排斥于财富的生产活动之外,"工人不再是生产过程的主要作用者,而是站在生产过程的旁边"③,劳动在这里日益表现为一种生产过程的监督和调节活动。

第五,固定资本的发展预示着资本对自身的否定。从最抽象的概念层面看,资本作为一种价值存在,它可以存在于任何特定的使用价值形式之上,并在自身的运动中不断地采取和抛弃各种特定的使用价值形式,而固定资本表现为一种被束缚在特定使用价值形式中的价值,就这一点而言,固定资本表现出"它是不符合资本的概念的"④;从具体的发展过程层面看,对活劳动的使用是资本增殖的前提,但随着固定资本的发展特别是自动化的机器体系的运用,活劳动越来越被排斥出生产体系,在财富的创造活动中所起的作用越来越小,由此将导致资本的增殖运动无以为继;从生产方式层面看,以资本增殖运动为主轴的社会生产方式建立在交换价值的基础上,它一

---

① 《马克思恩格斯全集》第 31 卷,人民出版社 1998 年版,第 111 页。
② 《马克思恩格斯全集》第 31 卷,人民出版社 1998 年版,第 94 页。
③ 《马克思恩格斯全集》第 31 卷,人民出版社 1998 年版,第 100 页。
④ 《马克思恩格斯全集》第 31 卷,人民出版社 1998 年版,第 93 页。

方面将劳动时间作为财富的唯一尺度和源泉,因而要最大限度地占有工人的剩余劳动时间,另一方面又竭尽全力地将劳动时间压缩至最低限度,由此促使了固定资本和生产力的发展。在此过程中,资本总是"想用劳动时间去衡量这样造出来的巨大的社会力量,并把这些力量限制在为了把已经创造的价值作为价值来保存所需要的限度之内",但生产力和生产关系的不断发展,必然要冲破交换价值这一资本的有限基础,并成为"炸毁这个基础的物质条件"①。

第六,固定资本的发展即社会个人的发展。固定资本的发展深刻地改变了财富的生产过程。在运用自动的机器体系来进行生产的情况下,作为"生产和财富的宏大基石的"东西已经不是个人的直接劳动以及这种劳动时间,而是"社会个人"的发展,即"人作为社会体的存在"所实现的发展。这种发展建立在人对自然界的深入了解和"对人本身的一般生产力的占有"的基础之上②,机器、铁路包括各种交通运输工具等,不过是人造出来的、用以实现人的意志的各种物质器官。从这种"社会个人"发展的角度看,财富不再是占有他人的劳动时间,而是"所有个人的发达的生产力";财富的尺度也不再是劳动时间,而是"可以自由支配的时间"③,即使个人才能得到充分发展的时间——在此基础上,马克思将"真正的经济"视为"劳动时间的节约",也即"自由时间"的增多,因而是"个人才能的发展"④。他还以此来重新审视资本主义生产过程,并赋予固定资本以全新的内涵(即"固定资本就是人本身")。具体而言,相对于"社会个人",在资本主义生产过程中,一切具有固定形式的东西包括生产的条件、产品、对象化本身等,都不过是生产运动过程中"转瞬即逝的要素",而作为社会体存在的"社会个人"则始终存在,他们既是生产过程的主体(整个生产过程表现为"他们本身不

---

① 《马克思恩格斯全集》第 31 卷,人民出版社 1998 年版,第 101 页。
② 参见《马克思恩格斯全集》第 31 卷,人民出版社 1998 年版,第 100—101 页。
③ 《马克思恩格斯全集》第 31 卷,人民出版社 1998 年版,第 104 页。
④ 参见《马克思恩格斯全集》第 31 卷,人民出版社 1998 年版,第 107 页。

停顿的运动过程"),又始终是生产过程的最终结果,"他们在这个过程中更新他们所创造的财富世界,同样地也更新他们自身"。[①] 正是在此意义上,马克思说:"从直接生产过程的角度来看,节约劳动时间可以看作生产固定资本,这种固定资本就是人本身。"

二、固定资本的生产与马克思的用时间去消灭空间

如前所述,在《1857—1858 年经济学手稿》中,首先进入马克思视野的固定资本并非作为生产资料的机器,而是资本流通过程中涉及的交换的物质条件,如道路和交通运输工具等——正是在这里,马克思将这些固定资本的生产活动描述为一种"用时间去消灭空间"的活动,提出了"用时间去消灭空间"这一让后来的研究者们十分着迷的命题。鉴于这一命题的重要性,有必要对其进行适度展开,旨在明确以下三个问题:第一,为什么要"用时间去消灭空间"? 第二,如何"用时间去消灭空间"? 第三,"用时间去消灭空间"的后果是什么?

就马克思在这里的直接表述看,之所以要"用时间去消灭空间",原因有二:一是因为资本主义社会生产建立在"交换价值"的基础上,而以交换价值为基础的社会生产即商品生产,它意味着产品的生产和消费在地理空间上已经分离,空间在这里于是表现为完成整个经济运行过程的某种阻碍。二是因为价值增殖是资本的本性。具体而言,在以价值增殖为目标的资本主义经济运行过程中,产品在空间中的流通要耗费一定的时间,这种时间对资本主义经济运行过程来说相当于一种"必要劳动时间",它的额外增加意味着剩余劳动时间也即剩余价值的减少,空间(实际上是产品在空间中的流通时间)于是表现为资本价值自行增殖运动的某种限制。在这里,马克思用了一个简要的图示来说明这种逻辑关系,即"流通时间表现为劳动生产率的限制=必要劳动时间的增加=剩余劳动时间的减少=剩余价值的减

---

① 参见《马克思恩格斯全集》第 31 卷,人民出版社 1998 年版,第 108 页。

少＝资本价值自行增殖过程的障碍或限制"①。综合起来看,由于空间在这里表现为一种资本增殖的阻碍或限制,所以在经济运行过程中,资本要"用时间去消灭空间",即通过缩短或节约时间的方式去尽可能地减少地理上的空间距离对资本增殖的影响。

关于如何"用时间去消灭空间",马克思在这里首次谈到了固定资本,但主要是以交通运输工具和道路的形式存在的固定资本。在马克思看来,这种形式的固定资本构成了"交换的物质条件"②,资本可以通过生产这些作为固定资本的交通运输工具和道路来实现"用时间去消灭空间"。然而,要让资本把生产交通运输工具特别是修筑道路当作一种"营业"即由自己出资经营,"就需要有种种不同的条件"作为前提,其中最主要的前提有两个:一是"要有足够数量的资本,能够用于这项事业,同时它满足于获得利息";二是"对于生产资本或产业资本来说,为某条道路支付价格必须有利可图"。③ 在此后关于固定资本的生产的进一步分析中,马克思又补充了一个重要条件,即"过剩人口和过剩生产"的大量存在,他特别指出说:"修建铁路、运河、自来水、电报等等场合,同制造直接用于直接生产过程的机器的场合相比,过剩人口和过剩生产就必定多些。"④换言之,"用时间消灭空间"要通过以交通运输工具、道路等形式存在的固定资本的生产来实现,但这些固定资本的生产需要建立在一系列前提的基础上,如足够数量的资本、有利可图、生产过剩等。

关于"用时间去消灭空间"的后果,马克思在这里只是简单地提到了市场的扩大及世界市场的生成,即它摧毁了"交换的一切地方限制,征服整个地球作为它的市场"⑤。就这一点来看,所谓的"用时间去消灭空间",其后

① 《马克思恩格斯全集》第30卷,人民出版社1995年版,第538页。
② 《马克思恩格斯全集》第30卷,人民出版社1995年版,第521页。
③ 《马克思恩格斯全集》第30卷,人民出版社1995年版,第527—528页。
④ 《马克思恩格斯全集》第31卷,人民出版社1998年版,第103页。
⑤ 《马克思恩格斯全集》第30卷,人民出版社1995年版,第538页。

果并非是对那种地理空间距离的"消灭",恰恰相反,通过对交通运输工具以及道路形式的固定资本的生产,资本使自身获得了在地域上更为广阔的活动空间,表现为市场的扩大以至世界市场的生成——"空间"在这里于是不再是纯粹意义上的自然地理空间,在更为重要的意义上,它是一种资本的活动和运行空间,是对资本来说的市场空间。而从马克思所补充的生产固定资本的另一重要条件(即"过剩人口和过剩生产"的大量存在)看,"用时间去消灭空间"还带来一个重要后果,即在一定程度上缓解了资本带来的各种过剩问题——过剩的人口特别是过剩的资本不仅在这种固定资本的生产中找到了出路,因而在一定程度上缓解了资本带来的过剩性危机,而且还为资本生产出了进一步活动的"空间"。就此来看,"用时间去消灭空间"所蕴含的思想,本质上指向的是一种通过对特殊形式的固定资本的生产活动来为资本创造新的活动空间的行为。

综上,所谓"用时间去消灭空间",其所描述的其实是通过某些特定形式的固定资本的生产为资本运行生产出新的空间的活动,即资本运行所需"空间"的生产活动。实际上,马克思的这一命题之所以引起后来研究者们的广泛关注,与人们对资本主义"空间生产"问题的讨论密切相关。从思想史看,人们对该问题的关注,主要源于对这样一个问题的思考,即资本主义何以能够存续至今? 在对这一问题进行思考和讨论的过程中,亨利·列斐伏尔(Henri Lefebvre)将人们的目光引向了"空间生产",他提出:"一个世纪以来,资本主义已经发现自身能够缓解(即便不能够消除)自身的内在矛盾,因此在《资本论》问世以来的100年里,资本主义成功获得了'增长'。我们不能够计算这种增长所付出的代价,但我们知道这种增长所依赖的手段:占有空间,生产空间。"[①]而从罗莎·卢森堡(Rosa Luxemburg)和列宁等对帝国主义的描述看,空间生产(在罗莎·卢森堡那里是资本主义对非资本主义地域的贸易和侵略,在列宁那里是资本的对外输出)也无疑是资本

---

① H.Lefebvre, *The Survival of Capitalism*, London Al-lison & Busby, 1976, p.21.

主义存续至今的一个重要原因。大卫·哈维(David Harvey)则是当代学人中讨论这一问题的重要代表。

三、固定资本的空间修复功能:哈维的补充及局限

作为当代新马克思主义的代表性学者,大卫·哈维高度重视马克思的固定资本范畴,并认为:固定资本,特别是那种"内嵌于建成环境(built environment)的固定资本",是在马克思那里提到但"未经展开的范畴"①。哈维之所以如此重视固定资本这一范畴,是因为他在考察现实资本主义经济运行过程时重新界定了马克思的危机理论,并在固定资本的生产过程中获得了某种启示或者说发现了问题的症结。

我们知道,马克思关于资本主义经济危机的阐述主要集中在以下两个方面:一是资本主义生产相对过剩所引发的危机,它通常被阐释为有效需求的缺乏或"消费不足",简单来说,就是作为社会大众的无产者由于贫困而没有能力购买资本家生产出来的数量庞大的商品,由此使资本主义社会生产陷入危机和停滞。二是平均利润率下降规律作用下导致的资本主义生产方式运行不下去的危机,它强调的是随着资本主义生产过程中有机成本的不断提高,也即作为利润最终来源的活劳动日益被从生产过程中移走,由此造成利润率下降的持久趋势并最终导致以利润为导向的资本主义生产方式无以为继。在哈维看来,这两个方面"都揭示了资本主义矛盾动态的某些方面,却也都是些其他东西在表面上的显现"②。在此基础上,哈维将资本主义危机的深层原因归结为"资本的过度积累",他说:"马克思关于利润率下降的论述的确令人信服地证明,虽然资本家对技术的变革——只要它能生产剩余价值——怀有必然的激情,但它一旦与'为积累而积累'的社会命令结合起来,就会产生资本的剩余,即资本与运用它的机会相比是过剩的。

① [英]大卫·哈维:《资本的限度》,张寅译,中信出版社 2017 年版,第 4 页。
② [英]大卫·哈维:《资本的限度》,张寅译,中信出版社 2017 年版,第 25 页。

这样一种资本生产过剩的状况叫作'资本的过度积累'。"①具体而言,在资本持续的积累过程中,资本家所生产出的剩余价值数量不断增加,于是越来越多的剩余资本出现,一旦人们无法为这些不断增多的剩余资本找到赢利性用途,它们就会面临价值丧失的危险,由此将导致危机。因此,哈维视资本主义危机为"资本的过度积累"危机,它的集中表现就是大规模的资本价值丧失。

正是在对资本主义过度性积累的动态考察中,哈维发现了固定资本的生产在这一过程中所具有的独特意义:一方面,固定资本的生产本身就是不断增加的剩余资本的一个赢利性途径,它可以实现对剩余资本的赢利性吸收;另一方面,它又带来了更大的剩余,为资本价值的丧失或更大的危机积聚了力量。因此,固定资本的生产在这里可以被视为解决危机的一个临时性方案,或者说作为延缓过度性积累危机的一个手段。需要指出的是,在对固定资本的讨论中,哈维特别重视那种"建成环境"中的固定资本的生产。根据马克思在《资本论》第 2 卷中对那种"把根牢牢扎在地里"的、"不能被运往国外"和"不能作为商品在世界市场上流通"因而对"国民经济"具有一种独特作用的固定资本的描述②,哈维将"建成环境"视为承载着经济功能的"许多景观的大杂烩",它"由内嵌在物理景观当中的使用价值组成",并"可以在生产、交换和消费中得到利用",如工厂、商店、铁路、住房、办公室、医院等。在资本主义社会关系下,这些要素都被视为商品,其独特之处在于,"空间方位或空间位置"对它们来说"是一个根本的而非附带的属性"。这意味着,如果这些商品在空间中一旦运动了,其价值就会丧失,"它所体现的价值就必定要毁灭"③。在这种"建成环境"中,土地市场和房地产市场的形成至关重要,它们使资本积累朝着一种有利于自身的方式在其中流通并对环境施加影响。在此基础上,哈维提出了自己关于资本主义应对其过

---

① [英]大卫·哈维:《资本的限度》,张寅译,中信出版社 2017 年版,第 315 页。

② 参见《马克思恩格斯文集》第 6 卷,人民出版社 2009 年版,第 182 页。

③ 参见[英]大卫·哈维:《资本的限度》,张寅译,中信出版社 2017 年版,第 372—373 页。

度性积累危机的"空间修复"理论,并始终强调这种"修复"(fix)所具有的
"双重含义"①——综合他在多个场合对这一理论的表述和运用,其内容可
以被概括为:一是通过将过度性积累造成的资本剩余和劳动力剩余投入到
作为特定环境中物质基础设施的固定资本的生产上去,由此拖延了这些剩
余资本价值丧失的时间;二是资本在其积累过程中不断减少空间障碍,也即
马克思所说的"用时间消灭空间",由此实现了对资本积累空间的新的拓
展。综合起来看,新的空间与资本积累体系的合并"修复"了即将爆发的危
机,从而使资本积累活动又暂时得以延续。因此,作为延缓资本过度性积累
危机的手段,固定资本特别是那种"建成环境"中的固定资本的生产,明确
地被哈维赋予了"空间修复"的功能。

从马克思在《1857—1858 年经济学手稿》中对资本流通过程的相关考
察来看,哈维所补充的固定资本所具有的这种社会历史内涵是可以得到印
证的。如前所述,马克思在《1857—1858 年经济学手稿》中考察资本流通过
程时最初关注到的固定资本是交换的物质条件(交通运输工具和道路),他
指出:"资本按其本性来说,力求超越一切空间限制",因此,创造这些交换
的物质条件"对资本来说是极其必要的"②。在此过程中,他首先考察了"让
资本家把修筑道路当作营业由自己出资经营"所需的诸多条件,并且提出
最主要的条件有两个:一是数量足够的资本"同时它满足于获得利息";二
是对资本来说这样做"有利可图"③。在进一步的考察中,马克思又强调了
"过剩人口"和"过剩生产"④是固定资本形成的条件。综合起来看,固定资
本的生产在这里的确不失为一种解决剩余资本价值丧失的手段,它一方面
可以成为资本的一种盈利渠道,另一方面吸收了过剩的资本和人口,从而暂
时避免了资本的价值丧失。因此,可以说,哈维将固定资本的生产看作是延

---

① 参见[美]戴维·哈维:《新帝国主义》,付克新译,中国人民大学出版社 2019 年版,第 67 页。
② 《马克思恩格斯全集》第 30 卷,人民出版社 1995 年版,第 521 页。
③ 《马克思恩格斯全集》第 30 卷,人民出版社 1995 年版,第 527—528 页。
④ 《马克思恩格斯全集》第 31 卷,人民出版社 1998 年版,第 103 页。

缓过渡性积累危机的手段,特别是明确指出其具有"空间修复"功能,在一定程度上继承并补充发展了马克思关于固定资本社会历史内涵的相关思想——与之紧密联系在一起的是他分析资本主义经济运行过程的空间角度以及他对"空间生产"之于资本主义社会重要性的深刻揭示。但也恰恰是在这一问题上的某种疏忽或不彻底,特别是其对马克思在这里提出的"固定资本就是人本身"的忽视,导致他找不到一个资本主义的替代性方案,而只能寄托于一种所谓的"希望的空间"、一种时空的、辩证的"乌托邦理想"①。

哈维的"空间修复"中内含着"空间生产",同时也揭示出了空间生产对于资本积累的重要意义,以至乔万尼·阿瑞吉(Giovanni Arrighi)在评述哈维的这一理论时说:这一理论为"空间生产何以是资本主义扩大再生产的一个主要组成部分提供了一种最为合理的解释"②。同哈维等人一样,阿瑞吉也坚定地认为:空间生产是资本主义的"一个最主要的特征",它"不仅在紧要关头对资本主义的生存"起到了至关重要的作用,"而且还是资本主义作为一种社会历史体系的形成以及向全球范围发展的最根本的条件"③。在此,如果说理解马克思"固定资本就是人本身"需要我们回到他提出这一观点的原初语境、深刻把握其赋予固定资本的一系列社会历史内涵的话,那么,要激活这一观点特别是阐明其理论价值,则需要我们参与到当代学人对"空间生产"问题的讨论中。

第二节 资本扩张的空间悖论及其自我保存的条件

很明显,空间生产的"空间"并非单纯的自然地理空间,而是一种具有明显社会历史性的空间。在这里,为了更有针对性地阐明资本主义经济运

---

① [美]大卫·哈维:《希望的空间》,胡大平译,南京大学出版社 2006 年版,第 191 页。
② [美]乔万尼·阿瑞吉:《霸权的瓦解》(上),黄文前译,《国外理论动态》2006 年第 9 期。
③ [美]乔万尼·阿瑞吉:《霸权的瓦解》(上),黄文前译,《国外理论动态》2006 年第 9 期。

行过程,我们将这种具有明显社会历史性的空间划分为以下三种:一是与资本运动直接相关的空间即市场空间,它包括消费空间和利润空间;二是处在资本运动外围但与之密切相关的自然物质环境,即生态空间;三是参与到资本主义生产过程的主体即人的发展空间。具体而言,资本主义经济运行过程表现为一个资本在空间中的扩张过程,一方面,它的运行依赖于上述三种空间;另一方面,它在运行过程中又不断地吞噬着这三种空间,由此表现为一种悖论式的存在,我们可以将这种悖论称之为资本扩张的空间悖论。正是由于这一悖论的存在,空间生产对资本主义经济运行过程才成为必要,在此意义上,资本扩张的空间悖论可视为空间生产的根源。

一、资本扩张的市场空间悖论与市场空间的生产

市场是资本在其中运动的空间场域,对于资本特别是产业资本来说,市场直观地体现为其产品销售场所——资本要实现自身的增殖,就必须在市场上将已经负载着剩余价值的产品销售出去,而产品是否能够顺利地销售出去,直接取决于既有的消费空间(市场空间的形式之一),因此,资本高度依赖于这种既有的消费空间。进一步来看,构成这种既有消费空间的核心要件有两个:一是消费者的需求,即产品(产品的使用价值)为人们所需要;二是人们的购买力,即人们有支付这种产品的交换价值的能力。二者缺一不可。在资本所驱动的社会生产过程中,资本会迅速地吞噬掉构成这种既有消费空间的两大要件:一方面,为了最大限度地增殖自身,资本会最大限度地进行产品的生产,由此使消费者的需求迅速得到满足甚至出现产品在市场中的剩余;另一方面,为了最大限度地增殖并积累自身,资本会最大限度地压低工人的工资,由此导致作为消费者主要群体的工人的购买力下降。这两个方面叠加在一起,使得资本在运行过程中吞噬掉了其所赖以存在的消费空间——资本扩张的消费空间悖论(市场空间悖论之一)由此生成,表现为一种生产过剩特别是相对过剩危机。在这一状况下,为了保存自身,资本就必须为自己创造出新的消费空间,即进行新的消费空间的生产。大体

上看,其途径主要有两个:一是从广度上生产出新的消费空间,即将产品销售到距离越来越远的地域并将其变为自己的市场,而这有赖于交通运输工具的改进和道路的修筑(即马克思所说的"用时间去消灭空间");二是从深度上生产出新的消费空间,即通过不断地创新或升级自身的产品来生产出新的消费需求,这有赖于科学技术的持续创新及其在生产过程中的应用。

市场空间不仅直观地体现为资本运行所需的消费空间,它还体现为资本运行以及维持自身存在所需要的利润空间,且这种空间对资本来说更为根本。我们知道,利润本质上是剩余价值,资本对剩余价值的追求直接表现为对利润的追求。在《资本论》第 1 卷中,马克思曾摘引《评论家季刊》中的话说,"资本害怕没有利润或利润太少,就像自然界害怕真空一样……"①——这意味着:利润是资本得以存在的直接条件和重要空间,同时也是资本扩张的直接动力所在,利润越高,其扩张的动力就越充足;而如果没有利润,资本就无法继续存在。因此,资本的存在直接依赖于某种既有的利润空间。但在一个资本可以自由流动的某个地域中,倘若出现了一个利润率较高的领域,自然就会有越来越多的资本流向这个领域,并在各资本之间激烈的竞争中迅速将这种利润率推向一个平均的水平(此即马克思在《资本论》第 3 卷第二篇中所描述的"利润转化为平均利润"②的过程)。进一步看,这一过程的形成源于每一单个资本对超额利润的追求,因此,尽可能地提升自身的生产效率,因而尽可能地采用先进的机器设备进行生产成为每一资本的自觉,由此带来的是资本的有机构成不断提高,也即作为剩余价值来源的活劳动越来越被排挤出生产过程之外,最终必然导致利润率的不断下降(此即马克思在《资本论》第 3 卷第三篇中揭示出的"利润率趋向下降的规律"③),由此带来的是资本赖以存在的既有利润空间被其迅速吞噬,资本扩张的利润空间悖论(市场空间悖论之二)由此生成。在此情况下,为了追逐利润和

---

① 《马克思恩格斯文集》第 5 卷,人民出版社 2009 年版,第 871 页,第 250 个注释。
② 《马克思恩格斯文集》第 7 卷,人民出版社 2009 年版,第 159 页。
③ 《马克思恩格斯文集》第 7 卷,人民出版社 2009 年版,第 235 页。

维系自身的存在,资本必须为自己进行新的利润空间的生产,其途径也同样表现为两个:一是从广度上生产出新的利润空间,即将资本投向利润较高的地域,例如将资本投向那些生产资料和劳动力价格较为低廉的地域;二是从深度上生产出新的利润空间,即通过科学技术的持续创新和应用来不断地降低自身的运营成本,从而为自身生存不断地生产出新的利润空间。

资本扩张的市场空间悖论表明,由资本所驱动的社会生产要保持自身的持续进行,就必须不断地为自己生产出自身运动所需的市场空间(包括消费空间和利润空间),由此使市场空间的生产显示为资本进行自我保存的条件——因为一旦这种市场空间的生产受阻,由资本所驱动的社会生产就会陷入困境而引发经济危机,表现为生产过剩危机和利润缺乏所带来的社会生产的停滞。资本扩张的这种市场空间悖论,迫使它在运动过程中必须不断地进行空间生产:一是从广度上生产新的消费空间和利润空间,即在原有的消费空间和利润空间被吞噬之后,资本会不断地寻求具有消费空间的新地域并把商品销售到那里、不断地寻求具有利润空间的新地域并将资本投入到那里(这也是经济全球化最直观的体现),然后继续吞噬这些新的消费空间和利润空间。二是从深度上生产新的消费空间和利润空间,这有赖于生产主体的创新及科学技术的发展,如通过创新或升级产品生产出人们新的需求,从而获得新的消费空间;通过创新和先进科学技术的应用,降低成本,不断地生产出新的利润空间;等等。

二、资本扩张的生态空间悖论与生态空间的生产

同其他形式的社会生产一样,在资本所驱动的社会生产发展过程中,产品的生产需要以自然界中各种自然资源为原料,生产过程也离不开一种适宜于进行生产的自然生态环境,而对于作为生产主体的人来说更是如此——若这种自然生态环境遭到破坏,不仅生产无法正常进行,还会直接危及人的生存。因此,资本运动过程依赖于一种良好的自然生态空间。但在资本所驱动的社会生产发展过程中,由于价值增殖永无止境,所以资本首先

会最大限度并源源不断地从自然界中攫取自然资源用于产品的生产,由此造成并大大加速了自然资源的枯竭;而在具体的生产过程中,各种废水、废气、废渣被源源不断地制造出来,由此造成自然生态环境的恶化;进一步看,为了不断地生产出新的市场空间特别是消费空间,产品的更新和换代速度被迫日益加快,消费主义得以盛行,由此造成的是大量产品未经充分使用而被迅速地转化为了生活垃圾,这样就进一步地加剧了自然生态环境的恶化,最终使资本丧失其运行所依赖的生态空间并危及人的生存——此即资本扩张的生态空间悖论,表现为生态危机。资本扩张的生态空间悖论,迫使资本在运行过程中必须不断地进行生态空间的生产,如在生产过程中加大环境保护力度、采用节能环保新技术进行生产等。但是,由于价值增殖是资本运动的根本目的,所以只有在有利可图时,资本才可能进行这种生态空间的生产。

应当承认,马克思对资本扩张的生态空间悖论相关问题并没有进行专门关注,但这一问题在资本主义发展的现实历史进程中早已日益凸显。从现实情况看,资本主义国家特别是发达资本主义国家应对这一问题的途径(即进行生态空间生产的途径)大体上也有两个:其一是从广度上生产出其资本运行所需的生态空间,即通过使用其他国家和地区(特别是经济文化相对落后的国家和地区)的自然资源、生态环境来进行生产,如将其国内制造业大规模转移到这些经济文化相对落后的国家和地区,由此为自身资本的持续运行生产出新的生态空间——发达资本主义国家所进行的这种广度上的生态空间的生产,实质上是将其资本运行带来的生态问题转移至经济文化落后的国家和地区,并在此过程中为自身资本持续运行创造出生态空间。其二是从深度上生产出生态空间,这主要依赖于创新特别是相关科学技术的发展和应用,如采用节能环保新技术进行生产等。

三、资本扩张的人的发展空间悖论与人的发展空间的生产

人的发展空间即人的各种才能的形成、发展以及不断提升所需要的时

间,马克思对此有过明确论述,他说:"时间是人类发展的空间"①;"时间实际上是人的积极存在,它不仅是人的生命的尺度,而且是人的发展的空间"②。在马克思那里,这种表现为人的发展空间的时间实质上是一种对人来说的"非劳动时间"或者说"可以自由支配的时间"③。只有拥有了这种大量的"可以自由支配的时间",人的各种才能才可能不断提升、科学技术的持续创新才可能实现。如前所述,要从深度上不断地为自己生产出新的市场空间和生态空间,科学技术的持续创新是其必备条件,因此,资本在运行过程中高度依赖于人的发展空间。然而正如马克思所说,"资本的趋势始终是:一方面创造可以自由支配的时间,另一方面把这些可以自由支配的时间变为剩余劳动"④,即资本又不断地吞噬着其赖以存在的这种人的发展空间——资本扩张的人的发展空间悖论由此生成。具体而言,在资本运行过程中,其价值增殖高度依赖于人的劳动时间特别是剩余劳动时间,因为资本的增殖部分就是工人在剩余劳动时间所创造的剩余价值。而为了最大限度地增殖自身,资本在生产过程中一方面要最大限度地延长工人的劳动时间,即进行绝对剩余价值的生产,由此使工人用以发展自身各种才能的时间被资本全部吞噬;另一方面,为了缩短工人必要劳动时间从而相应地延长工人的剩余劳动时间,即进行相对剩余价值的生产,资本会通过发展和深化劳动分工来提高生产效率,并最终推动社会生产力发展。在此过程中,工人的活动越来越被固定到某一局部的操作上,"以致每一种操作成为一个特殊工人的专门职能"⑤,长此以往,工人势必会丧失其发展空间,即很难再胜任其他的操作,这正是马克思在《资本论》中所描述的"局部工人"的状况。在此情况下,即使资本依靠少数人的力量实现了科学技术的持续创新,但在应用这些新技术的过程中仍需要大量的普通工人,而这对于已经成为"局部

---

① 《马克思恩格斯全集》第 21 卷,人民出版社 2003 年版,第 204 页。
② 《马克思恩格斯全集》第 47 卷,人民出版社 1979 年版,第 532 页。
③ 《马克思恩格斯全集》第 31 卷,人民出版社 1998 年版,第 103 页。
④ 《马克思恩格斯全集》第 31 卷,人民出版社 1998 年版,第 103—104 页。
⑤ 《马克思恩格斯文集》第 5 卷,人民出版社 2009 年版,第 392 页。

工人"的普通劳动者来说,适应新技术和新的生产条件已经成为非常困难的事情。为了应对这些状况,资本不得不被迫进行人的发展空间的生产以保持自身,如对研发人员进行巨额的资金投入、经常性地对全体员工进行各种技能的培训等,但这同样也只是在资本有利可图时,它才会这样做。

资本扩张的上述空间悖论,本质上是资本内在否定性在时空中的具体展现,空间生产在这里显示为资本进行自我保存的条件——具体而言,广度上的空间生产,离不开作为交通运输工具和道路等形式的固定资本的生产;而深度上的空间生产,归根到底是人的发展空间的生产。上述分析表明,通过这种广度上和深度上的空间生产,资本确实可以在一定的时空中维系自身的存在;但是,正如马克思在分析固定资本生产时所强调的那样,只有在"有利可图"时,资本才会进行上述空间的生产,由此暴露出的是资本进行空间生产的限度,这种限度来源于资本本身的规定,因而是资本的内在限度,它表明的是以资本运动为核心的社会生产只能在有限的时空中进行。在此过程中,一旦新的空间生产受阻,社会生产的各种冲突与危机就会频现。在马克思看来,资本主义社会生产过程中频现的这些冲突和危机,"是忠告资本退位并让位于更高级的社会生产状态的最令人信服的形式",因此,他提出要"消灭资本"——但他特别强调说:这种消灭"不是通过资本的外部关系",而是要通过"被当作资本自我保存的条件"来进行。[①] 在此,如果说空间生产已经显示为资本自我保存的条件,那么,究竟应当如何通过资本的空间生产来消灭资本呢?

第三节 "固定资本就是人本身":走向人的发展空间的生产

对于如何通过资本的空间生产来消灭资本,马克思在《1857—1858 年经济学手稿》中提出的"固定资本就是人本身"可视为一种提示,即通过"节

---

① 参见《马克思恩格斯全集》第 31 卷,人民出版社 1998 年版,第 149 页。

约劳动时间"来生产作为"固定资本"的"人本身",也即进行人的发展空间的生产。实际上,人的发展空间的生产既是资本所驱动的社会生产发展的最终出路,也是他对新社会生产作出的内在规定,即在这种新社会生产中,一切生产都要围绕人的发展空间的生产为中心而展开——这不仅是对资本主义生产的扬弃和超越,而且能够为社会生产开辟无限广阔的发展空间。至此,马克思"固定资本就是人本身"的理论价值及当代意义开始显现。

一、"固定资本就是人本身":社会生产发展的出路

就马克思在《1857—1858 年经济学手稿》中对固定资本社会历史内涵的集中阐述看,仅仅将其固定资本理解为以物的形式存在并渐次地将自身价值转移到产品上的生产资料,是远远不够的。马克思之所以提出"固定资本就是人本身"的观点,从文本中的直接表述看,是因为在他看来,相对于"社会个人",社会生产过程中一切具有固定形式的东西,包括生产的条件、产品以及对象化活动本身等,都只不过是生产运动中"转瞬即逝的要素";而作为社会体存在的"社会个人"则始终存在,他们既是生产过程的主体——因为整个生产过程表现为"他们本身不停顿的运动过程",又始终是生产过程的最终结果——因为"他们在这个过程中更新他们所创造的财富世界,同样地也更新他们自身"①。但是,要深刻理解特别是激活马克思的这一观点,需要我们参与到空间生产问题的讨论。

其实,在空间生产问题的讨论中来理解并激活马克思的这一观点并非没有依据,因为在马克思那里,以物的形式的存在的固定资本特别是道路和交通运输工具的生产,被其描述为一种"用时间去消灭空间"的活动——尽管这里的"空间"指向的是资本增殖运动过程中的阻碍,但这种固定资本的生产所带来的结果,却是为资本运行生产出了新的、更为广阔的活动空间。此外,当代学者如哈维对这一问题的讨论也启示我们,固定资本的生产对于

---

① 参见《马克思恩格斯全集》第 31 卷,人民出版社 1998 年版,第 108 页。

资本维持自身运行具有重要的意义,特别是他所强调的"空间修复"功能。

从空间生产角度看,以物的形式存在的固定资本特别是道路和交通运输工具的生产,能够为资本的持续运行生产出更为广阔的活动空间,但是,这种空间生产主要是一种广度上的空间生产,因而有其自身的限度。具体而言,从理论上看,这种广度上的空间生产的限度之一是资本本身的限度,表现为这种空间的生产对资本来说必须能够有利可图;限度之二是这种广度上的空间本身的限度,世界市场的形成及其充分发展即是这种空间生产所达到的极值。而在实践当中,广度上的空间生产所面临的实际障碍会更加复杂,特别是各个民族国家之间不同的利益诉求。相对于以物的形式存在的各种固定资本,"人本身"可视为一种新固定资本。与前者的生产不同,新固定资本的生产要通过"节约劳动时间"即"可以自由支配的时间"的生产来实现,这种"可以自由支配的时间"的生产也即人的发展空间的生产,表现为人的才能的发展、各种创新的不断涌现。如果说前者的生产主要表现为一种广度上的空间生产,那么,新固定资本的生产则主要表现为一种深度上的空间生产;前者有其限度,而后者却能为社会生产的发展创造出无限广阔的空间,因为它走向的是无限广阔的人的发展空间的生产。在此意义上,通过"节约劳动时间"来生产作为"固定资本"的"人本身"即人的发展空间的生产,可视为由资本所驱动的社会生产发展的最终出路。然而,正像广度上的空间生产要受到资本本身限度的制约一样,资本主义生产方式下的人的发展空间的生产同样如此,因此,通过"资本自我保存的条件"来"消灭资本"才成为社会生产发展的必然。

二、人的发展空间的生产:新社会生产的内在规定

我们知道,在资本主义生产过程中,尽可能地压缩工人的必要劳动时间是资本的内在要求,它力图将"整个社会的劳动时间缩减到不断下降的最低限度",特别是它"采用技艺和科学的一切手段"来实现这一点,这样就在客观上为整个社会和每个成员创造出了大量可以自由支配的时间;但是,从资本自身规定看,它之所以这样做,只是为了将这些可以自由支配的时间变为剩余劳动时间,其结果正如马克思所说,"如果它在第一个方面太成功了,那么,它就要吃到生产过剩的苦头"①。在此情况下,为了维系自身的存在,资本不得不进行自身活动的空间的生产:一方面,通过交通运输工具和道路等形式的固定资本的生产,在广度上为自己生产出继续活动的空间,这种空间生产的极致状态便是世界市场的形成;另一方面,资本不得不通过新固定资本的生产来为自己从深度上生产新的活动空间,即进行人的发展空间的生产。然而,一旦社会生产开始围绕人的发展空间的生产为中心而展开,资本便"违背了自己的意志"、超出了自身的规定,从而也就否定或者说"消灭"了自身。因此,当人的发展空间的生产特别是其成为整个社会生产所围绕的中心时,意味着社会生产方式的根本性变革:一是社会生产的目的发生了改变,即社会生产不再以交换价值为目的,而是以交换价值为手段,其最终的目的是为了满足人的需要和促进人的自由全面发展;二是衡量财富的衡量尺度发生了改变,即财富的衡量尺度不再是劳动时间,而是非劳动时间,即用以发展人的各种才能的自由时间。

在批判旧世界中发现新世界是马克思预见未来社会的重要方法。如果说人的发展空间的生产已经显示为资本所驱动的社会生产发展的最终出路,那么,它同样应当成为马克思所预见的新社会生产的内在规定。具体而言,一方面,资本主义社会生产的充分发展已经为这种新固定资本的生产创造出了种种条件;另一方面,新固定资本即人的发展空间的生产已经显示为社会生产发展的必然选择。因此,人的发展空间的生产不仅是一切空间生产的最终归宿,也是马克思所预见的新社会生产的内在规定,它要求在这种社会生产过程中,一切生产都要围绕人的发展空间的生产为中心而展开、一切空间生产都要以人的发展空间的生产为价值旨归。由此,在这种新社会生产中:1. 促进每个人的自由全面发展是这种社会生产的目的,因为新固定

---

① 《马克思恩格斯全集》第 31 卷,人民出版社 1998 年版,第 104 页。

资本的生产要通过劳动时间的节约来实现,节约劳动时间等于增加每个人的自由时间,即促进每个人自由全面发展的时间;2.每个人的自由全面发展又是使社会生产得以快速发展的手段,因为每个人的自由全面发展和各种才能的提升本身就是生产力的发展,就是推动社会生产发展的根本力量;3.交换价值不再是社会生产的基础,价值增殖也不再是社会生产的目标,社会生产仅仅是满足人的生存和发展所需各种资料的手段;4.这种社会生产具有无限广阔的发展空间,因为它走向的是无限广阔的人的发展空间的生产。

三、人的发展空间的生产与当代中国的空间生产之路

人的发展空间的生产不仅是社会生产发展的最终出路,也是马克思所预见的新社会生产的内在规定,因此,它无疑应当成为我们在社会主义市场经济条件下发展社会生产的根本遵循。党的十八大以来,空间生产越来越成为中国共产党人的理论和行动自觉,一个最明显的体现就是党的十八届五中全会通过的《中共中央关于制定国民经济和社会发展第十三个五年规划的建议》,其中不仅明确提出了"用发展新空间培育发展新动力,用发展新动力开拓发展新空间"①等内容,而且还通过"以人民为中心的发展思想"和"五大发展理念"对当代中国的空间生产之路作出了规划。

"以人民为中心的发展思想"对当代中国空间生产之路作出了整体规划。首先,不同于资本主义社会生产以资本增殖为中心,以人民为中心的发展思想强调"发展为了人民",这样就明确地把增进人民福祉和促进人的自由全面发展作为发展社会生产的出发点和落脚点。具体而言,增进人民福祉,需要通过大力发展社会生产来实现,其直接的体现就是通过发展社会生产来不断地满足人民群众日益增长的各种需要,从而为人的自由全面发展创造出各种条件;人的自由全面发展直接依赖于自由时间,促进人的自由全

---

① 《中共中央关于制定国民经济和社会发展第十三个五年规划的建议》,《人民日报》2015年11月4日。

面发展,就是要通过生产力的发展不断地为人们生产出更多的自由时间——这种自由时间的生产也即人的发展空间的生产。其次,以人民为中心的发展思想强调"发展依靠人民",即强调人民群众是社会生产的主体和推动社会生产发展的根本力量。由此,充分调动人民群众在社会生产过程中的积极性、主动性和创造性,是推动社会生产发展的关键。人民群众在生产过程中的积极性和主动性的发挥程度,主要取决于这种社会生产的目标是否和人民群众的利益相一致;而人民群众在生产过程中的创造性的发挥程度,则主要取决于人的各种才能是否能够不断得到提升,它直接依赖于通过自由时间的生产所形成的人的发展空间。最后,以人民为中心的发展思想强调"发展成果由人民共享",它首先体现为共同富裕,但在更高的层次上,它指向的是每个人的自由全面发展,即每个人都享用于提升自身各种才能的自由时间、每个人都享有这种自由时间所形成的人的发展空间。因此,以人民为中心的发展思想,从根本上明确了当代中国的空间生产是一种人的发展空间的生产。

以"创新、协调、绿色、开放、共享"为内容的新发展理念,是以人民为中心的发展思想和社会主义生产方式的内在要求,是当代中国共产党人依据社会发展大势,"在深刻总结国内外发展经验教训的基础上形成的"关于当代中国社会生产的"发展思路、发展方向、发展着力点的集中体现"①,也是对当代中国的空间生产之路所作出的更为细致的安排。具体而言,它系统地回答了如下三个问题。

一是当代中国社会生产的发展动力问题。社会生产发展的历史特别是近代以来的发展历史已经表明,创新在推动社会生产发展过程中发挥着越来越重要的作用,特别是在社会生产已经能够满足人们基本生存需求的情况下,人们的发展需求的满足将主要依赖于创新。在资本主义社会生产发展过程中,资本的增殖活动是推动社会生产发展的主要力量,创新成为资本

---

① 《习近平谈治国理政》第二卷,外文出版社2017年版,第197页。

增殖活动的内在要求,并服务于资本增殖的目标。因此,各种创新在这里主要表现为资本增殖的手段,相应地,资本自身的限制便成为了各种创新的限制(即创新需要建立在对资本来说有利可图的基础上)。在社会主义生产方式下,社会生产发展的目的是为了更好地满足人民群众的生存发展需要,进而促进每个人的自由全面发展,在此条件下,各种创新可以突破资本自身的限制,并直接作为推动社会生产发展的力量来引领经济社会发展。因此,新发展理念将"创新"明确为引领当代中国社会生产发展的第一动力。

二是当代中国社会生产的发展空间问题。在资本主义生产方式下,社会生产的发展空间本质上是资本运行所需要的市场空间和利润空间。在资本追求价值增殖的运动过程中,不仅既有的市场空间和利润空间会被资本迅速吞噬,人的发展空间也被不断地压缩。为了保持自身的存在,资本竭力生产其运动所需的各种空间,但由于其自身的规定,这些空间的生产只能在有限的条件下进行。在社会生产生产方式下,社会生产的发展在根本上服务于每个人的自由全面发展,因此,这种空间生产必然要突破资本自身的限度,走以人的发展空间生产为核心的空间生产之路。在新发展理念中,如果说"创新"明确的是当代中国社会生产的发展动力问题,那么,"协调"、"绿色"、"开放"、"共享"主要指向的则是发展空间的开拓。具体而言:1.协调发展强调发展的整体效能,整体效能的最大化有赖于补齐短板,这种补齐短板的过程也即形成新的发展空间的过程;2.绿色发展旨在为社会生产和人的生存发展提供了良好的自然生态空间;3.开放发展使中国深度融入全球经济体系,能够为当代中国的社会生产赢得更为广阔的发展空间;4.共享发展旨在促进全体成员的自由全面发展,它要通过人的发展空间即自由时间的生产来实现。人的发展空间的生产不仅为社会生产创造出了无限广阔的发展空间,而且它本身还是实现创新发展的重要支撑条件。因此,在五大发展理念当中,共享发展是社会生产发展的根本,它不仅是协调发展、绿色发展、开放发展的最终归宿,同时也是创新发展的最终归宿。在此意义上,新发展理念所明确的当代中国社会生产的发展空间,其核心正是人的发展空间。

三是发展动力与发展空间的相互关系问题。从发展动力与发展空间的相互关系看,动力充足而空间缺乏是资本主义社会生产发展所面临的主要问题——资本增殖永无止境,由此为资本主义社会生产发展注入了不竭动力,但资本主义社会生产的充分发展必然导致市场空间和利润空间的缺乏,由此使社会生产过程经常陷入危机和停滞。因此,要使社会生产保持健康永续发展,发展动力与发展空间之间必须形成一种良性互动、相互促进的关系。新发展理念将创新明确为引领社会生产发展的第一动力、将社会生产发展空间的核心明确为人的发展空间,由此实现了发展动力与发展空间的良性互动和相互促进:一方面,通过社会生产过程中的持续创新,为人们生产出了越来越多的用于提升自身各种才能的自由时间(人的发展空间),由此实现了发展空间的开拓,即这种发展动力可以"开拓发展新空间";另一方面,自由时间的延长、人的各种才能的提升又为生产过程中的持续创新提供了支撑条件,从而赋予社会生产发展以不竭动力,即这种发展空间可以"培育发展新动力",由此保证了社会生产的健康永续发展。

总之,从空间生产角度看,"以人民为中心的发展思想"和"五大发展理念"所规划的当代中国的空间生产之路,核心是人的发展空间的生产,其最终目标就是要实现每个人的自由全面发展。在此意义上,这一空间生产的具体实践,可视为马克思通过"固定资本就是人本身"所提示的新社会生产及其内在规定在当代中国的生动体现。

第九章　构建中国特色社会主义 政治经济学的人学指引

习近平总书记在纪念马克思诞辰 200 周年大会上提道：在人类思想史上，马克思"第一次创立了人民实现自身解放的思想体系"，"第一次站在人民的立场探求人类自由解放的道路，以科学的理论为最终建立一个没有压迫、没有剥削、人人平等、人人自由的理想社会指明了方向"①。毫无疑问，作为马克思创立的这一"思想体系"特别是其"科学的理论"的重要组成部分，其政治经济学在根本上服务于这一"思想体系"，体现在价值层面，即他的政治经济学以人民实现自身的解放、促进和实现人的自由全面发展为主旨。从详细记录马克思创立其政治经济学理论过程的重要文献《1857—1858年经济学手稿》看，这一主旨是通过其政治经济学研究的出发点、研究内容、理论归宿得到确立和体现的。在中国特色社会主义政治经济学的构建过程中，《1857—1858 年经济学手稿》独特的文献价值有待彰显，从整体上看，它为中国特色社会主义政治经济学的构建提供了一种科学的人学指引。

第一节　马克思政治经济学研究的出发点及理论归宿

作为详细记录马克思创立其政治经济学核心理论的重要文献，

---

① 习近平：《在纪念马克思诞辰 200 周年大会上的讲话》，《人民日报》2018 年 5 月 5 日。

《1857—1858 年经济学手稿》不仅展示了马克思创立其经济学的人学基础，而且记录了其人学思想如何通过经济学研究而升华为"关于现实的人及其历史发展的科学"①。从马克思人学思想演进历程看，这是他由现实的人走向历史的深处，并在此基础上揭示出人类社会发展的一般规律之后，深入时代的深处、运用这些观点来探究资本主义社会发展的特殊规律并使之不断丰富和发展的新阶段。在这一阶段，马克思的人学思想在其政治经济学研究的出发点、研究内容、理论归宿上得到了鲜明体现。

一、出发点："这些个人的一定社会性质的生产"

马克思在"导言"开篇就旗帜鲜明地提出："摆在面前的对象，首先是物质生产。在社会中进行生成的个人，——因而，这些个人的一定社会性质的生产，当然是出发点。被斯密和李嘉图当作出发点的单个的孤立的猎人和渔夫，属于 18 世纪的缺乏想象力的虚构。"②紧接着，马克思言简意赅地指出了资产阶级政治经济学家们在研究的出发点上的错误原因，并作出如下重要论断："产生这种孤立个人的观点的时代，正是具有迄今为止最发达的社会关系（从这种观点看来是一般关系）的时代。"③这表明，马克思的政治经济学同资产阶级政治经济学的区别，首先就在于出发点上的区别：后者以单个的孤立的个人为出发点——这种个人身处于其中的社会关系要么被无视或抽离、要么被当作一种非历史性存在的一般关系；而马克思的政治经济学的出发点是这些在社会中进行物质生产的个人，或者说这些个人的一定社会性质的生产。在这里，马克思并没有直接给出他之所以确立这种出发点的详细原因，但从其思想演进历程看，这种出发点的确立显然是以其之前所形成的人学思想为基础的，因为无论是这些在社会中进行物质生产的个人，还是这些个人的一定社会性质的生产，其所关注的都是一定社会关系中

---

① 《马克思恩格斯文集》第4卷，人民出版社 2009 年版，第 295 页。
② 《马克思恩格斯全集》第30卷，人民出版社 1995 年版，第 22 页。
③ 《马克思恩格斯全集》第30卷，人民出版社 1995 年版，第 25 页。

的人及其活动,即以社会关系为本质规定的现实的人及其活动。就此而言,这一出发点首先是马克思关于现实的人的观点在其政治经济学研究中的运用——通过这种运用,马克思关于现实的人的观点在其政治经济学研究中得到了进一步丰富和发展,主要体现在以下三个方面。

其一,马克思关于现实的人的观点在其政治经济学中得以进一步具体化,现实的人在马克思人学思想演进的这一阶段获得了科学的经济学表达。具体而言,面对同样的社会经济现实,以现实的人及其活动为出发点来构建的政治经济学,开始在根本上区别于资产阶级的政治经济学:后者以单个的孤立的个人为出发点,并将自利、理性视为这种个人的本性或一般天性,由此使这种个人获得了其在经济学研究中的一般规定,即理性经济人(假设);前者则把这些个人及其活动置于一定的社会关系当中,于是,这些个人在经济学研究中的一般规定就成为"经济范畴的人格化"、"一定的阶级关系和利益的承担者"①。换言之,"经济范畴的人格化"就是马克思关于现实的人的观点在其政治经济学中的具体化,是现实的人科学的经济学表达。与此同时,以现实的人及其活动为出发点所构建的政治经济学,必然被赋予如此使命,即它所"研究的不是物,而是人和人之间的关系"②,正如马克思在《资本论》第一版序言中指出的,"我要在本书研究的,是资本主义生产方式以及和它相适应的生产关系和交换关系"③。究其原因,是因为社会关系是这种作为出发点的现实的人及其活动的本质规定。因此,对于马克思所构建的政治经济学,列宁评论说:"凡是资产阶级经济学家看到物与物之间的关系(商品交换商品)的地方,马克思都揭示了人与人之间的关系。"④

其二,在社会分工条件下,以社会关系为本质规定的现实的人及其活动必然表现出二重性,这种二重性并非人所具有的自然属性和社会属性,而是

① 《马克思恩格斯文集》第5卷,人民出版社2009年版,第10页。
② 《马克思恩格斯文集》第2卷,人民出版社2009年版,第604页。
③ 《马克思恩格斯文集》第5卷,人民出版社2009年版,第8页。
④ 《列宁选集》第2卷,人民出版社1995年版,第312页。

他们在一定社会关系中所表现出的个体性和社会性。在《1844 年经济学哲学手稿》中,马克思已经通过个体与"类"的对立统一关系初步阐述了人的这种二重性的雏形;在《德意志意识形态》中,马克思和恩格斯从人类历史的现实前提出发,通过揭示个体与共同体的历史辩证法,深刻地阐明了现实的人的这种二重性在人类历史进程中的对立统一运动。以现实的人及其活动的这种二重性思想为基础,马克思在《1857—1858 年经济学手稿》中不仅提出了人的发展的三阶段论,而且将这一思想运用于其政治经济学研究,形成了以劳动二重性学说为主要内容的劳动价值论。具体而言,资本主义生产方式建立在社会分工高度发展的基础上,这种分工愈发展,进行生产的个人的二重性则愈明显;人的这种二重性(个体性和社会性)导致了其生产劳动的二重性(具体劳动和抽象劳动),并最终在产品(商品)上体现出来,表现为商品的二重性(使用价值和交换价值)。以劳动二重性(即"它一方面作为具体劳动表现在商品的使用价值中,另一方面作为社会必要劳动以交换价值的形式被计算"[1])学说为主要内容的劳动价值论,在根本上超越了资产阶级古典政治经济学家们所形成的劳动价值论思想,为马克思的政治经济学奠定了科学的理论基础——从马克思人学思想演进看,它是马克思关于现实的人及其活动的二重性思想在其政治经济学研究中运用、丰富和发展的具体体现。

其三,在构建政治经济学理论的过程中,马克思在《1857—1858 年经济学手稿》中提出的"剩余劳动"范畴,为我们在政治经济学中讨论现实的人的发展问题提供了基本依据。具体而言:1. 如果说与之相对的"必要劳动"是人类生存的基础,那么,剩余劳动则是人类发展的前提。换言之,如果没有满足人类基本生存之后的剩余劳动的出现,人的发展也就无从谈起。2. 剩余劳动本身不仅蕴含着人的发展的价值追求(自由而全面发展),剩余劳动及其产品本身还构成人的自由全面发展的量度:剩余劳动(产品)的"质"

---

① 《马克思恩格斯全集》第49卷,人民出版社1982年版,第51页。

是人的全面发展水平的量度,剩余劳动产品的种类越多,表明人的活动和人的需求发展的越全面;剩余劳动(产品)的"量"是人的自由发展水平的量度,剩余劳动(产品)的数量越多,表明人越能摆脱自然界的限制从而使人的活动越自由。3.在阶级社会中,由于劳动者的剩余劳动被统治阶级所占有——他们不仅独享了社会发展的成果,而且这些成果还成为了他们进行统治的物质力量,由此产生了人的发展悖论问题,表现为劳动者深陷于其中的"物役迷局"。4.这种"物役迷局"在资本主义时代表现为资本对劳动者的统治,人的解放的任务就是粉碎这一"物役迷局",但它建立在一定的物质条件和主体条件之上。5.人的自由全面发展的开启就是剩余劳动转化为自由活动之时。由此,剩余劳动成为马克思在其政治经济学研究中探究现实的人的解放以及人的自由全面发展问题的聚焦点——在资本主义生产方式下,劳动者的剩余劳动被用来生产剩余价值,因此,以揭示剩余价值规律为主要内容的政治经济学,同时是马克思在资本主义生产方式下探究现实的人的解放以及人的自由全面发展问题的政治经济学。

二、研究内容:资本主义社会的经济运动规律

以"这些个人的一定社会性质的生产"为出发点,以"资本主义生产方式以及和它相适应的生产关系和交换关系"为研究对象,马克思致力于在其政治经济学研究中"揭示现代社会的经济运动规律"[①]——这里的"现代社会",即马克思当时所面对的以英国为典型的资本主义社会。因此,资本主义社会的经济运动规律可视为马克思的政治经济学研究的主要内容。

资本主义社会的经济活动围绕资本的增殖运动而展开,但资本主义经济首先是一种商品经济,因此,马克思在其政治经济学研究中首先阐明的是商品经济的一般规律,即支配商品生产和商品交换活动的价值规律。具体而言,价值规律以劳动价值论为理论基础,在批判地继承古典政治经济学劳

---

① 《马克思恩格斯文集》第5卷,人民出版社2009年版,第10页。

动价值论的基础上,马克思立足于现实的人及其活动特别是基于现实的人及其活动的二重性思想,"严密地论证了并且彻底地发展了这个理论"①,形成了以劳动二重性学说为主要内容的劳动价值论,从而使价值规律获得了科学的理论基础。在此基础上,马克思阐明:资本增殖的秘密,就在于劳动者将自己的劳动力商品出卖给资本家,其剩余劳动所创造的价值即剩余价值被资本家无偿占有、用来服务于资本的价值增殖。因此,资本主义社会经济运动规律的核心,即马克思在《1857—1858 年经济学手稿》中初步阐明、在《资本论》中进行系统阐述的剩余价值规律——如马克思所说,"生产剩余价值或赚钱,是这个生产方式的绝对规律"②。在系统阐述这一规律的过程中,马克思基于"资本主义积累的一般规律"③(包括资本积累必然带来劳动者的贫困积累、资本有机构成不断提高、平均利润率不断下降的趋势等),指出了资本主义发展的历史趋势、明确了资本主义生产方式的历史限度,即当资本积累及其与相适应的劳动者的贫困积累达到顶点、"生产资料的集中和劳动的社会化"必将达到同"它们的资本主义外壳不能相容的地步"④。这时,资本主义的外壳就会被炸毁。通过剥夺剥夺者的社会革命,资本主义生产方式及社会制度就会被一种更高级的社会形态所取代。由此,通过对资本主义社会经济运动规律的研究,马克思在其政治经济学中得出了一个"社会革命"的结论——实际上,这种剥夺剥夺者的社会革命不仅是资本主义经济运动的必然结果,也是以工人阶级为主体的广大无产者在历史进程中实现自身解放的重要环节。

此外,在系统阐述资本主义社会经济运动规律过程中,马克思始终关注工人阶级在资本主义生产方式下的生存境遇,他在多处使用当时作为官方统计材料的工厂视察员报告中的内容,来说明剩余价值的生产对劳动者的

---

① 《列宁选集》第 2 卷,人民出版社 1995 年版,第 312 页。
② 《马克思恩格斯文集》第 5 卷,人民出版社 2009 年版,第 714 页。
③ 《马克思恩格斯文集》第 5 卷,人民出版社 2009 年版,第 707 页。
④ 《马克思恩格斯文集》第 5 卷,人民出版社 2009 年版,第 874 页。

生存状况的影响。例如,在阐述绝对剩余价值的生产规律时,他从工厂视察员报告中引述了大量的材料,就资本如何"偷占"、"夺走"工人的吃饭和休息时间进行了描述,并指出说,"在这里,工人不过是人格化的劳动时间"①。在描述工人阶级的悲惨的生活状况时更是如此。但是,相对于工人阶级在资本主义生产方式下的生存境遇,其历史命运、肩负的时代使命才是马克思政治经济学更为关注的内容,因为工人阶级是在资本主义经济运动过程中、在资本主义生产过程本身的机制的训练、联合和组织下一步步成长和壮大起来的。换言之,正是通过这一过程,工人阶级才能够成为剥夺剥夺者的社会革命的主体,才能够具有自己解放自己的力量。因此,马克思研究资本主义社会经济运动规律的政治经济学著作《资本论》,被人们视为"工人阶级的圣经"②。

三、理论归宿:人的解放和人的自由全面发展

在批判旧世界中发现新世界是马克思理论研究的重要方法。在《1857—1858 年经济学手稿》中,马克思从多个角度对资本主义社会的走向及未来社会的生成进行了论述:基于人的发展的角度,马克思将人的发展划分为三个阶段,并提出经过第二个阶段即"以物的依赖性为基础的人的独立性"的充分发展,"普遍的社会物质变换、全面的关系、多方面的需要以及全面的能力的体系"才能形成,才能为进入第三个阶段即"建立在个人全面发展和他们共同的、社会的生产能力成为从属于他们的社会财富这一基础上的自由个性"创造条件③;基于生产力的发展和资本内在矛盾(即资本一方面创造可以自由支配的时间,另一方面把这种时间变为剩余劳动,最终导致资本无法实现剩余劳动)的角度,马克思提出:"这个矛盾越发展,下述情况就越明显:生产力的增长再也不能被占有他人的剩余劳动所束缚了,工人

① 《马克思恩格斯文集》第 5 卷,人民出版社 2009 年版,第 281 页。
② 《马克思恩格斯文集》第 5 卷,人民出版社 2009 年版,第 34 页。
③ 参见《马克思恩格斯全集》第 30 卷,人民出版社 1995 年版,第 107—108 页。

群众自己应当占有自己的剩余劳动",这样一来,"尽管生产将以所有的人富裕为目的,所有的人的可以自由支配的时间还是会增加"①;等等。这些论述表明,马克思的政治经济学研究指向的是取代资本主义社会之后的更高级的社会形态,其理论归宿是实现人(首先是以工人阶级为主体的无产阶级)的解放和人的自由全面发展。

马克思的政治经济学研究不仅有其明确的理论归宿,更为重要的是,通过揭示资本主义社会的经济运动规律,马克思还阐明了资本在其运动过程中所生成的人的解放和实现人的自由全面发展的条件,从而深刻地回答了人的解放和人的自由全面发展如何成为可能这一问题。具体而言,"资本"是马克思政治经济学理论的聚焦点,其政治经济学著作最终被命名为"资本论"就是明证。在《资本论》中,马克思深入考察了资本的起源、资本的生产过程、资本的流通过程、资本主义生产的总过程以及资本所带来的或塑造出的各种精神现象,在此基础上阐明了资本的本质、资本的运动规律、资本的内在矛盾以及资本主义生产方式的存在限度。在此意义上,可将《资本论》视为马克思对他在《1857—1858 年经济学手稿》中提出的议题即"资本的历史使命"的进一步的、系统性的回应。实际上,无论是就整个马克思学说的主旨而言,还是从马克思在《1857—1858 年经济学手稿》中对"资本的历史使命"的直接表述来看,人的解放和实现人的自由全面发展都是贯穿于其中的鲜明主旨——在马克思对"资本的历史使命"的表述中,人的"需要的发展"、"资本的严格纪律"对人的塑造、人在资本运动过程中练就的"科学地对待自己的不断发展的再生产过程"的能力,资本在推动生产力发展为人"发展丰富的个性创造出的物质要素"等内容②,指向的就是资本在运动过程中所生成的人的解放和实现人的自由全面发展的条件。这种条件经过马克思在《资本论》中对资本运动过程的详细考察变得更为清晰,概而

---

① 《马克思恩格斯全集》第 31 卷,人民出版社 1998 年版,第 104 页。
② 参见《马克思恩格斯全集》第 30 卷,人民出版社 1995 年版,第 286 页。

言之,资本在无休止地积累过程中生成的高度发达的、社会化的生产力发展水平以及由此而带来的物质生活资料的极大丰富,孕育出了人的解放和实现人的自由全面发展的物质条件;资本积累及与之相适应的"贫困积累"生成的"日益壮大的、由资本主义生产过程本身的机制所训练、联合和组织起来的工人阶级"①及其反抗的不断增长,孕育出了人的解放和实现人的自由全面发展的主体条件——基于资本运动过程中所生成的这种物质条件和主体条件,人的解放和实现人的自由全面发展不再仅仅是一种逻辑构想,而是以这些在历史进程中不断生成的条件为依据所形成的科学理论,即"关于现实的人及其历史发展的科学"。

马克思政治经济学研究的出发点、研究内容、理论归宿不仅确立和表明了马克思创立的政治经济学的主旨,同时标明了这种政治经济学的根本立场,展示了马克思在政治经济学中探究人的解放和实现人的自由全面发展的独特的问题域。这一根本立场和这种独特的问题域,对中国特色社会主义政治经济学的构建具有重要启示。

第二节　坚持以人民为中心的发展思想及其当代要义

何谓马克思政治经济学的根本立场? 党的十八大以来,以习近平同志为核心的党中央在深入学习马克思主义政治经济学基本原理的过程中将这种政治经济学的根本立场概括为"以人民为中心的发展思想"②。从马克思创立的政治经济学来看,这一根本立场首先就体现在其研究的出发点和理论归宿上:从研究的出发点看,马克思立足于构成人民群众稳定主体的这些在社会中进行物质生产的个人(或者说"这些个人的一定社会性质的生产")来构建自己的政治经济学;从理论归宿看,马克思的政治经济学研究

---

① 《马克思恩格斯文集》第 5 卷,人民出版社 2009 年版,第 874 页。
② 《习近平在中共中央政治局第二十八次集体学习时强调　立足我国国情和我国发展实践　发展当代中国马克思主义政治经济学》,《人民日报》2015 年 11 月 25 日。

致力于实现人的解放和人的自由全面发展,并通过政治经济学研究阐明了实现人(首先是以工人阶级为主体的无产阶级)的解放和人的自由全面发展的条件。从马克思一生中的两大发现来看,以人民为中心的发展思想的理论依据,首先是马克思的第一个伟大发现即唯物史观——然而,正像马克思通过唯物史观揭示出人类社会发展的一般规律之后,还要深入时代、通过揭示剩余价值规律来阐明以资本运动为主轴的社会生产方式的伟大历史地位与根本性缺陷那样,只有走向时代的深处,这一根本立场才能获得其在这个时代的明确指向,即发展不应是以资本为中心而应是以人民为中心的发展;也只有这样,在学习、坚持、运用和发展马克思主义政治经济学的过程中,这一根本立场的当代要义才能被揭示出来。

一、以人民为中心的发展的理论依据:唯物史观

立足于现实的人及其物质生产活动,马克思通过唯物史观揭示出了人类社会发展的一般规律,在此基础上科学地回答了"谁是历史的创造者"这一根本性问题,为坚持以人民为中心的发展思想提供了坚实的理论依据。

谁是历史的创造者?从现实的人及其物质生产活动出发,唯物史观主要从两个维度来考察并说明这一问题:一是从整体的社会历史进程维度。首先,社会历史进程当然离不开一个个个体的人及其活动,但整体的社会历史进程并非这些个体的人及其活动的简单堆砌,而是这些个人在一定生产方式基础上、基于一定社会关系而形成的群体及其各种活动的展开;其次,每个个体及其活动所形成的只是个体自身的历史,但个体自身的历史不等同于社会历史本身,如恩格斯所说:"无论历史的结局如何,人们总是通过每一个人追求他自己的、自觉预期的目的来创造他们的历史,而这许多按不同方向活动的愿望及其对外部世界的各种各样作用的合力,就是历史。"① 换言之,社会历史进程是这些个体基于一定的社会关系而形成的群体的实

---

① 《马克思恩格斯文集》第 4 卷,人民出版社 2009 年版,第 302 页。

践活动及其产物的演进历程,是在一定物质生产方式基础上的社会形式的演进过程。因此,历史的创造者不是个人,而是个人在一定物质生产方式基础上基于一定社会而形成的群体。二是从社会历史发展的必然性维度。社会历史发展的必然性源于社会历史发展的客观规律,这一客观规律决定了社会历史的发展趋势。但是,社会历史运动是社会领域各种力量交叉作用的结果,在此过程中,既存在着符合社会历史发展的客观规律和趋势、因而是推动社会历史向前发展的力量,也存在着违反社会历史发展的客观规律和趋势、因而是阻碍社会历史向前发展的力量。从社会历史发展的必然性维度看,只有那些顺应社会历史发展趋势、符合历史发展必然性的历史主体,才是创造历史的决定性力量。因此,唯物史观所揭示的历史的创造者有"量"和"质"两个方面的规定:从量上看,历史的创造者指的是社会人口中的绝大多数,其中最稳定的部分始终是参与到物质资料生产活动中的劳动群众;从质上看,历史的创造者指的是顺应社会历史发展趋势、因而对社会历史发展起推动作用的人——而具有上述两个方面规定的历史主体就是人民群众。因此,唯物史观认为,人民群众是历史的创造者,人民群众在社会历史发展过程中起决定性作用。

　　人民群众是历史的创造者,并在社会历史发展过程中起决定性作用,因此,人民群众的总体意愿和行动代表着历史发展的方向,其根本利益决定着社会历史的命运。据此,在推动社会历史发展进程中,必须坚持以人民为中心的发展思想,即做到发展为了人民、发展依靠人民、发展的成果由人民共享。这既是人类社会发展的一般规律所昭示的内容,也是马克思所创立的理论学说的根本立场。

二、走向时代深处:从唯物史观到剩余价值学说

　　如果说唯物史观的发现标志着马克思走向了历史的深处,那么,剩余价值的发现则标志着马克思走向了时代的深处——马克思所生活的时代,是以资本增殖运动为主轴的社会生产时代,而资本是通过获取剩余价值来增殖自身的。对这一时代的深刻剖析就汇聚在马克思的政治经济学当中。通过政治经济学研究,马克思的第一个伟大发现即唯物史观不仅在其中得到了进一步深化,而且还使以其为理论依据的以人民为中心的发展思想获得了其时代要义。

首先,唯物史观在马克思的政治经济学研究中得到了进一步深化。现实的人以社会关系为本质规定,在唯物史观视域下,这种社会关系的基础与核心是与一定社会生产力发展水平相适应的生产关系。在构建自己的政治经济学理论的过程中,马克思在《1857—1858 年经济学手稿》中提出的"剩余劳动"范畴,对唯物史观的进一步深化具有重要意义:其一,唯物史观立足于现实的人及其活动来叙述人类历史,而现实的人所强调的是人所身处于其中的社会关系——这种社会关系,本质上是通过剩余劳动及其产品的生产、占有、分配和使用活动而构建出的社会关系,身处于其中的人是这种社会关系的承担者,在此意义上,剩余劳动是理解现实的人的生成的关键环节。其二,社会分化为阶级及各阶级之间的斗争是唯物史观讨论阶级社会发展演变的重要内容,而社会分化为阶级和各阶级之间的斗争所围绕的核心正是剩余劳动,这是因为:1. 没有剩余劳动的出现,社会就不会被划分为不同阶级;2. 剩余劳动及其产品是阶级社会中各阶级进行争夺的焦点;3. 阶级社会在历史进程中的扬弃同样需要通过剩余劳动来进行说明。其三,唯物史观将社会历史的变迁归源于生产方式的变迁,而一定的生产方式从根本上来说是一定生产力发展水平基础上的剩余劳动产品的生产、占有、分配及使用方式。换言之,对剩余劳动及其产品的不同生产、占有、分配和使用方式构成了一种生产方式同另一种生产方式的差别,在此意义上,剩余劳动又是深入理解生产方式变迁的核心线索。

其次,马克思在其政治经济学研究中走向了时代的深处。一定时代建立在一定生产方式基础上,马克思所面对的时代是建立在资本主义生产方式基础上的时代,是资本主义生产方式内在矛盾正日渐暴露并不断激化的时代——资本是隐藏在这一时代最深处的东西,如马克思所说,它是这一时代的"普照的光"和"特殊的以太"①,是建立在这一生产方式基础上的"资产阶级社会的支配一切的经济权力"②,资本主义生产方式以及建立在这一生产方式基础之上的资本主义社会就围绕资本的增殖运动而展开,因此,资本成为马克思政治经济学研究的聚焦点。通过剩余价值的发现,马克思在其政治经济学研究中阐明,资本通过获取剩余价值来增殖自身,而剩余价值来源于雇佣工人的剩余劳动,由此,资本主义生产方式下剩余劳动及其产品的生产、占有、分配和使用方式具有了自身的特殊性;而通过揭示剩余价值规律,马克思在其政治经济学研究中科学地阐明了这种生产方式的运行过程、内在矛盾及历史限度等问题——正是在此意义上,我们说,剩余价值的发现标志着马克思走向了时代的深处。

最后,以人民为中心的发展思想在马克思的政治经济学研究中获得了其时代要义。资本主义社会建立在以资本增殖运动为主轴的社会生产方式基础之上,社会生产发展服务于资本的增殖目标,因而这种发展是一种以资本为中心的发展。进一步来看,马克思在其政治经济学研究过程中阐明:1.这种以资本为中心的发展必然造成无产阶级贫困化的不断加深,即一方面是资产者的资本积累,另一方面是广大劳动者的"贫困积累"③;2.这种以资本为中心的发展"不自觉地创造着一种更高级的生产形式的物质条件"④,即它在发展过程中从客观上带来了社会生产力的发展和物质生活资料在总量上的丰富,因而为更高级的社会生产形式准备了物质条件;3.随着社会生产力发展水平的不断提升,这种以资本为中心的发展必将越来越逼近自身的存在极限,表现为"因为资本无法实现剩余劳动"⑤而导致的社会生产的停滞和中断(危机的爆发),由此迫使社会生产不得不转向通过"节约劳动

① 参见《马克思恩格斯全集》第30卷,人民出版社1995年版,第48页。
② 《马克思恩格斯全集》第30卷,人民出版社1995年版,第49页。
③ 《马克思恩格斯文集》第5卷,人民出版社2009年版,第743页。
④ 《马克思恩格斯文集》第7卷,人民出版社2009年版,第288页。
⑤ 《马克思恩格斯全集》第31卷,人民出版社1998年版,第104页。

时间"来生产作为"固定资本"的人本身①,即进行"人的发展空间"②的生产;4.扭转以资本为中心并确立以人民为中心的发展,需要广大的无产者在资本主义发展所取得的成就的基础上联合起来,通过剥夺剥夺者的社会革命推翻资本主义制度并建立起全新的生产方式。换言之,只有通过剥夺剥夺者的社会革命推翻资本主义制度,才能从根本上扭转这种以资本为中心的发展模式,进而才能使以人民为中心的发展思想在现实社会生产发展中得到真正确立。因此,通过剥夺剥夺者的社会革命推翻资本主义制度,可视为以人民为中心的发展思想在马克思的政治经济学研究中所获得的时代要义。

三、坚持以人民为中心的发展思想之当代中国要义

如果说以人民为中心的发展思想在马克思所生活时代之要义是进行剥夺剥夺者的社会革命,那么,在当代中国坚持以人民为中心的发展思想,其要义显然不再是这一内容,因为中华人民共和国的成立特别是经过"三大改造"之后,剥夺剥夺者的任务已经完成。从我国社会主义制度的生成过程、所处阶段特别是经济建设实践看,在当代中国坚持以人民为中心的发展思想,就是要在社会主义建设过程中更好地实现对资本的利用、驾驭和导控。

前文(第七章第三节第一部分)对我国在社会主义建设过程中能不能利用资本、为什么要利用资本、为什么在利用资本的同时必须对资本进行驾驭和导控、如何利用资本以及如何在利用资本的同时对资本进行驾驭和导控等问题已进行过详细说明,这里不再赘述。在此基础上,我们仅从我国社会主义制度的生成过程、所处阶段以及正在进行的经济建设实践来理解坚持以人民为中心的发展思想之当代中国要义。

---

① 参见《马克思恩格斯全集》第 31 卷,人民出版社 1998 年版,第 108 页。
② 《马克思恩格斯全集》第 47 卷,人民出版社 1979 年版,第 532 页。

从我国社会主义制度的生成过程看,这一制度是在物质条件相对贫乏、主体条件率先成熟的情况下经过剥夺剥夺者的社会革命而确立起来的。依据马克思在其政治经济学研究中所阐明的未来社会的生成条件,这种情况源于社会主义制度建立之前我国经济社会发展过程中的资本积累不足而贫困积累有余。虽然社会主义制度的建立使得国家政权掌握在了人民手中,但因为资本积累不足、因而物质条件相对贫乏的状况并没有因此而改变,由此使得"落后的社会生产"同人民群众日益增长的物质文化需要的矛盾凸显出来。

我国社会主义制度特殊的生成过程决定了我国社会主义社会所处的历史阶段。在探索如何建设社会主义的过程中,中国共产党带领中国人民不断深化对社会主义的理解,一是明确了社会主义的本质,二是作出了我国处于并将长期处于社会主义初级阶段的科学论断,并形成了广泛共识。基于这一共识,中国共产党带领中国人民在社会主义经济建设实践中启动了以市场为导向的经济体制改革,从而为资本在社会主义制度下发挥其作用创造了条件——因为市场经济本质上是一种由资本通过市场来配置资源的经济运行体制。[①] 通过社会主义市场经济体制的建立和不断完善,我国社会生产力发展水平在短时间内实现了大幅提升,人民群众的生活水平因此得以明显改善。

从当代中国正在进行的经济建设实践看,这种实践是在社会主义市场经济体制的框架下展开的。社会主义市场经济体制即社会主义制度下通过利用、驾驭和导控资本来发展社会生产的一种经济运行机制,这种经济运行机制的社会主义性质规定了其发展的目的是为了人民,资本在这里只是一种手段。但资本运行有其自身规律,如资本积累在促进社会生产力发展的同时会带来劳动者贫困积累、造成社会的两极分化等问题,因此,如何在社会主义建设过程中更好地实现对资本的利用、驾驭和导控,成为坚持以人民

---

① 参见本书第七章第三节第二部分。

为中心的发展思想之当代中国要义。

第三节 "系统化的经济学说"的出发点与逻辑主线

明确坚持以人民为中心的发展思想之当代中国要义,是为了构建中国特色社会主义政治经济学,即将中国特色社会主义建设过程中的经济发展实践经验特别是形成的相关理论成果上升为"系统化的经济学说",在为我国经济发展实践提供有力指导的同时,"为马克思主义政治经济学创新发展贡献中国智慧"[1]。构建中国特色社会主义政治经济学,首先要明确其根本立场——作为当代中国的马克思主义政治经济学,中国特色社会主义政治经济学的根本立场同马克思所创立的政治经济学是一致的,即坚持以人民为中心的发展思想,不同之处在于:坚持以人民为中心的发展思想在马克思所生活时代之要义是通过剥夺剥夺者的社会革命推翻资本主义制度,在当代中国之要义则是在社会主义建设过程中更好地实现对资本的利用、驾驭和导控。此外,要形成"系统化的经济学说":一是要明确该经济学说研究的出发点,二是要找到贯穿于已形成的这些理论成果之中的逻辑主线,在此基础上,中国特色社会主义政治经济学才能以"系统化的经济学说"的方式呈现出来。

一、出发点:个人在社会主义初级阶段的生产

马克思在构建自己的政治经济学时提出:"在社会中进行生产的个人,——因而,这些个人的一定社会性质的生产,当然是出发点。"[2]具体到其研究过程中,这一出发点即在资本主义社会中进行生产的个人,或者说这些个人的资本主义社会性质的生产、个人在资本主义社会阶段的生产。

---

[1] 习近平:《不断开拓当代中国马克思主义政治经济学新境界》,载《十八大以来重要文献选编》(下),中央文献出版社 2018 年版,第 7 页。
[2] 《马克思恩格斯全集》第 30 卷,人民出版社 1995 年版,第 22 页。

正因为如此,我们在马克思的政治经济学中看到的人是作为资本范畴的人格化的资本家、作为劳动力范畴的人格化的雇佣工人——对此,前文已经指出,这是马克思关于现实的人的观点在其政治经济学中的应用和发展。①

然而正如恩格斯所说,"政治经济学本质上是一门历史的科学",因为"它所涉及的是历史性的即经常变化的材料"②。遵循马克思关于政治经济学研究的出发点的基本思想,中国特色社会主义政治经济学的出发点当然也是"个人的一定社会性质的生产",但相较于马克思所构建的政治经济学,其所面对的"材料"已经发生了变化,体现在出发点上,即中国特色社会主义政治经济学研究的出发点已经不是个人在资本主义社会阶段的生产,而是个人在社会主义初级阶段的生产——这也是马克思关于现实的人的观点运用于中国特色社会主义政治经济学所形成的必然结论。

理解中国特色社会主义政治经济学的出发点——个人在社会主义初级阶段的生产,关键是理解"社会主义初级阶段",它既涉及我们对当代中国国情的把握,又涉及我们对"社会主义"特别是其本质的理解。应当说,中国特色社会主义政治经济学的"书写"首先就是从解决这一问题开始的。改革开放之初,从准确把握我国国情的角度,以邓小平同志为主要代表的中国共产党人对此作出了科学回答,并强调"一切都要从这个实际出发,根据这个实际来制订规划"③;从马克思在其政治经济学研究中所揭示的社会主义的生成条件看,这也是在资本积累不足、贫困积累有余的情况下建立起来的社会主义社会的必经阶段。随着中国特色社会主义事业的深入推进,特别是中国特色社会主义基本经济制度的日臻完善,这一出发点也越来越清晰起来。具体而言,可以从以下三个方面来理解这种个人在社会主义初级

---

① 参见本章第一节第一部分。
② 《马克思恩格斯文集》第9卷,人民出版社2009年版,第153—154页。
③ 《邓小平文选》第三卷,人民出版社1993年版,第252页。

阶段的生产:第一,从生产资料所有制角度看,这是个人在公有制经济为主体、多种所有制经济(包括个体经济、私营经济、外资经济等)共同发展基础上所进行的社会生产;第二,从分配制度角度看,这是一种以按劳分配为主体、同时允许并承认资本、土地、技术、管理等其他生产要素参与分配的社会生产;第三,从经济运行机制看,这是个人在社会主义市场经济体制框架下所进行的社会生产。

中国特色社会主义政治经济学的这一出发点决定了其作为一种"系统化的经济学说"的原创性和对经典马克思主义政治经济学说的开创性。首先,这种政治经济学所面对的"材料"不仅西方经济学没有关注过,马克思主义的经典作家们也不可能对此进行深入研究,因此,它必然是一种原创性的理论成果,其内容只能来源于中国特色社会主义建设过程中的经济发展实践。其次,这一出发点还决定了中国特色社会主义政治经济学对经典马克思主义政治经济学说的开创性,主要体现在两个方面:一是继承。中国特色社会主义政治经济学是当代中国的马克思主义政治经济学,是对中国共产党人将马克思主义政治经济学基本原理同中国特色社会主义经济实践相结合所形成的系列理论成果的概括,它不仅继承了马克思主义政治经济学的根本立场和基本方法,而且运用了马克思主义政治经济学的基本观点,如关于经济学研究的出发点的观点、关于社会主义社会生成条件的观点,特别是关于资本及其运行规律的相关观点。二是丰富和发展。实践是理论之源,中国特色社会主义政治经济学根植于中国特色社会主义经济发展实践,这是一种全新的实践,在此过程中所形成的一系列新的理论成果(如关于社会主义市场经济的理论、关于公有资本的理论等)丰富和发展了马克思主义政治经济学说。

二、逻辑主线:对资本的利用、驾驭和导控

改革开放40多年来,我们已经在中国特色社会主义经济发展实践中形成了一系列理论成果,对于其中的重要理论成果,习近平总书记曾进行过两次集中阐述:在 2015 年 11 月 23 日十八届中央政治局第二十八次集体学习时的讲话中,他列举了 9 大理论成果①;在 2020 年 8 月 24 日经济社会领域专家座谈会上的讲话中,他列举的重要理论成果有 11 个②。对比这两次集中阐述可以发现:1. 较之于之前的表述,后面的表述增加了两个最新理论成果,即"关于加快形成以国内大循环为主体、国内国际双循环相互促进的新发展格局的理论"和"关于统筹发展和安全的理论",并且在之后对原有的一些理论成果进行了更为完整地表述,如之前"关于我国经济发展进入新常态的理论",之后将其表述为"关于我国经济发展进入新常态、深化供给侧结构性改革、推动经济高质量发展的理论"——这表明,中国特色社会主义政治经济学的理论成果是在中国特色社会主义经济发展实践中生成的,是在应对和解决经济发展实践中所遇到的问题的过程中产生的,因而必将随着实践的发展而不断发展和完善,在此意义上,中国特色社会主义政治经济学的构建处于一个"正在进行时"状态。2. 之前列举的 9 大理论成果全部包含在之后的 11 个重要理论成果当中——这表明,中国特色社会主义政治经济学已经具备了比较稳定的理论内容,因此,构建中国特色社会主义政

---

① 这 9 大理论成果分别是:(1)关于社会主义本质的理论;(2)关于社会主义初级阶段基本经济制度的理论;(3)关于树立和落实创新、协调、绿色、开放、共享的发展理念的理论;(4)关于发展社会主义市场经济、使市场在资源配置中起决定性作用和更好发挥政府作用的理论;(5)关于我国经济发展进入新常态的理论;(6)关于推动新型工业化、信息化、城镇化、农业现代化相互协调的理论;(7)关于农民承包的土地具有所有权、承包权、经营权属性的理论;(8)关于用好国际国内两种市场、两种资源的理论;(9)关于促进社会公平正义、逐步实现全体人民共同富裕的理论(参见习近平:《不断开拓当代中国马克思主义政治经济学新境界》,载《十八大以来重要文献选编》(下),中央文献出版社 2018 年版,第 3 页)。

② 这 11 个重要理论成果分别是:(1)关于社会主义本质的理论;(2)关于社会主义初级阶段基本经济制度的理论;(3)关于创新、协调、绿色、开放、共享发展的理论;(4)关于发展社会主义市场经济、使市场在资源配置中起决定性作用和更好发挥政府作用的理论;(5)关于我国经济发展进入新常态、深化供给侧结构性改革、推动经济高质量发展的理论;(6)关于推动新型工业化、信息化、城镇化、农业现代化同步发展和区域协调发展的理论;(7)关于农民承包的土地具有所有权、承包权、经营权属性的理论;(8)关于用好国际国内两种市场、两种资源的理论;(9)关于加快形成以国内大循环为主体、国内国际双循环相互促进的新发展格局的理论;(10)关于促进社会公平正义、逐步实现全体人民共同富裕的理论;(11)关于统筹发展和安全的理论(参见习近平:《在经济社会领域专家座谈会上的讲话》,《人民日报》2020 年 8 月 25 日)。

治经济学,即将这些理论成果上升为"系统化的经济学说"的条件已经具备。

要形成"系统化的经济学说",就要必须揭示出这些理论成果之间的内在关联,特别是找到贯穿于这些理论成果之中的逻辑主线。但是,这一逻辑主线不能仅仅从既有的理论成果之中去寻找,而应当到形成这些理论成果的经济发展实践中去寻找,特别是要到这种经济发展实践所面对的问题中去寻找——具体而言,社会主义制度在我国建立之后,如何在我国这样一个经济文化相对落后的国家建设社会主义,成为摆在我国人民面前的首要问题(如果说关于这一问题的"问题意识"在社会主义制度确立之初尚不明确的话,那么,在经历了以苏联社会主义建设模式为模板的计划经济体制,特别是觉察到不能照抄照搬别人的模式之后,这一问题开始迫切地摆在了中国人民面前)。进一步看,要探索如何在我国这样一个经济文化相对落后的国家建设社会主义,一是要准确把握我国基本国情,特别是我国社会主义的基本状况和所处的历史阶段,二是要明确什么是社会主义,特别是社会主义的本质。党的十一届三中全会之后,中国共产党人通过总结新中国成立以来我国经济发展的历史经验和改革开放以来新的经济发展实践经验,一是逐步作出了我国处于并将长期处于社会主义初级阶段的科学论断,实现了对我国基本国情的准确把握;二是在实践中不断深化对社会主义的理解,并最终形成了关于社会主义本质的理论。在此基础上,党的十四大提出了我国经济体制改革的目标,并在之后的党的十四届三中全会上明确了所要建立的经济体制的基本框架,由此明确地回答了如何在我国这样一个经济文化相对落后的国家建设社会主义这一问题,即通过建立社会主义市场经济体制来建设社会主义。前文(第七章第三节)已经阐明,社会主义市场经济体制本质上是社会主义制度下通过利用、驾驭和导控资本来发展社会生产的一种经济运行体制,因此,通过建立社会主义市场经济体制来建设社会主义,即在社会主义制度下通过利用、驾驭和导控资本来建设社会主义。可以说,正是在利用、驾驭和导控资本来建设社会主义的经济发展实践中①,我们才形成了中国特色社会主义政治经济学的一系列理论成果,如"关于社会主义初级阶段基本经济制度的理论"、"关于发展社会主义市场经济、使市场在资源配置中起决定性作用和更好发挥政府作用的理论"等。而纵览这些理论成果可以发现,一方面,这些理论成果同我们在社会主义制度下对资本的利用、驾驭和导控活动密切相关;另一方面,正是在这些理论成果的有力指导下,我们才能够使我国的社会主义市场经济体制不断完善,才能够更好地在经济发展实践中实现对资本的利用、驾驭和导控。在此意义上,我们将对资本的利用、驾驭和导控视为贯穿于这些中国特色社会主义政治经济学理论成果之

---

① 关于我国在社会主义建设实践中如何利用、驾驭和导控资本,前文(第七章第三节第一部分)已进行了阐述,具体内容如下:关于如何利用资本,简单来说就是通过对内改革和对外开放:一是通过对内启动以市场为导向的经济体制改革,特别是通过社会主义市场经济体制的建立和不断完善,为资本在社会主义条件下继续其历史使命创造出环境和条件,并在此过程中致力于培育和支持民营资本的发展,特别是通过改革来激活我国的公有资本;二是对外开放,通过"引进来"以及在自身成长壮大后"走出去",使我国经济融入世界市场——而这也是建立在我国社会主义市场经济体制的形成以及不断完善的基础上的。因此,关于如何利用资本,核心是我国社会主义市场经济体制的建立和不断完善。随着我国社会主义市场经济体制的建立和不断完善,根据所有权归属,资本在当代中国主要表现为三种形态:一是公有资本(包括国有资本与集体资本),二是在党和政府支持下培育和发展起来的民营资本,三是部分投资于中国的国外资本。要使上述形态的资本在社会主义制度下发挥作用并服务于我国社会主义建设的目标,除通过启动以市场为导向的经济体制改革为其提供发挥作用的环境和条件外,还需构建出对其进行驾驭和导控的体制机制,并在实践中不断完善。就当前实践来看,我国在建设社会主义的过程对资本的驾驭和导控主要有三种途径,体现在三个层面:一是制度层面。中国特色社会主义基本政治制度确保国家政权掌握在人民手中,基本经济制度特别是生产资料所有制确保生产资料公有制的主体地位。在社会主义市场经济体制下,公有资本在代表人民利益的党和各级政府的组织领导下投资运营,在利用资本来发展社会生产的过程中,劳动者剩余劳动所创造的价值作为资本增殖部分由党和政府统一调配,用以服务国计民生,并最终复归于劳动者自身,由此从制度上避免了生产资料私人占有基础上的"资本积累"所带来的劳动者的"贫困积累"。这也是社会主义制度优越性的重要体现。二是法律层面。市场经济是法治经济。不同于资本主义制度下的法治以维护资产阶级的根本利益为目标,社会主义制度下的法治在根本上体现的是人民的意志和利益。在当代中国,无论是公有资本、民营资本还是投资于中国境内的国外资本,其投资运营都要在中国现行的法律法规下规范进行,任何违反现行法律法规的行为都会被惩处。三是经济层面。在市场经济体制下坚持公有制主体地位,必须做强做优做大国有资本。在此基础上,充分发挥国有资本的控制力和影响力,按照市场经济运行规则,通过股份制、混合所有制形式等引领非公有资本服务于我国的社会主义建设和国计民生。

中的逻辑主线,因而也是使之上升为"系统化的经济学说"的逻辑主线。

实际上,将对资本的利用、驾驭和导控明确为中国特色社会主义政治经济学的逻辑主线不仅有其坚实的实践基础,而且有其深刻的理论依据——依据马克思在《1857—1858 年经济学手稿》中对"资本的历史使命"的阐述以及他在其政治经济学研究中所阐明的未来社会的生成条件,我国的社会主义制度是在资本积累不足(因而物质条件相对贫乏)而贫困积累有余(因而主体的革命性率先成熟)的情况下建立起来的,因此,社会主义制度在我国建立之后,"资本的历史使命"并未终结。由此,利用资本来发展社会生产,并通过对资本的驾驭和导控使之服务于人民群众的生存与发展需要,就成为我们在社会主义建设过程中的必然选择。此外,明确中国特色社会主义政治经济学的这一逻辑主线,还能够鲜明地体现出这种政治经济学对马克思创立的政治经济学的思想继承与创新发展,特别是在核心观点上的思想继承与创新发展①——例如,二者都是聚焦于对资本的分析,但马克思在其政治经济学中所聚焦的资本是生产资料私人占有基础上的资本及其运行规律,而中国特色社会主义政治经济学更应聚焦的是生产资料公有制基础上的资本及其运行规律,等等。

三、系统化经济学说的研究内容及理论归宿

科学研究旨在发现并揭示规律。马克思的政治经济学以"资本主义生产方式以及和它相适应的生产关系和交换关系"为研究对象,其研究内容是资本主义社会的经济运动规律。构建中国特色社会主义政治经济学,或

---

① 核心观点上的思想继承与创新发展非常必要,正如有学者撰文指出的:离开《资本论》的理论内容,只是用其中的立场和方法来阐释中国特色社会主义政治经济学,这"无异于用马克思哲学替代了马克思经济学,显然是不科学的、不正确的","中国特色社会主义实践正是在《资本论》核心理论以及整个马克思主义理论指导下进行的,只有坚持和继承《资本论》的核心理论,中国特色社会主义政治经济学才具有理论上的合法性和合理性"(参见邱海平:《〈资本论〉的创新性研究对于构建中国特色社会主义政治经济学的重大意义》,《马克思主义研究》2020 年第 2 期)。

者说将中国特色社会主义政治经济学的理论成果上升为系统化经济学说，首要目标也是发现并揭示规律——与马克思的政治经济学的不同之处在于：这一系统化经济学说的研究对象是社会主义初级阶段的生产方式以及和它相适应的生产关系和交换关系，因此，它应当研究的内容是社会主义初级阶段的经济运行规律。

　　具体而言，资本主义社会的经济运动规律集中体现为生产资料私人占有基础之上的资本运行规律，或称剩余价值规律。在系统阐述这一规律的过程中，马克思阐明：资本在无休止地追求剩余价值来积累自身的过程中，一方面会塑造出高度发达的、社会化的生产力，另一方面，这种生产资料私人占有基础上的资本积累必然带来劳动者的贫困积累，由此，生产的社会化与生产资料私人占有之间的矛盾会随着资本主义社会生产的发展而不断加剧，工人阶级对这种社会制度的反抗也会不断增长，其结果必然是剥夺剥夺者的社会革命的爆发。社会主义社会建立在剥夺剥夺者的社会革命所取得成就的基础之上，在社会主义初级阶段特别是社会主义市场经济体制下，资本运行规律同样也是社会经济运行的重要规律——因此，"越是发展社会主义市场经济，越是要求我们必须深刻地学习和掌握《资本论》所阐述的科学原理"①。不同之处在于：首先，同资本主义社会相比，社会主义初级阶段的生产资料所有制以公有制为主体，由此，在我国社会主义市场经济体制下，公有资本的运行规律成为社会经济运行的主要规律。由于公有资本在投资运营过程中不仅要追求自身的保值增值，更要承担起引领发展的社会主义方向、促进社会公平的任务，由此使得其在投资运营、收益分配等方面呈现出同非公有资本不同的特征。进一步看，研究公有资本运行规律，只能立足于我国经济发展实践，具体来说：一是要深入研究其在实践发展中所面临的新情况新问题，并致力于揭示其新特点；二是要不断总结实践经验，并致力于提炼出相关的规律性成果。其次，在社会主义初

① 习近平：《对发展社会主义市场经济的再认识》，《东南学术》2001年第4期。

级阶段,非公经济也是我国经济的重要组成部分,在社会主义市场经济体制下,非公资本在投资运营、收益分配等方面也同马克思在其政治经济学中所关注的资本存在一定差异,因此,其运行规律同样需要我们在实践发展过程中去进行研究和揭示。最后,研究社会主义初级阶段的经济运行规律,还要立足于我国的基本国情和我国经济发展实践,探究公有资本同非公资本如何在实践中更好共存以及相互促进的问题。总之,只有通过实践探索并在实践中不断总结经验,特别是提炼出其中的规律性成果,我们才能形成高度的理论自觉,才能不断提升自身驾驭社会主义市场经济的能力,才能更好回答我国经济发展的理论和实践问题,从而为我国社会主义初级阶段向更高阶段迈进准备好条件。

从理论归宿看,马克思的政治经济学研究以实现人的解放和人的自由全面发展为理论归宿,其中,剥夺剥夺者的社会革命是其在政治经济学研究中所阐明的实现人的解放的重要环节——因为只有通过剥夺剥夺者的社会革命,劳动者才能从资本主义制度中解放出来,扭转以资本为中心并确立以人民为中心的发展才成为可能,在此基础上,每个人的自由全面发展才可能实现。构建中国特色社会主义政治经济学、将中国特色社会主义政治经济学的理论成果上升为系统化经济学说,其直接的理论归宿是实现共同富裕、使全体人民共享经济社会发展成果,并在此过程中致力于为每个人的自由全面发展创造条件,因此,其最终的理论归宿也是实现每个人的自由全面发展——也只有如此,中国特色社会主义政治经济学才是对马克思政治经济学的"接着写",才是当代中国的马克思主义政治经济学。

综上,作为详细记录马克思创立其政治经济学理论过程的重要文献,《1857—1858 年经济学手稿》中关于马克思政治经济学研究的出发点、研究内容、理论归宿等内容,不仅对构建中国特色社会主义政治经济学、将中国特色社会主义政治经济学的理论成果上升为系统化经济学说具有直接启示,这些内容所表明的政治经济学的根本立场、展始的探究人的解放和实现人的自由全面发展的独特的问题域,还为构建中国特色社会主义政治经济学提供了一种科学的人学指引——这也是《1857—1858 年经济学手稿》人学思想当代意义的重要体现。

结　语

习近平总书记在马克思诞辰 200 周年纪念大会上指出：马克思"第一次创立了人民实现自身解放的思想体系"，"以科学的理论为最终建立一个没有压迫、没有剥削、人人平等、人人自由的理想社会指明了方向"。若将马克思创立的这一思想体系概括为"关于现实的人及其历史发展的科学"，那么，在记录他创立这一科学理论过程的众多文本中，必须给予《1857—1858 年经济学手稿》高度重视，原因有二：其一，它展示的是马克思"一生中的黄金时代的研究成果"；其二，它不仅较为完整地保留了马克思在制定其经济学理论过程中所依据的人学思想的印记，而且较为完整地记录了其人学思想如何通过经济学研究而成为"关于现实的人及其历史发展的科学"。因此，《1857—1858 年经济学手稿》中的人学思想研究主要讨论和回答两个问题：1. 马克思经济学说的人学基础是什么？2. 马克思的人学思想如何通过经济学研究而升华为"关于现实的人及其历史发展的科学"？

马克思经济学说的人学基础

不同的人学思想会引致不同的经济学说。马克思在《1857—1858 年经济学手稿》中指出："这些个人的一定的社会性质的生产，当然是出发点。被斯密和李嘉图当作出发点的单个的孤立的猎人和渔夫，属于 18 世纪的缺乏想象力的虚构。"对人的本质的独特理解是马克思作出上述论断的重要依据,正如他在其后对"生产一般"这个"抽象"所作的分析一样,人的本质不是对个体共性的抽象,而是在历史发展过程中生成的社会关系的总和。具体而言,资产阶级经济学的人学基础是抽象人性论,其哲学基础是以"市民社会"为"立脚点"的"旧唯物主义"世界观,其形成方法是对特定时代个体共性的(抽取)抽象,理性经济人(假设)则是其在经济学中的理论表达。马克思政治经济学的人学基础是他对现实的人特别是其本质的理解,其哲学基础是"新唯物主义"即历史唯物主义的世界观,其形成方法是对人所身处于其中的一定社会关系的抽象,"经济范畴的人格化"则是现实的人在其经济学中的理论表达。

如果说对现实的人的本质的理解直接构成马克思政治经济学批判的人学基础,那么,在这一基础上所形成的人的二重性(个体性和社会性)存在思想则为其政治经济学理论的建构提供了直接的思想资源。具体而言,劳动分工条件下的社会生产塑造出了现实的人在社会中的存在的二重性——人的社会性和个体性,这是因为:劳动组织内部的分工必须以人们之间的相互协作为补充,通过人们之间的劳动分工与协作,人的社会性得以生成;而社会分工则必须以人们之间的产品的交换为补充,通过这种分工与产品的交换,人的个体性得以生成,并同时赋予人的社会性以更加丰富的内容。因此,面对同样的社会经济现实,马克思并没有像资产阶级政治经济学家那样从所谓人所具有的理性和自利等抽象本性出来构建自己的经济学说,而是基于现实的人所具有的个体性和社会性来具体地分析资本主义生产过程,并在此过程中发掘其经济运行规律,由此形成了不同于资产阶级政治经济学说的全新理论。

必要劳动是人类生存的基础,剩余劳动是人类发展的前提。作为马克思在《1857—1858年经济学手稿》中首次提出并使用的重要概念,"剩余劳动"不仅与"自由时间"相关,其"量"与"质"还是人自由全面发展的量度。从剩余劳动来理解唯物史观可以发现:其一,没有剩余劳动的出现就不会有社会划分为不同阶级。其二,由于剩余劳动及其产品是阶级社会中各阶级争夺的焦点,因此,阶级的扬弃需要通过剩余劳动来进行说明。其三,剩余劳动在不同社会关系结构中发挥着不同的社会历史功能。在等级制社会中,剩余劳动的主要功能是进行等级制社会关系的再生产——剩余劳动产品成为等级制社会关系符号,其所标注出的是人们在社会中的等级和身份。由于等级制社会中的剩余劳动被统治阶级从社会物质生产系统中剥离了出来,由此使这种社会生产在总体上表现为一种简单再生产。在资本主义社会,作为统治阶级的资产阶级以攫取劳动者剩余价值的方式来占有剩余劳动,由此使这种攫取方式具有了隐蔽性、无限性、竞争性等特征;而由于资本家将这种剩余价值再投入生产过程进行资本积累以获取更多的剩余价值,由此使资本主义生产系统不断膨胀并在总体上表现为一个扩大再生产过程。因此,揭示资本主义经济运行规律并在此过程中探究人的自由全面发展何以可能,核心是阐明剩余劳动在资本主义生产方式下的生产、流通、分配和使用等问题。

马克思人学思想在经济学中的升华

马克思人学思想在经济学中的升华主要体现在三个方面:一是基于社会分工条件下人的二重性存在思想,马克思"严密地论证"并"彻底地发展"了古典经济学的劳动价值论,创立了以劳动二重性学说为主要特征的劳动价值理论;二是在此基础上对资本主义生产方式下剩余劳动的生产、流通、分配和使用等方式进行了考察,在此过程中揭示出了支配资本主义经济运行过程的剩余价值规律;三是通过对"资本的历史使命"的追问,阐明了资本主义经济运行过程中所生成的人的解放的物质条件和主体条件,由此使其人学思想成为了"关于现实的人及其历史发展的科学"。

劳动价值学说产生于商品经济逐步形成的社会历史进程,大体上而言,人们对商品价值问题的关注经历了从"公平价格"到"市场价格"再到"自然价格"的转换,这种转换反映出人们对商品交换所遵循的原则之认识的逐步深化。在此基础上,斯密和李嘉图对这一问题进行了更为系统和深入的思考。通过对古典政治经济学特别是斯密和李嘉图劳动价值学说的考察,特别是基于社会分工条件下人的二重性存在思想,马克思提出:"把商品归结为'劳动'是不够的,必须把商品归结为二重形式的劳动:它一方面作为具体劳动表现在商品的使用价值中,另一方面作为社会必要劳动以交换价值的形式被计算。"简言之,劳动的二重性源于社会分工条件下进行劳动的人的存在的二重性,人的二重性存在导致了劳动的二重性,并最终通过产品(即商品)的二重性体现出来。

剩余劳动同人的发展密切相关,然而,自剩余劳动在人类社会出现之后,劳动者开始陷入到一种"物役迷局"之中,并表现为人的发展悖论问题。因此,阐明这种"物役迷局"的生成机理并揭示走出这一迷局的所需条件,成为马克思思考人的自由全面发展何以可能的关键环节。以劳动二重性学说为基础,《1857—1858年经济学手稿》中的马克思将这一问题的讨论置于对资本主义生产方式的分析过程中。在这里,劳动者成为雇佣工人,其剩余劳动被用来生产剩余价值。通过揭示剩余价值的来源及资本的生产过程、剩余价值的实现及资本的流通过程、剩余价值的再生产和资本积累(包括对资本原始积累的初步讨论)过程,马克思深刻地阐明了资本主义社会"物役迷局"的生成机制及发展趋势,在此过程中创立了科学的剩余价值理论。

科学研究旨在发现并揭示规律,并在此基础上作出论断,特别是阐明事物运动过程中生成的实现这一论断的各种条件。"资本的历史使命"是马克思在《1857—1858年经济学手稿》中提出并讨论的重要议题,《资本论》可视为对这一议题继续回答。正是在追问资本历史使命的过程中,马克思阐明了资本运动所生成的人的解放的物质条件(即资本在无休止地积累过程中所生成的高度发达的、社会化的生产力发展水平以及由此而带来的物质生活资料的极大丰富)和主体条件(即由资本积累及与之相适应的"贫困积累"所生成的"日益壮大的、由资本主义生产过程本身的机制所训练、联合和组织起来的工人阶级"及其反抗的不断增长),指出了实现人的解放和自由全面发展的道路——通过剥夺剥夺者的社会革命推翻资本主义制度并建立起全新的生产方式,由此使其人学思想在经济学研究中升华为了"关于现实的人及其历史发展的科学"。

《1857—1858年经济学手稿》人学思想的当代意义

在现实历史进程中,发达资本主义国家通过各种形式的资本输出活动使得其资本积累得以持续进行,而与之相适应的贫困积累则被转移到了经济文化相对落后国家和地区的劳动者身上,由此塑造出了社会主义在现实历史进程中得以建立的一种特殊历史环境:在资本积累不足(物质条件相对贫乏)而贫困积累有余(主体的革命性率先成熟)的条件下,一些经济文化相对落后国家和地区的人民得以率先通过革命建立起社会主义制度。但是,社会主义制度的建立并不意味着资本历史使命的完成。在探索如何建设社会主义的过程中,中国共产党带领中国人民开启了以市场为导向的经济体制改革,从而为资本在社会主义条件下继续其历史使命创造了条件。通过利用、驾驭和导控资本来发展社会生产,是"资本的历史使命"所蕴含思想在我国社会主义建设实践进程中的逻辑展开——由此而形成的社会主义市场经济体制,其本质可以理解为在社会主义制度下通过利用、驾驭和导控资本来发展社会生产的一种经济运行体制。

马克思在《1857—1858年经济学手稿》中对固定资本的社会历史内涵进行了集中阐述,并提出"固定资本就是人本身"的观点。哈维强调固定资本的空间"修复(fix)"功能,但由于对马克思上述观点的忽视,导致其找不到一个资本主义的替代性方案。空间修复内含着空间生产,而空间生产源于资本扩张的空间悖论;若要走出这一悖论,核心是通过"节约劳动时间"来生产作为"固定资本"的"人本身",即进行人的发展空间的生产——这既是马克思对新社会生产的内在规定,也是社会主义制度下进行空间生产的根本遵循。党的十八大以来,以习近平同志为核心的党中央通过"以人民为中心的发展思想"和"五大发展理念"所规划的空间生产之路,正是马克思这一思想在当代中国的生动体现。

马克思的政治经济学研究以"个人的一定社会性质的生产"为出发点、以资本主义社会的经济运动规律为研究内容、以人的解放和人的自由全面发展为理论归宿,这种出发点、研究内容、理论归宿不仅表明了马克思政治经济学的根本立场——以人民为中心的发展思想,而且展示了其在政治经济学中探究人的解放和实现人的自由全面发展的独特的问题域:资本主义制度下社会生产的发展是一种以资本增殖为中心的发展;扭转以资本为中心并确立以人民为中心,核心是通过剥夺剥夺者的社会革命推翻资本主义制度,因此,通过剥夺剥夺者的社会革命推翻资本主义制度,可视为以人民为中心的发展思想在马克思的政治经济学研究中所获得的时代要义。而在新时代下,中国坚持以人民为中心的发展思想,就是在社会主义建设过程中实现对资本的合理利用、驾驭和导控,其本质是为了人民的共同富裕和自由发展。

参 考 文 献

一、经典著作

1.《马克思恩格斯全集》第 30 卷, 人民出版社 1995 年版。

2.《马克思恩格斯全集》第 31 卷, 人民出版社 1998 年版。

3.《马克思恩格斯文集》第 1—10 卷, 人民出版社 2009 年版。

4.《马克思恩格斯全集》第 1 卷, 人民出版社 1995 年版。

5.《马克思恩格斯全集》第 2 卷, 人民出版社 1957 年版。

6.《马克思恩格斯全集》第 3 卷, 人民出版社 1960 年版。

7.《马克思恩格斯全集》第 4 卷, 人民出版社 1958 年版。

8.《马克思恩格斯全集》第 16 卷, 人民出版社 1964 年版。

9.《马克思恩格斯全集》第 21 卷, 人民出版社 1965 年版。

10.《马克思恩格斯全集》第 26 卷 II, 人民出版社 1973 年版。

11.《马克思恩格斯全集》第 26 卷 III, 人民出版社 1974 年版。

12.《马克思恩格斯全集》第 27 卷, 人民出版社 1972 年版。

13.《马克思恩格斯全集》第 31 卷(上), 人民出版社 1972 年版。

14.《马克思恩格斯全集》第 32 卷, 人民出版社 1998 年版。

15.《马克思恩格斯全集》第 42 卷, 人民出版社 1972 年版。

16.《马克思恩格斯全集》第 47 卷, 人民出版社 2004 年版。

17.《马克思恩格斯全集》第 49 卷, 人民出版社 1982 年版。

18.《列宁选集》第 1—4 卷, 人民出版社 1995 年版。

19.《列宁全集》第 16 卷, 人民出版社 1988 年版。

20.《列宁全集》第 37 卷,人民出版社 1986 年版。

21.《列宁全集》第 42 卷,人民出版社 1987 年版。

22.《毛泽东选集》第四卷,人民出版社 1991 年版。

23.《邓小平文选》第三卷,人民出版社 1993 年版。

二、其他著作

1. [德]费尔巴哈:《基督教的本质》,荣震华译,商务印书馆 1997 年版。

2. [德]海德格尔:《物的追问》,赵卫国译,上海译文出版社 2010 年版。

3. [法]柏格森:《创造进化论》,肖聿译,华夏出版社 1999 年版。

4. [英]大卫·休谟:《人性论》,关文运译,商务印书馆 2016 年版。

5. [英]霍布斯:《利维坦》,黎思复、黎廷弼译,商务印书馆 1985 年版。

6. [英]洛克:《政府论》,杨思派译,中国社会科学出版社 2009 年版。

7. [英]亚当·斯密:《国民财富的性质和原因的研究》上卷,郭大力、王亚南译,商务印书馆 1972 年版。

8. [英]亚当·斯密:《国民财富的性质和原因的研究》下卷,郭大力、王亚南译,商务印书馆 1974 年版。

9. [英]彼罗·斯拉法主编:《大卫·李嘉图全集》第 1 卷,郭大力、王亚南译,商务印书馆 2013 年版。

10. [英]彼罗·斯拉法主编:《李嘉图著作和通信集》第 1 卷,郭大力、王亚南译,商务印书馆 1962 年版。

11. [英]约翰·穆勒:《论政治经济学的若干未定问题》,张涵译,商务印书馆 2012 年版。

12. [英]斯坦利·杰文斯:《政治经济学理论》,郭大力译,商务印书馆 1984 年版。

13. [法]路易·阿尔都塞、艾蒂安·巴里巴尔:《读〈资本论〉》,李其庆、冯文光译,中央编译出版社 2017 年版。

14. [英]米克:《劳动价值学说的研究》,陈彪如译,商务印书馆 1963 年版。

15. 李鹏程编:《葛兰西文选》,人民出版社 2008 年版。

16. [美]大卫·哈维:《希望的空间》,胡大平译,南京大学出版社 2005 年版。

17. [意]马塞罗·默斯托主编:《马克思的〈大纲〉——〈政治经济学批判大纲〉

150 年》,闫月梅等译,中国人民大学出版社 2010 年版。

18.[美]古尔德:《马克思的社会本体论:马克思社会实在理论中的个性和共同体》,王虎学译,北京师范大学出版社 2009 年版。

19.[意]奈格里:《〈大纲〉:超越马克思的马克思》,张梧等译,北京师范大学出版社 2011 年版。

20.[日]内田弘:《新版〈政治经济学批判大纲〉研究》,王青等译,北京师范大学出版社 2011 年版。

21.[德]沃尔夫冈·弗里茨·豪格主编:《马克思主义历史考证大辞典》第 1 卷,俞可平等译,商务印书馆 2018 年版。

22. 孙伯鍨:《探索者道路的探索》,南京大学出版社 2002 年版。

23. 顾海良:《马克思经济思想的当代视界》,经济科学出版社 2005 年版。

24. 鲁品越:《资本逻辑与当代现实——经济发展观的哲学沉思》,上海财经大学出版社 2006 年版。

25. 鲁品越:《鲜活的资本论:从〈资本论〉到中国道路》,上海人民出版社 2016 年版。

26. 韩庆祥:《马克思的人学理论》,河南人民出版社 2011 年版。

27. 闫晓勇等:《马克思关于社会形态与人的发展理论释读》,甘肃人民出版社 2011 年版。

28. 杨洪源:《政治经济学批判的逻辑建构——"1857—1858 年手稿"再研究》,中国人民大学出版社 2018 年版。

29. 邱东主编:《中国经济体制改革与发展研究》,中国人民大学出版社 2009 年版。

三、主要文章

1. 卫兴华:《马克思怎样看待资本家和地主个人》,《经济问题》1983 年第 3 期。

2. 顾海良:《通向〈资本论〉的思想驿站——读〈政治经济学批判(1857—1858 年手稿)〉》,《高校理论战线》2012 年第 3 期。

3. 顾海良:《马克思经济思想史观的重要文献——〈巴师夏和凯里〉手稿研究》,《马克思主义与现实》2014 年第 3 期。

4. 张钟朴:《〈资本论〉第一部手稿(〈1857—1858 年经济学手稿〉)——〈资本

论〉创作史研究之二》,《马克思主义与现实》2013 年第 5 期。

5. 张一兵:《马克思经济学语境中的历史现象学初探——〈1857—1858 年经济学手稿〉"货币章"解读》,《马克思主义与现实》1999 年第 2 期。

6. 张一兵:《重新遭遇异化:马克思历史现象学的最后逻辑层面——〈1857—1858 年经济学手稿〉"资本章"的哲学研究》,《马克思主义与现实》1999 年第 5 期。

7. 张一兵:《历史唯物主义、历史认识论与历史批判理论——马克思〈1857—1858 年经济学手稿〉的哲学定位》,《哲学研究》1999 年第 10 期。

8. 孙承叔:《资本与历史唯物主义——〈马克思恩格斯全集〉中文第二版第 30、31 卷的当代解读》,《西南大学学报》(社会科学版)2013 年第 1 期。

9. 宫敬才、吴学飞:《论〈政治经济学批判大纲〉中的哲学分析框架问题》,《河北大学学报》(哲学社会科学版)2016 年第 4 期、第 5 期。

10. J.E.Elliott,"Continuity and Change in the Evolution of Marx's Theory of Allienation:From the Manuscripts through the Grundrisse to Capital",*History of Political Economy*,Fall 1979,Vol.11,Issue.3.

11. 缪德阳、唐正东:《马克思物化概念的双重内涵及其哲学意义——纪念〈1857—1858 年经济学手稿〉写作 150 周年》,《南京社会科学》2008 年第 6 期。

12. 仰海峰:《〈资本论〉与〈政治经济学批判大纲〉的逻辑差异》,《哲学研究》2016 年第 8 期。

13. 仰海峰:《马克思资本逻辑场域中的主体问题》,《中国社会科学》2016 年第 3 期。

14. 庞庆明、郭志伟:《中国特色社会主义资本观:历史溯源、当代发展与新时代阐释》,《西北大学学报》(哲学社会科学版)2018 年第 1 期。

15. 朱宝信:《社会联系和人的全面发展——马克思〈1857—1858 年经济学手稿〉研究》,《西南师范大学学报》(人文社会科学版)2004 年第 4 期。

16. 刘荣军:《论人的需要与人的全面发展——对马克思〈1857—1858 年经济学手稿〉的一种解读》,《西南师范大学学报》(人文社会科学版)2005 年第 6 期。

17. 李培超:《个人自由全面发展的实现——论马克思〈1857—1858 年经济学手稿〉的伦理主题》,《湖南师范大学社会科学学报》2010 年第 6 期。

18. 姚顺良:《物质生产与自由活动——〈1857—1858 年经济学手稿〉对〈德意志意识形态〉的一个重大发展》,《南京社会科学》2010 年第 9 期。

19. 陈芬、田梦非:《个人的自由全面发展——马克思〈1857—1858 年经济学手稿〉的伦理解读》,《伦理学研究》2016 年第 2 期。

20. 杨洪源:《辩证法在其正确思想形式上的初步建立——重新探究〈1857—1858 年经济学手稿〉中的货币辩证法》,《哲学研究》2019 年第 1 期。

21. 奈格里、哈维、普舒同等:《马克思的〈大纲〉与当代资本主义——纪念马克思〈1857—1858 年经济学手稿〉160 周年》,《南京大学学报》(哲学·人文科学·社会科学)2018 年第 4 期。

22. 乔万尼·阿瑞吉:《霸权的瓦解(上)》,黄文前译,《国外理论动态》2006 年第 9 期。

后 记

本书是我主持的国家社科基金青年项目"《1857—1858年经济学手稿》中的人学思想及其当代意义研究（批准号：17CKS005）"的结项成果。书中某些观点已在研究过程中以学术论文形式发表于《浙江社会科学》、《思想理论教育》、《现代经济探讨》、《学术论坛》、《海派经济学》等刊物。课题虽已结项，但相关问题的探究远未结束——所谓"相关问题"，指向的是马克思1848年之后的人学思想，特别是展示在《资本论》及其手稿中的相关内容。

发端于20世纪70年代末的马克思主义人学研究，是中国马克思主义学者开始回溯马克思的文本、独立自主地理解马克思思想并用其来关照中国现实的重要标志，也是中国马克思主义哲学研究与创新的重要生长点之一。然而，由于学科划分导致的研究边界等问题，从事马克思主义哲学研究的学者对这一问题的探究多聚焦于马克思1848年之前的文本，《资本论》及其手稿则被视为政治经济学著作，或被排除于这一问题的讨论之外，或被简单视为马克思早期人学思想的运用等，由此导致马克思人学思想中最具特色、最为深刻的部分未得到有效开掘。

伴随中国特色社会主义事业的蓬勃发展特别是社会主义市场经济实践的深入推进，2012年前后，《资本论》哲学思想研究被学界提上日程。彼时，我正在上海财经大学攻读博士学位，在导师鲁品越教授的建议和指导下，我以《〈资本论〉人学思想研究》为题完成学位论文，后又以《〈资本论〉人学思想及其中国化研究》为题申报了广西哲学社会科学规划课题并获准立项，相关成果已经以专著形式于 2018 年在人民出版社出版。在我看来，仅就马克思人学思想本身看，它之所以能够成为"关于现实的人及其历史发展的科学"，一个重要的原因就是马克思在其政治经济学研究中揭示出了资本的本质及其运行规律，并在此基础上阐明了资本运行过程中所生成的人的解放的物质条件和主体条件，指出了实现人的自由全面发展的道路（与之相关的内容，正是马克思人学思想中最具特色、最为深刻的部分）。基于这一认识，探究《1857—1858 年经济学手稿》中的人学思想就成为对我来说非常自然的工作。

　　基于《1857—1858 年经济学手稿》独特的文献价值，立足当代中国实践，我试图用两个问题（即马克思经济学学说的人学基础是什么？马克思的人学思想如何通过其经济学研究而升华为"关于现实的人及其历史发展的科学"？）来呈现这一文本中的人学思想，并在此基础上发掘其当代意义，主要包括：1. 通过对"资本的历史使命"的当代追问，来阐明我国社会主义市场经济体制的生成及本质；2. 通过对"固定就是人本身"的当代解读，指出人的发展空间的生产即通过"节约劳动时间"来生产作为"固定资本"的"人本身"是马克思对新社会生产的内在规定，并在此基础上讨论了当代中国的空间生产之路；3. 在辨明并概括出马克思构建其政治经济学的出发点、研究内容、理论归宿的基础上，讨论了中国特色社会主义政治经济学的构建问题；等等。在此过程中，我提出一些观点，有些观点可能会引起质疑或探讨，但它们都是我真诚研究的结果。当然，由于水平所限，书中难免存在各种纰漏甚至是错误，真诚欢迎大家批评指正。

　　本书出版得到了广西大学马克思主义学院的全额资助，人民出版社曹歌副编审为本书的编辑出版工作付出了大量心血，在此致以诚挚的谢意。

元晋秋
2022 年 10 月 24 日

责任编辑：曹　歌
封面设计：胡欣欣

图书在版编目(CIP)数据

《1857—1858年经济学手稿》中的人学思想及其当代意义研究/元晋秋 著. —北京：
　人民出版社,2022.11
ISBN 978 - 7 - 01 - 023770 - 1

Ⅰ.①1…　Ⅱ.①元…　Ⅲ.①《1861—1863年经济学手稿》-马克思著作研究
　Ⅳ.①A811.22

中国版本图书馆 CIP 数据核字(2021)第 194826 号

《1857—1858年经济学手稿》中的人学思想及其当代意义研究
1857-1858 NIAN JINGJIXUE SHOUGAO ZHONG DE RENXUE SIXIANG JIQI DANGDAI YIYI YANJIU

元晋秋　著

人民出版社 出版发行
(100706　北京市东城区隆福寺街 99 号)

北京新华印刷有限公司印刷　新华书店经销

2022 年 11 月第 1 版　2022 年 11 月北京第 1 次印刷
开本:710 毫米×1000 毫米 1/16　印张:20.75
字数:290 千字

ISBN 978 - 7 - 01 - 023770 - 1　定价:82.00 元

邮购地址 100706　北京市东城区隆福寺街 99 号
人民东方图书销售中心　电话 (010)65250042　65289539